suhrkamp taschenbuch
wissenschaft 1495

»Niemand soll aufgrund von Dingen, für die er nichts kann, schlechter dastehen im Leben als andere.« Gleichheit an unverdienten Lebensaussichten für alle: das ist die Grundintuition des egalitaristischen Mainstream der politischen Philosophie heute. Ist aber Gerechtigkeit wirklich relational, als die Gleichheit der einen mit den anderen zu verstehen? Zielt Gerechtigkeit nicht vielmehr auf die Erfüllung absoluter Standards des menschenwürdigen oder guten menschlichen Lebens für alle? Dieser Band versammelt erstmals die zentralen Texte der neuen Kritik am Egalitarismus.

Angelika Krebs, geboren 1961, ist Professorin für Philosophie an der Universität Basel. Sie ist Autorin von *Ethics of Nature. A Map* (1999) und hat 1997 im Suhrkamp Verlag den Sammelband *Naturethik* herausgegeben.

Gleichheit oder Gerechtigkeit

Texte der neuen Egalitarismuskritik

Herausgegeben von
Angelika Krebs

Suhrkamp

Bibliografische Information der Deutschen Nationalbibliothek
Die Deutsche Nationalbibliothek verzeichnet diese Publikation
in der Deutschen Nationalbibliografie;
detaillierte bibliografische Daten sind im Internet über
http://dnb.d-nb.de abrufbar.

suhrkamp taschenbuch wissenschaft 1495
Erste Auflage 2000

Satz: Hümmer GmbH, Waldbüttelbrunn
Druck: Druckhaus Nomos, Sinzheim
Printed in Germany
Umschlag nach Entwürfen von
Willy Fleckhaus und Rolf Staudt
ISBN 978-3-518-29095-8

3 4 5 6 7 8 – 12 11 10 09 08 07

Inhalt

Angelika Krebs

Einleitung: Die neue Egalitarismuskritik im Überblick[1]

»Niemand soll aufgrund von Dingen, für die er nichts kann, schlechter dastehen im Leben als andere.« Diese moralische Intuition bestimmte das philosophische Nachdenken über Gerechtigkeit in den letzten drei Jahrzehnten, seit dem Erscheinen von John Rawls' *Theory of Justice* 1971. Auf die Frage, was Gerechtigkeit ausmacht, antwortet der Mainstream der politischen Gegenwartsphilosophie unisono: Gerechtigkeit besteht in der Schaffung gleicher Lebensaussichten für alle Menschen. Erst wenn man weiter fragt, woran man diese Gleichheit der Lebenschancen genauer festmacht, weicht das Unisono einer Vielfalt der Stimmen.

Die einen wollen die Gleichheit der Lebensaussichten festmachen an der Verfügung über gleich viele Ressourcen (»equality of resources«: Dworkin 1981,[2] Rakowski 1991, van Parijs 1995) oder Grundgüter (Rawls 1971, 1993). Die anderen bestimmen die Gleichheit der Lebensaussichten als Gleichheit der Gelegenheit zur Erlangung von Wohlergehen (»equality of opportunity to welfare/access to advantage«: Arneson 1989, Roemer 1996, 1998, Cohen 1989). Wieder andere interpretieren das Gleichheitsideal als Gleichheit der Funktionsfähigkeit (»equality of capability to function«: Sen 1992). Dies ist die sogenannte *»Equality-of-What?«-Debatte*.[3]

Warum aber Gerechtigkeit überhaupt relational, als die Gleichheit der einen mit den anderen, zu fassen sein soll, war bislang unter den Egalitaristen kaum Thema. Das war ohnehin klar. Auch wenn »Rechtslibertäre« wie Robert Nozick (1974) dies schon immer partout nicht einsehen wollten.

Inzwischen hat die alte Selbstverständlichkeit jedoch Risse be-

1 Für Kritik und Hinweise habe ich zu danken Michael Anderheiden, Rainer Forst, Stefan Gosepath, Martina Herrmann, Wilfried Hinsch, Friedrich Kambartel, Bernd Ladwig, Anton Leist, Lukas Meyer, Heiner Michel, Thomas Pogge, Thomas Schramme, Holmer Steinfath, Dietmar von der Pfordten und Bernard Williams.

2 Die bibliographischen Kurzdaten dieses Textes beziehen sich auf die Auswahlbibliographie am Ende des Bandes.

3 Für einen Überblick vgl. Cohen 1989, 1993 und Roemer 1996, Kap. 5-8.

kommen. Die Kritik, die in letzter Zeit, vermehrt auch aus »linken« Kreisen, ertönt, wird immer deutlicher vernehmbar: Gleichheit tauge nicht als Grundlage von Gerechtigkeit. Die Hauptproponenten dieser Kritik sind Michael Walzer, Joseph Raz, Harry Frankfurt, David Miller, Derek Parfit und Elizabeth Anderson.

Dass es sich bei dieser Egalitarismuskritik nicht mehr nur um vereinzelte Vorstöße handelt, sondern um den Beginn einer neuen *»Why-Equality?«-Debatte*, erhellt allein schon aus der Vielzahl und dem Gewicht der Vorstöße. Aber man ersieht es auch aus dem Erscheinen mehrerer einschlägiger Sammelbände in den letzten Jahren, wie dem 30 Texte starken Oxford-University-Press-Reader *Equality* (1997, hg. von Pojman/Westmoreland), dem gleichnamigen Sammelband des Londoner »Institute for Public Policy Research« (1997, hg. von Franklin) und dem Sonderheft *Ideals of Equality* der Zeitschrift *Ratio* (1997, hg. von Mason, 1998 auch separat als Buch erschienen). Ein weiteres Indiz für die kritische Abwendung vom Gleichheitsideal in der politischen Philosophie ist die Renaissance, die derzeit die Begriffe »Menschenwürde«, »Anerkennung« und »Bürgerschaft«/»citizenship« erleben.[4]

Im Folgenden sei zunächst, in Teil 1, die Zielscheibe der neuen Egalitarismuskritik, der *Egalitarismus*, in einiger Ausführlichkeit vorgestellt. Den Egalitarismus kennzeichnet, dass er Gerechtigkeit *relational*, als die Gleichheit der einen mit den anderen, versteht. Genauer kombiniert der Egalitarismus in der Regel, als sogenannter »pluralistischer Egalitarismus«, ein auf unverdiente Lebensaussichten bezogenes Gleichheitsprinzip mit einem Wohlfahrtsprinzip, das die Erhöhung der allgemeinen Wohlfahrt anstrebt.

Teil 2 präsentiert eine *Taxonomie der Argumente der neuen Egalitarismuskritik*. Vier Typen von Einwänden gegen den Egalitarismus werden unterschieden. Der erste und zentrale Vorwurf an den Egalitarismus lautet auf *Verwechslung von »Allgemeinheit« mit »Gleichheit«*: Die elementaren Gerechtigkeitsforderungen

4 Zu »Menschenwürde« vgl. etwa die emphatische Rezeption von Margalits Buch *The Decent Society* (1996), bereits ein Jahr später ins Deutsche übersetzt als *Politik der Würde*, sowie die neue Popularität von Menschenrechtskatalogen, z. B. die »Liste menschlicher Grundfunktionsfähigkeiten« bei Nussbaum 1992; zu »Anerkennung« vgl. Fraser/Honneth 2000: *Umverteilung oder Anerkennung?* sowie die »Politik der Differenz« im Feminismus und Multikulturalismus; zu »Bürgerschaft«/»citizenship« vgl. Walzers *Sphären der Gerechtigkeit* von 1983 sowie den von Miller und Walzer 1995 herausgegebenen Sammelband: *Pluralism, Justice, and Equality*.

verlangten die Garantie gewisser Lebensbedingungen *für alle*. So sollte jeder genug zu essen haben und im Krankheitsfall auf medizinische Grundversorgung zählen können. Die Garantie solcher grundlegender Lebensbedingungen für alle führe zwar zu einer Gleichheit aller hinsichtlich dieser Lebensbedingungen. Diese Gleichheit sei jedoch nicht das Ziel, sondern nur das Nebenprodukt elementarer Gerechtigkeitsforderungen. Das Ziel sei, dass niemand unter Hunger oder Krankheit leiden müsse. Indem der Egalitarismus Gleichheit als Ziel der Gerechtigkeit fasse, verwechsle er »Gleichheit« mit »Allgemeinheit«.

Der zweite Typus von Egalitarismuskritik wirft dem Egalitarismus *Inhumanität* vor: Zum Beispiel habe die konsequente Durchführung der egalitaristischen Unterscheidung zwischen zu egalisierenden unverdienten Lebensumständen und nicht zu egalisierenden Folgen freier Entscheidungen verheerende Konsequenzen für Menschen, die an ihrem Elend selbst schuld sind. Ihnen stünde dann nämlich gerechtigkeitshalber keine Unterstützung zu.

Die dritte Art von Egalitarismuskritik bezichtigt den Egalitarismus einer *Verkennung der Komplexität* unserer Gerechtigkeitskultur: Neben Gleichheitsprinzipien gebe es auch Ungleichheitsprinzipien, wie das Verdienstprinzip, das Prinzip der Tauschfreiheit oder das Qualifikationsprinzip. Wenn Ehren nach hervorragender Leistung, Wohlstandsgüter nach freiem Tausch und Ämter oder politische Macht nach Qualifikation verteilt würden, sei an diesen Ungleichheiten nichts auszusetzen.

Die vierte Gruppe *pragmatischer* Argumente wendet schließlich ein, dass Gleichheit ohnehin nicht herstellbar ist, sei es aufgrund des schieren Ausmaßes an Kontingenz im menschlichen Leben oder sei es aufgrund der Schwierigkeit, Kontingenz von Eigenverantwortung sauber zu trennen.

Teil 3 erkundet, wie die *Alternative zum Egalitarismus* aussieht, und fragt nach der Rolle von Gleichheit in einer nonegalitaristischen Gerechtigkeitstheorie.

Teil 4 bietet schließlich eine *Übersicht über die Texte dieses Bandes*.

1. Der Egalitarismus: Gerechtigkeit als Gleichheit

Eine Konzeption von Gerechtigkeit ist *egalitaristisch*, wenn sie Gerechtigkeit wesentlich als *Gleichheit* versteht, Gleichheit also als ein zentrales und unabgeleitetes Ziel von Gerechtigkeit ansieht, als moralischen Selbstzweck oder *Eigenwert*. Anders gesagt, bestimmt eine egalitaristische Gerechtigkeitstheorie das einem jeden gerechtermaßen Zustehende wesentlich *relational* oder *komparativ*, mit Blick auf andere, und nicht absolut, unabhängig von anderen. Die Standardform von Gerechtigkeitsansprüchen im Egalitarismus ist demnach: Person P steht Gut G zu, weil andere Personen G auch haben oder bekommen haben. In den Worten von Derek Parfit:

> Für eine wirklich egalitaristische Position hat Gleichheit *intrinsischen* Wert, ist Gleichheit an sich gut. [...] Dem Egalitarismus geht es um *Relationen*, darum, auf welchem Niveau im Vergleich zu anderen sich eine jede Person befindet. (1998, S. 5 bzw. 13, deutsch in diesem Band, S. 86 bzw. 97)[5]

»Gleichheit« bezeichnet *die Ununterscheidbarkeit verschiedener Objekte in einer bestimmten Hinsicht*, gemessen an einem bestimmten Standard. »Gleichheit« liegt also zwischen »Identität« (Ununterscheidbarkeit in jeder Hinsicht) und »Ähnlichkeit« (Fast-Identität in einer bestimmten Hinsicht, vgl. Westen 1990, Kap. 1-3, insbes. S. 33). Ohne Angabe der Hinsicht ist jede Rede von Gleichheit oder Ungleichheit *elliptisch*. So schreibt Elizabeth Wolgast:

> You wouldn't be understood if you said that a rose and a hyacinth were unequal, not unless it was understood what standard of comparison you had in mind. There might be such a measure – depth of color, for instance, or size, or even fragrance. But the judgement of inequality and a measure go together, the former requires the latter. (1980, S. 38)

Die *Hinsicht*, in welcher der Egalitarismus Gleichheit unter den Menschen verwirklichen will, ist gewöhnlich ihre Möglichkeit, gut zu leben, ihre *Lebensaussichten* (je nach Position in der »Equal-

5 Vgl. auch Browne 1978, S. 48, 52; Letwin 1983, S. 3; Raz 1986, S. 225-227, deutsch in diesem Band, S. 59-61; Temkin 1986, S. 100, 1993, S. 7; McKerlie 1996, S. 274; Frankfurt 1997, S. 3, deutsch in diesem Band, S. 38; Scanlon 1997, S. 1. Die Unterscheidung zwischen komparativen und nicht-komparativen Standards geht zurück auf Feinberg 1974, S. 298, vgl. aber auch Rescher 1966, S. 108: »sliding-scale claims« versus »fixed amount claims«; Galston 1980, S. 146 und Elster 1992, S. 24: »selection« versus »admission«.

ity-of-What?«-Debatte genauer interpretiert als Verfügung über Ressourcen oder Grundgüter, als Freiheit, Gelegenheit, Zugang, Befähigung etc. zu Wohlergehen, »midfare«, »functioning« usw.).

Diese Hinsicht erfährt allerdings meist noch eine Einschränkung auf *unverdiente* Lebensaussichten, da Menschen mitunter selbst etwas dafür könnten, wie gut oder schlecht sie im Vergleich zu anderen dastehen. Wenn die einen hart arbeiten oder sparen, während die anderen »sich auf die faule Haut legen« oder »das Geld zum Fenster herausschmeißen«, und die einen fortan über bessere Lebensaussichten verfügen als die anderen, dürfe dies nicht als Verletzung der normativ gebotenen Gleichheit gelten, sondern sei moralisch ganz in Ordnung. Für ihre Entscheidungen müssten die Menschen schon selbst einstehen. Egalisiert müsse nur werden, was Menschen einfach so zufällt, zum Beispiel die Gaben der Natur, der äußeren wie der inneren, Erbschaften oder Geschenke.

Diesen Grundgedanken der egalitaristischen Gerechtigkeitskonzeption findet man prägnant formuliert etwa in Gerald Cohens einflussreichem *Ethics*-Artikel »On the Currency of Egalitarian Justice« (1989): Das Ziel von Gerechtigkeit sei die Abschaffung unverdienter Nachteile, »to eliminate *involuntary disadvantage*, [...] disadvantage for which the sufferer cannot be held responsible, since it does not appropriately reflect choices that he has made« (S. 916, vgl. auch 1997, S. 37). John Rawls sucht in seiner *Theory of Justice* (1971) nach einer Gerechtigkeitskonzeption, »die die Zufälligkeiten der natürlichen Begabung und der gesellschaftlichen Verhältnisse nicht zu politischen und wirtschaftlichen Vorteilen führen lässt« (1971, S. 15, zitiert nach der deutschen Übersetzung 1975, S. 32). Und Ronald Dworkin verlangt in »Equality of Resources« (1981), dem zweiten Teil seiner vierteiligen Artikelserie »What Is Equality?«, dass Verteilungsgerechtigkeit absichts-sensitiv (»ambition-sensitive«) sei und ausstattungs-insensitiv (»not endowment-sensitive«, S. 311, vgl. auch S. 302/303).[6]

6 Für weitere Belege der Dominanz der egalitaristischen Gerechtigkeitsintuition in der politischen Philosophie der Gegenwart vgl. Barry 1991, S. 142; Nagel 1991, S. 63, vgl. allerdings Nagel 1997; Rakowski 1991, S. 75; Sen 1992, S. IX-XI; Temkin 1993, S. 282; Van Parijs 1995, S. 27-29; Roemer 1996, S. 276, 1998, S. 6/7 usw. Die Einordnung in die Rubrik »Egalitarismus« ist bei manchen dieser Autoren umstritten, insbes. bei Rawls. Vgl. zu Rawls: Raz 1986, S. 232/233, deutsch in diesem Band, S. 61; Frankfurt 1987, S. 35, 42/43; Parfit 1995, Appendix, S. 35-39, 1998, S. 16, deutsch in diesem Band, S. 101; Estlund 1996; McKerlie 1996, S. 277, 287;

Neben dieser Standardform des Egalitarismus, die die Gleichheitsforderung auf das Gesamt der unverdienten Lebensaussichten aller bezieht, gibt es eingeschränkte Varianten des Egalitarismus. Deren prominenteste dürfte ein Kontraktualismus sein, der Gleichheit nur auf soziale Güter, die Früchte der gesellschaftlichen Kooperation, bezieht und auch nicht die Gleichheit aller Menschen oder Gesellschaftsmitglieder anstrebt, sondern nur die Gleichheit aller Kooperationsteilnehmer.[7]

Die Position von John Rawls zum Beispiel schillert zwischen der Standardform des Egalitarismus, die man, da sie auch Glück ausgleichen will, *»Glücksegalitarismus«* nennen könnte, und der eingeschränkten kontraktualistischen Variante. Einerseits sollen die Rawls'schen Grundgüter jene Allzweckmittel benennen, die jeder zur Verwirklichung seiner Konzeption des guten Lebens (sowie zur Verfolgung seiner zwei weiteren höherrangigen Interessen: der kritischen Entwicklung einer eigenen Konzeption guten Lebens sowie der Ausbildung eines Gerechtigkeitssinns) braucht. Andererseits umfasst die Rawls'sche Grundgüterliste nur soziale Güter wie Grundfreiheiten, Machtpositionen und Einkommen und zum Beispiel nicht Gesundheit oder Begabung. Dieser Zwiespalt im Rawls'schen Grundgüterbegriff macht seine Gleichheitsforderung doppeldeutig.

Gleichheit muss *nicht der einzige Eigenwert* sein, den eine egalitaristische Gerechtigkeitstheorie verfolgt. Typischerweise verbindet eine egalitaristische Theorie den Eigenwert von Gleichheit mit dem *Eigenwert von Wohlfahrt*. Denn Gleichheit unter den Menschen lässt sich schließlich auch dadurch schaffen, dass man einfach alle umbringt, wie in William Frankenas Beispiel: »If a ruler were to boil his subjects in oil, jumping in afterwards himself, it would be [...] no inequality of treatment« (1962, S. 17), oder da-

Nagel 1997, S. 306-313; Scanlon 1997, S. 7-10; Anderson 1999, S. 290 (dieser Passus fehlt in der gekürzten deutschen Übersetzung in diesem Band); Kersting 2000b, S. 68-171.

7 Vgl. hierzu Parfits Unterscheidung zwischen »teleologischem« und »deontologischem Egalitarismus« 1998, S. 6-9, deutsch in diesem Band, S. 87-91. Die im Text vorgestellte uneingeschränkte Standardform des Egalitarismus muss nicht »teleologisch« in dem Sinne sein, dass sie das moralische Vokabular direkt auf Weltzustände bezieht. Plausiblerweise wird sie es nur zur Beurteilung menschlicher Handlungen und Unterlassungen verwenden, also statt: »Es ist moralisch schlecht oder ungerecht, dass A unverdientermaßen schlechter dasteht als B.« nur behaupten, dies sei moralisch schlecht oder ungerecht, wenn jemand etwas dagegen hätte tun können, dies aber nicht getan hat.

durch, dass man alle wie ein Stück Dreck behandelt, wie in Joel Feinbergs Beispiel des zu harten Fußballtrainers, von dem ein Spieler sagte: »He treated us all the same. Like dogs.« (1973, S. 98). Diese Beispiele machen die Notwendigkeit des Übergangs von einem »reinen« Egalitarismus mit nur dem einen Eigenwert »Gleichheit« zu einem *»pluralistischen«* Egalitarismus mit zumindest einem weiteren Eigenwert für Wohlfahrt deutlich.

Der pluralistische Egalitarismus sollte zudem vielleicht *»moderat«* genug sein, um im Konfliktfall »Gleichheit versus Wohlfahrt« nicht immer Gleichheit Trumpf sein zu lassen, sondern Abstriche an Gleichheit um einer höheren Lebensqualität für alle willen hinzunehmen. Ein berühmtes Beispiel für einen moderaten, pluralistischen Egalitarismus ist John Rawls' Abmilderung des Gleichheitsprinzips zum *Differenzprinzip*, das Ungleichheiten, welche die absolute Position der am schlechtest Gestellten anheben, als gerecht ausweist (1971, S. 60, 1993, S. 6).

Vielleicht sollte der pluralistische Egalitarismus aber auch noch moderater sein und sogar Ungleichheiten, die die absolute Position der am schlechtest Gestellten *nicht* anheben, generell dann als gerecht betrachten, wenn die einzige Alternative dazu darin bestünde, dass man die Bessergestellten herunterdrückte auf das Niveau der am schlechtest Gestellten, ohne dass die am schlechtest Gestellten (oder sonst wer) irgendetwas davon hätten. Ein solcher noch moderaterer Egalitarismus wäre immun gegen den sogenannten *Einwand der »Angleichung nach unten«*,[8] wonach Gerechtigkeit nicht eine Zerstörung von Vorteilen, von der niemand etwas hat, verlangen kann.

Jedenfalls sind moderate Formen des pluralistischen Egalitarismus durchaus in der Lage, Gesellschaftsvisionen, wie die in Kurt Vonneguts Science-Fiction-Story »Harrison Bergeron« ausgemalte, als überzogen abzulehnen. Vonneguts Story spielt im Jahre 2081, in dem »everybody was finally equal. [...] Nobody was

8 Für die »levelling down objection« vgl. Nozick 1974, S. 229; Raz 1986, S. 227, 235, deutsch in diesem Band, S. 61, 69 und Parfit 1998, S. 10, deutsch in diesem Band, S. 93. Für die Unterscheidungen »pluralistisch versus rein« und »moderat versus stark« vgl. insbes. wieder Parfit 1998, S. 4 bzw. S. 17, in diesem Band, S. 85 bzw. 102, aber auch schon Cohen 1989, S. 908-911; Raz 1986, S. 230-233, in diesem Band, S. 65-67; Temkin 1986, S. 100: »an egalitarian is any person who attaches *some* value to equality itself. [...] So equality needn't be the only ideal the egalitarian values, or even the ideal she values most« sowie Elster 1992, S. 227 zu »non-envious«, »weakly envious« und »strongly envious egalitarianism«.

smarter than anybody else. Nobody was better looking than anybody else. Nobody was stronger or quicker than anybody else.« Um zum Beispiel zu erreichen, dass keiner smarter ist als die anderen, werden überdurchschnittlich intelligente Menschen, wie die Hauptfigur der Geschichte George, per Gesetz dazu verpflichtet, jederzeit ein kleines »mental handicap radio« in ihrem Ohr zu tragen. Dieses Radio ist auf einen staatlichen Sender eingestellt, der alle 20 Sekunden schreckliche Geräusche aussendet »to keep people like George from taking unfair advantage of their brains« (1997, S. 315).

Damit ist das *Grundmuster* der egalitaristischen Gerechtigkeitskonzeption vorgestellt: Der Egalitarismus kombiniert in der Regel, als pluralistischer Glücksegalitarismus, ein Gleichheitsprinzip bezüglich unverdienter Lebensaussichten mit einem Wohlfahrtsprinzip und nimmt moderaterweise im Konfliktfall »Gleichheit versus Wohlfahrt« gewisse Abstriche an Gleichheit um einer größeren Wohlfahrt willen hin.

Dieses egalitaristische Grundmuster wird jedoch je nach Theorie verschieden *verfeinert oder ergänzt*. Mitunter unterscheidet man diverse Güter innerhalb des Wohlfahrtsbereiches und setzt Prioritäten (z.B. Freiheit vor Wohlstand). Mitunter sichert man bestimmte wichtige Güter doch über absolute Schwellenprinzipien, operiert also mit »systemfremden Einsprengseln«. Mitunter fügt man schließlich noch weitere Gerechtigkeitsprinzipien, wie das Prinzip der Anerkennung von Leistung oder der Vergabe von Ämtern nach Qualifikation, hinzu.[9]

9 Zur ersten Verfeinerung vgl. z.B. die Priorität von Rawls' erstem Gerechtigkeitsprinzip der Freiheit vor der ersten Hälfte seines zweiten Gerechtigkeitsprinzips der Chancengleichheit und dessen Priorität vor der zweiten Hälfte, dem Differenzprinzip (1971, S. 60/61). Zur zweiten Verfeinerung vgl. z.B. die Transformation des ersten Rawls'schen Gerechtigkeitsprinzips von einem egalitaristischen Prinzip (1971, S. 60) zu einem absoluten Schwellenprinzip in *Political Liberalism* (1993, S. 331-334): Aus der Forderung nach dem »umfangreichste(n) System gleicher Grundfreiheiten [...], das mit dem gleichen System für alle verträglich ist« (zitiert nach der deutschen Übersetzung 1975, S. 81), wird die Forderung nach einem »völlig angemessenen System von Grundfreiheiten« (zitiert nach der deutschen Übersetzung 1998, S. 451). Vgl. auch Dworkins Schwellenprinzip des politischen Einflusses (1987b, S. 19-22). Zur dritten Verfeinerung vgl. Cohen, der neben das oben zitierte Ziel der Abschaffung unverdienter Nachteile gleichrangig das Ziel der Abschaffung von Ausbeutung (»exploitation«, 1989, S. 908) setzt. Vgl. außerdem die unter Egalitaristen üblichen Listen von Gerechtigkeitsgesichtspunkten neben dem Gleichheitsprinzip bei Honoré 1962, S. 78/79; Frankena 1962, S. 13; Tugendhat 1997a, S. 66, 1997b, S. 11/12; Gosepath 1998, S. 177 und Koller 1994, S. 83.

Die Gegenposition zum Egalitarismus, der *Nonegalitarismus* (auch »doctrine of sufficiency«, so Frankfurt 1987, S. 22, »Solidarität und Suffizienz« oder »liberalismus *sans phrase*«, so Kersting 2000a, S. 244 bzw. 237, oder »Vorrangposition« – »priority view« –, so Parfit 1998, S. 12, deutsch in diesem Band, S. 95), bestreitet, dass Gleichheit ein zentrales und unabgeleitetes Ziel von Gerechtigkeit darstellt. Einen bedeutenden abgeleiteten Wert kann der Nonegalitarismus Gleichheit jedoch durchaus zugestehen. So betonen viele Nonegalitaristen, dass zum Beispiel aus ihrer Forderung, allen Hungernden sei zu essen zu geben, Gleichheit als Nebenprodukt dieser Forderung folge. Nur gehe es ihnen bei dieser Forderung nicht um Gleichheit, sondern um die Erfüllung eines absoluten oder nicht-komparativen Standards für alle (zu einem menschenwürdigen Leben gehört Nahrung, niemand soll hungern müssen).

Es ist nicht einmal ausgemacht, dass eine nonegalitaristische Gerechtigkeitsposition im Endeffekt auf weniger Gleichheit hinausläuft als eine egalitaristische. Man denke zum Beispiel an wirtschaftsliberale Interpretationen des Rawls'schen Differenzprinzips, die im Namen von Effizienzsteigerung krasse Einkommensunterschiede rechtfertigen. Und man nehme zur Kenntnis, dass die Riege der Egalitarismuskritiker nicht etwa – wie manchmal suggeriert wird (z.B. bei Tugendhat 1997a, S. 20, 1997b, S. 75/76 oder Weikard 1999, S. 71/72) – im wesentlichen aus rückwärts gewandten Aristokraten, Rassisten und Sexisten oder aus Rechtslibertären wie Robert Nozick besteht, sondern vor allem aus Philosophen wie Michael Walzer, Charles Taylor, David Miller, Avishai Margalit, Joseph Raz, Peter Westen, Claudia Card, Wolfgang Kersting, Harry Frankfurt, Bernard Williams, Thomas Scanlon und Elizabeth Anderson, die man beim besten Willen nicht als hoffnungslos konservativ abtun kann.

Nennt man Gerechtigkeitstheorien, in denen Gleichheit als Nebenprodukt von Gerechtigkeitsforderungen eine große Rolle spielt, »egalitär« und unterscheidet damit künstlich *»egalitäre«* Theorien von *»egalitaristischen«* Theorien (in denen Gleichheit als Ziel von Gerechtigkeitsforderungen eine große Rolle spielt), dann lässt sich das im letzten Abschnitt Behauptete auch so ausdrücken: Nonegalitaristische Gerechtigkeitstheorien können durchaus egalitärer sein als egalitaristische Theorien.

In der neuen Egalitarismuskritik geht es nicht um die Frage, ob eine Gerechtigkeitstheorie egalitär sein sollte. Dass eine Gerechtigkeitstheorie egalitär sein und zum Beispiel die Menschenrechte anerkennen sollte, ist vielmehr der »common ground«, auf dem (so gut wie) alle Nonegalitaristen operieren. In der neuen Egalitarismuskritik geht es »nur« um die Frage, ob eine Gerechtigkeitstheorie egalitaristisch sein sollte. Das »Oder« im Titel dieses Bandes »Gleichheit *oder* Gerechtigkeit« bezieht sich demnach auch nur auf diese zweite Frage. Es enthält die von allen Autoren und Autorinnen dieses Bandes geteilte These, dass Gerechtigkeit nicht egalitaristisch, nicht wesentlich als auf Gleichheit abzielend zu verstehen ist.

Bedeutet dies, dass die neue Egalitarismusdebatte eine rein akademische Veranstaltung ist? Dass es für die praktischen Gerechtigkeitsforderungen gar keinen Unterschied macht, ob man Egalitaristin ist oder Nonegalitaristin? Nein, das bedeutet es nicht. Die neue Egalitarismusdebatte versucht Klarheit in die Frage der Begründung von Gerechtigkeitsforderungen zu bringen. Die Position der Nonegalitaristen ist, dass Gleichheit keine (oder zumindest keine wesentliche) fundierende Rolle bei der Begründung von Gerechtigkeitsforderungen spielt. Bei einem Teil unserer praktischen Gerechtigkeitsforderungen wird es keinen Unterschied machen, ob man sie über einen Rückgriff auf Gleichheit begründet oder nicht. Man erreicht sie auf beiden Wegen. Andere Gerechtigkeitsforderungen wird man nur auf dem egalitaristischen Wege erreichen und wieder andere nur auf dem nonegalitaristischen Wege. Bei diesen kontroversen Gerechtigkeitsforderungen macht es einen Unterschied, wo man in der Grundsatzfrage steht. Wie im Folgenden ersichtlich werden wird, ist die Menge dieser kontroversen Gerechtigkeitsforderungen groß.

2. Warum überhaupt Gleichheit? Die Kritik am Egalitarismus

Die Neuheit der Fragestellung: »Warum überhaupt Gleichheit?« bedingt, dass noch keine Übersicht über die Argumente auf beiden Seiten herrscht. Der folgende Versuch einer Ordnung der Argumente gegen den Egalitarismus hat daher noch tastenden Charakter.[10]

10 Für einige taxonomische Vorarbeiten, die allerdings immer nur Ausschnitte aus der argumentativen Landschaft in den Blick bekommen, vgl. Letwin 1983,

Vier Typen von Egalitarismuskritik lassen sich unterscheiden:

1. der Einwand der Verwechslung von »Gleichheit« mit »Allgemeinheit« beziehungsweise von »Gleichheit als Ziel« der Gerechtigkeit mit »*Gleichheit als Nebenprodukt*« allgemeiner Gerechtigkeitsforderungen,
2. der Vorwurf der *Inhumanität*,
3. der Vorwurf der Unterschätzung der *Komplexität* unserer Gerechtigkeitskultur und
4. der Einwand der *Nichtrealisierbarkeit*.

Egalitaristische Gerechtigkeitstheorien sind je nach den Feinheiten ihrer Ausgestaltung verschieden anfällig für diese diversen Einwände. Die Hauptzielscheibe der Egalitarismuskritik ist der Glücksegalitarismus. Die auf Kooperationsteilnehmer und Kooperationsfrüchte beschränkte kontraktualistische Alternative steht aufgrund ihrer notorischen Schwierigkeiten mit Fragen der Gerechtigkeit gegenüber Schwerbehinderten, Arbeitsverweigerern, Kindern, Tieren und zukünftigen Generationen an Attraktivität weit hinter dem Glücksegalitarismus zurück.[11] Die folgende Darstellung der Argumente gegen den Egalitarismus konzentriert sich daher auf die glücksegalitaristische Standardform und kann auch auf andere Feinheiten egalitaristischer Theorien nur am Rande eingehen.

2.1. Gleichheit nur als Nebenprodukt

Der erste und wohl entscheidende Einwand gegen den Egalitarismus, der Nebenprodukteinwand, wird von einer ganzen Reihe von Philosophinnen und Philosophen erhoben, besonders deutlich von Joseph Raz, Harry Frankfurt und Peter Westen.[12] Er besagt, dass zumindest die besonders wichtigen, elementaren Stan-

Frankfurt 1987, Pojman 1997, Scanlon 1997, Anderson 1999, deutsch in diesem Band, und Schramme 1999.

11 Für einen kleinen Ausschnitt aus dieser Diskussion vgl. Sens Vorwurf des Ressourcenfetischismus an Rawls (1985, S. 195-202) und Rawls' Antwort darauf (1993, S. 182-186).

12 Raz 1986, S. 218-221, 227-229, deutsch in diesem Band, S. 51-54, 62-64; Frankfurt 1987, S. 32-34, 1997, S. 7, 11, deutsch in diesem Band, S. 43, 47; Westen 1990, S. 71-74; vgl. aber auch Lucas 1965, S. 106, 108, 1983, S. 81, 87; Browne 1978, S. 52, 54; Letwin 1983, S. 17/18, 66-68; Scanlon 1997, S. 2; Parfit 1998, S. 13-15, deutsch in diesem Band, S. 97-99; Card 1998, S. 99; Kersting 2000b, S. 376, 386-390.

dards der Gerechtigkeit nicht-relationaler Art sind und Gleichheit nur als Nebenprodukt ihrer Erfüllung mit sich führen. Gleichheit kann daher als Ziel von Gerechtigkeit nicht so wesentlich sein, wie der Egalitarismus glaubt.

Die elementaren Standards der Gerechtigkeit garantieren allen Menschen *menschenwürdige Lebensbedingungen*. Sie verlangen etwa, dass jeder Mensch Zugang zu Nahrung, Obdach und medizinischer Grundversorgung haben muss. Sie fordern, dass in jedem menschlichen Leben Raum für private wie politische Autonomie, Besonderung und persönliche Nahbeziehungen sein soll. Sie verlangen, dass jeder Mensch sich seiner Gesellschaft zugehörig, als »einer von uns«, fühlen können soll. Diese Standards geben *absolute Erfüllungswerte* vor, die allerdings noch kulturspezifisch zu konkretisieren sind. So führt zum Beispiel die kulturspezifische Konkretisierung des Rechtes auf soziale Zugehörigkeit in Arbeitsgesellschaften, und nur in diesen, zu einem Recht auf Arbeit.

Wenn nun ein Mensch unter Hunger oder Krankheit leidet, ist ihm zu helfen, weil Hunger und Krankheit für jeden Menschen schreckliche Zustände sind, und *nicht deswegen, weil es anderen schließlich besser* geht als ihm. Ob andere Menschen auch unter Hunger oder Krankheit leiden, ist für die Frage, was man diesem einen Menschen schuldet, zunächst einmal nicht von Belang. Das Übel des Hungers und der Krankheit sagt einem vielmehr direkt, was man zu tun hat. Man muss sich nicht erst umsehen und vergleichen. In den Worten von Harry Frankfurt:

> Sicherlich sind es nicht formale, sondern substantielle Bestimmungen, die genuin moralische Bedeutung haben. Es kommt darauf an, ob Menschen ein gutes Leben führen, und nicht, wie deren Leben relativ zu dem Leben anderer steht. (1997, S. 6, deutsch in diesem Band, S. 41)

Die Gleichheitsrelation, die sich einstellt, wenn allen Hilfsbedürftigen geholfen ist und alle tatsächlich menschenwürdig leben können, ist nichts als das *Nebenprodukt* der Erfüllung der absoluten Gerechtigkeitsstandards *für alle. Gleichheit sitzt hier auf Allgemeinheit auf*. Die Gleichheitsterminologie ist redundant. Es geht nichts verloren, wenn man anstelle von: »Alle Menschen sollen gleichermaßen genug zu essen haben« einfach nur sagt: »Alle Menschen sollen genug zu essen haben.«[13]

13 Das »Gleichermaßen« mag allenfalls, wie Raz betont (1986, S. 220, deutsch in diesem Band, S. 53), mitunter hervorheben, dass Hungerleiden und Kranksein die einzig relevanten Grundlagen für den Anspruch auf Nahrung und Medizin

Bei relationalen Standards ist die Gleichheitsterminologie dagegen nicht redundant. Wenn zum Beispiel alle Kinder ein gleich großes Stück Kuchen erhalten sollen, geht es gerade darum, dass alle Kinder in der relevanten Hinsicht, der Kuchengröße, gleich gut abschneiden sollen. Relationale Standards zielen auf Gleichheit. Sie funktionieren wie eine Balkenwaage, die nur messen soll, ob die betrachteten Objekte gleich schwer sind, aber nicht, wie schwer jedes für sich genommen ist. Absolute Standards funktionieren dagegen wie eine Dezimalwaage, die messen soll, ob jedes Objekt einen bestimmten Messwert, ein Kilogramm zum Beispiel, erreicht. Indem der Egalitarismus Gerechtigkeit wesentlich relational, als Gleichheit in unverdienten Lebensaussichten, begreift, verfehlt er die Natur elementarer Gerechtigkeitsansprüche. Menschenwürde ist ein absoluter Begriff.

Auch in *Mangelsituationen*, in denen nicht allen ein menschenwürdiges Leben ermöglicht werden kann, geben die absoluten Gerechtigkeitsstandards selbst eine Verteilung vor: Je weiter ein Mensch von dem eigentlich gebotenen Niveau entfernt ist, desto dringlicher ist (in der Regel) sein Anspruch auf Hilfe. Die Bedürftigeren haben damit Vorrang. In Mangelsituationen muss man sich also doch, bevor man handelt, umsehen und vergleichen. Aber dieser Vergleich ist den Gerechtigkeitsstandards nachgeordnet, er findet nur auf der Ebene ihrer Umsetzung statt. Die Standards selbst kommen ohne Vergleich aus und bestimmen für Mangelsituationen die Reihenfolge der Hilfe. Der Vergleich dient nur dazu festzustellen, wer wo in der Reihenfolge steht. Mit Joseph Raz gesprochen, sind diese Standards nicht nur »erfüllbar« (»satiable«, 1986, S. 235, deutsch in diesem Band, S. 70), geben sättigbare Schwellenwerte vor, sondern auch »abnehmend« (»diminishing«, S. 236, deutsch, S. 71), geben eine Reihenfolge der Dringlichkeit vor. Dass Gleichbedürftige gleich viel Hilfe erhalten, ist wieder nichts als ein Nebenprodukt der Befolgung der absoluten Gerechtigkeitsstandards. Joseph Raz im Wortlaut:

sind und daher jede Diskriminierung unter Hungernden und Kranken, etwa die Einteilung in Bürger erster und zweiter Klasse, in Sachen Nahrung und Medizin einer moralischen Grundlage entbehrt. Das »Gleichermaßen« hätte hier die Funktion, die Abgeschlossenheit der Begründung zu signalisieren. Raz nennt deswegen Prinzipien, in denen »gleichermaßen« in dieser Funktion auftritt, »Abschlussprinzipien« (»closure principles«).

Wo immer wir uns aber auch hinwenden, finden wir, dass es nicht die Ungleichheit ist, die uns an den verschiedenen Ungleichheiten stört. Es ist vielmehr der Hunger der Hungrigen, die Bedürftigkeit der Bedürftigen, das Leiden der Kranken und so fort. Auf die Tatsache, dass es diesen Menschen schlechter als ihren Nachbarn im jeweils relevanten Sinne geht, kommt es an. Diese Tatsache ist aber nicht relevant als unabhängiges Übel der Ungleichheit. Ihre Relevanz liegt vielmehr darin, uns zu zeigen, dass deren Hunger größer, deren Bedürftigkeit dringender, ihr Leiden schmerzvoller ist, und dass deshalb unsere Sorge für die Hungrigen, die Bedürftigen und die Leidenden, und nicht unsere Sorge für Gleichheit, uns diesen Personen Priorität bei unseren Bemühungen einräumen lässt. (1986, S. 240, deutsch in diesem Band, S. 76)[14]

In Reaktion auf den Nebenprodukteinwand mögen manche Egalitaristen, Thomas Nagel (1997) ist ein prominentes Beispiel, bekennen, dass sie in dem Sinn dann wirklich keine Egalitaristen sind, und den Verdacht von Jan Narveson bestätigen, »that most who profess egalitarianism are really safety-netters at heart« (1998, S. 80).[15]

Andere Egalitaristen mögen sich mit ihren egalitaristischen Intuitionen aus dem elementaren Bereich auf den Surplus-Bereich zurückziehen und eine Art »Schrumpfegalitarismus« vertreten. Im Unterschied zum Standardegalitarismus arbeitet der Schrumpfegalitarismus mit absoluten, humanitären Prinzipien im elementaren Bereich und vertritt ein flächendeckendes Gleichheitsprinzip nur noch für den Bereich oberhalb des humanitären Sockels.

Was Egalitaristen nach dem Nebenprodukteinwand jedenfalls nicht mehr tun können, ist die Gegenseite einfach als »Egalitaristen der Menschenwürde oder des guten Lebens« *»eingemeinden«* und die »Why-Equality?«-Debatte für unnötig erklären. Die »Eingemeindungs«- oder »Umarmungsstrategie« war bisher allerdings die Lieblingsstrategie der Egalitaristen im Umgang mit Kritik an ihrem egalitaristischen Grundprinzip.[16]

Das heißt dann aber auch, dass die Begründung eines Schrumpfegalitarismus als verbleibende egalitaristische Rückzugsposition kein Kapital mehr daraus schlagen kann, dass »wir« im elementa-

14 Vgl. auch schon Browne 1978, S. 59; Carr 1981, S. 221; dagegen Miller 1993 und Gosepath 1998, S. 171/172.

15 Für konkrete Erhärtungen dieses Verdachtes vgl. Frankfurt 1987, S. 33/34 gegen Dworkin 1983, S. 208; Williams 1997, S. 52 gegen White 1997, S. 62; Parfit 1998, S. 14/15, in diesem Band, S. 99 gegen Nagel 1979, S. 123/124.

16 Vgl. Dworkin 1987a, S. 7-12; Kymlicka 1990, S. 4/5; Sen 1992, S. 12-16; Nielsen 1997, S. 204; Tugendhat 1997a, b; White 1997, S. 61.

ren Bereich doch eigentlich alle für Gleichheit, also Egalitaristen, seien und konsequenterweise dann das Gleichheitsprinzip auch im Surplus-Bereich vertreten sollten.

Der Egalitarismus gewinnt seine Plausibilität vor allem aus der Ungerechtigkeit der Verletzung menschenwürdiger Lebensbedingungen, die er als Ungleichheiten beschreibt. Wie kann es gerecht sein, fragt der Egalitarist, wenn die einen hungern müssen und die anderen Austern und Champagner schlürfen? Gerechtigkeit muss Gleichheit unter den Menschen schaffen. – Identifiziert man jedoch die vorliegende Ungerechtigkeit richtig, nämlich als Verletzung elementarer, absoluter Gerechtigkeitsstandards, dann verliert der Egalitarismus auch »weiter oben«, im Surplus-Bereich, an Plausibilität. Er kann, bildlich gesprochen, auf dem Sockel nicht mehr Fuß fassen und sich abstoßen und hat dann keinen Schwung im Surplus-Bereich. Den hätte er aber bitter nötig. Denn im Surplus-Bereich konkurriert das Gleichheitsprinzip, anders als im Sockel-Bereich, gegen eine Fülle fest etablierter Gerechtigkeitsstandards, die *Ungleich*verteilung verlangen (z. B. Verteilung nach Verdienst, freiem Tausch, Qualifikation etc.). Zum Schrumpfegalitarismus werden wir unter 3., dem Vorwurf der Verkennung der Komplexität unserer Gerechtigkeitskultur, zurückkehren.

2.2. Inhumanität

Der zweite Typus von Egalitarismuskritik behauptet, dass entgegen dem, was man von einer normativ so starken Theorie wie dem Egalitarismus erwarten würde, der Egalitarismus oft nicht einmal die Bedingungen eines menschenwürdigen Lebens für alle sichern kann: Menschen, die an ihrem Elend *selbst schuld* sind, werden in ihrem Elend allein gelassen (a). Menschen, die an ihrem Elend nicht selbst schuld sind, sondern zum Beispiel an einer angeborenen Behinderung leiden, werden aus falschen, relationalen Gründen unterstützt: aus herablassendem Mitleid anstatt aus menschlichem Mitgefühl, und dadurch *stigmatisiert* (b). In welche Kategorie ein Elend gehört, entscheidet und überprüft der Staat. Damit *entmündigt* er seine Bürger und verletzt ihre Privatsphäre (c). Diese Vorwürfe der Inhumanität hat besonders kraftvoll Elizabeth Anderson in ihrem *Ethics*-Artikel »What Is the Point of Equality?« (1999, deutsch in diesem Band) erhoben.

a) »Selber schuld«

Der Egalitarismus in seiner Standardform will nur unverdiente Lebensaussichten egalisieren, für die Folgen ihrer Entscheidungen sollen die Menschen selbst einstehen. Dies bedeutet, streng genommen, dass Menschen, die in Folge ihrer eigenen Entscheidungen in Not geraten, keinen Gerechtigkeitsanspruch auf Unterstützung haben. Der unversicherte Autofahrer, der fahrlässig einen Unfall verursacht und dabei schwer verletzt wird, muss demnach die Kosten von Krankenhaus, Arbeitsunfähigkeit etc. selbst tragen. Kann er das nicht, hat er Pech gehabt. Genauso der Arbeiter, der für ein bisschen mehr Geld eine gefährliche Arbeit annimmt und krank wird. Solch inhumanen Konsequenzen kann der Egalitarismus entgehen, indem er garantierte absolute Minimalstandards für alle einführt. Dann steht er aber schon mit einem Fuß in der Tür zum Nonegalitarismus.[17]

b) Stigmatisierung

Menschen, die ohne eigene Schuld in Not geraten, können sich dagegen der Unterstützung durch die Egalitaristen sicher sein. Doch hilft der Egalitarismus diesen Opfern »reinen Pechs« (»bad brute luck«), im Unterschied zu den Opfern »kalkulierten Pechs« (»bad option luck«[18]), wie dem fahrlässigen, unversicherten Autofahrer aus dem letzten Abschnitt, aus falschen und letztlich stigmatisierenden Gründen. Er hilft ihnen, weil sie schlecht*er* dran sind als die anderen, und nicht, weil sie schlecht dran sind. Anstatt an die uns allen vertraute intrinsisch negative Qualität von Krankheit oder Vereinsamung zu appellieren, richtet der Egalitarismus den Blick auf die Unterschiede zwischen den Menschen. Nicht menschliches Mitgefühl, sondern herablassendes Mitleid steht als treibende Kraft hinter egalitaristischen Hilfeleistungen. Der Erhalt einer solchen Hilfeleistung läuft damit auf eine offizielle Bescheinigung von Minderwertigkeit hinaus. Elizabeth Anderson sieht im Egalitarismus die Logik des Armenrechts aus dem England früherer Jahrhunderte am Werke. Nach diesem »poor law thinking« könnten Bürger nur dann staatliche Hilfe in

17 Zum »Selber-schuld«-Einwand vgl. Anderson 1999, S. 295-302, in diesem Band, S. 128-137; Barry 1991, S. 149; Macleod 1998, S. 75/76.

18 Diese Unterscheidung stammt von Dworkin (1981, S. 293).

Anspruch nehmen, wenn sie ihren minderwertigen Status anerkennen:

Die Logik des Armenrechts beherrscht das Denken der Glücksegalitaristen. Dies wird bei ihrer Unterscheidung zwischen den entschädigungswürdigen und -unwürdigen Benachteiligten – zwischen denen, die für ihr Unglück nicht selbst verantwortlich sind, und denen, die es sind – besonders deutlich. Wie das Armenrecht überlassen sie die durch eigene Entscheidung Benachteiligten ihrem schweren Schicksal und definieren die entschädigungsberechtigten Benachteiligten durch die angeborene Minderwertigkeit ihrer Talente, ihrer Intelligenz, ihrer Fähigkeiten oder ihres Charmes. (1999, S. 311, deutsch in diesem Band, S. 148)

Eine etwas andere Variante des Stigmatisierungsvorwurfes kritisiert die Tendenz vieler egalitaristischer Theorien sich auf die Verteilung materieller Ressourcen, insbesondere Geld, zu konzentrieren und die Frage der Art und Weise, wie diese Güter verteilt werden, ob unter Wahrung von Respekt oder in einem Akt der Demütigung, außer Acht zu lassen. In diese Rubrik gehört die Kritik, die Avishai Margalit in Kapitel 14 seines Buches *The Decent Society* (1996) an der »Wohltätigkeitsgesellschaft« (der »charity society«) übt, die Hilfsbedürftige demütige, da sie ihnen – im Unterschied zum Wohlfahrtsstaat – keinen Anspruch auf Hilfe zuerkenne. In die gleiche Richtung zielt auch sein Beispiel der Hungerhilfe im Schlusskapitel seines Buches: Wenn Mitarbeiter einer Hilfsorganisation hungernden Menschen in Äthiopien von einem Lastwagen herunter Nahrungsmittel zuwürfen, betrieben sie Hungerhilfe im Modus einer Tierfütterung (S. 280). Auch hierher gehört sein Beispiel der Unberührbaren in Indien und der Menschen, die Dreckarbeit leisten, bei uns im *Postscript* zu seinem Buch (1997, deutsch in diesem Band). Die Aufhebung der Stigmatisierung derer, die unseren Dreck wegmachen, etwa öffentliche Toiletten reinigen, verlange nicht nur eine bessere Entlohnung ihrer Arbeit, sondern vor allem eine Änderung unserer Einstellung zu diesen Menschen und damit auch zur »condition humaine«, zur »Unreinheit« der körperlichen Existenz eines jeden Menschen:

In Gesellschaften, in denen das geistige und intellektuelle Leben den höchsten Wert darstellt, spiegeln diese Vorstellungen, die den Körper mit Unreinheit und Demütigung verbinden, sich in der Haltung von Menschen gegenüber körperlicher Arbeit wider, insbesondere jener Form von Arbeit, bei der der Arbeiter sich schmutzig macht. Diese Ungleichheit im spirituellen Status ist wahrscheinlich demütigender, als es materielle Ungleichheit im ökonomischen Status ist.« (1997, S. 154, in diesem Band, S. 113/114)

Auch auf den Stigmatisierungsvorwurf kann der Egalitarismus über die Garantie eines absoluten Minimums, diesmal an sozialer Anerkennung, für alle reagieren. Und wieder gilt: Mit einem solchen »absoluten Anbau« ist ein wesentlicher Schritt hin zum Nonegalitarismus getan.[19]

c) Entmündigung

Im egalitaristischen Regime bedarf es einer Instanz, typischerweise ist es der Staat, die entscheidet und feststellt, in welche Kategorie eine Notlage gehört, in die Kategorie a) selbstverschuldet oder b) unverdient. Damit maßen sich staatliche Bürokratien prekäre Urteile an, die jeder Bürger für sich fällen muss, und dringen außerdem, um überhaupt an die relevanten Informationen heranzukommen, in die Privatsphäre der Bürger ein.

Elizabeth Anderson macht diesen klassisch liberalen Vorwurf der Entmündigung am Beispiel eines lungenkrebskranken Rauchers deutlich. Um festzustellen, ob ein Raucher, der mit dem Rauchen im Krieg begonnen hat, auf Staatskosten eine Lungenkrebsbehandlung erhalten soll, müssten Bürokraten beurteilen, ob er angesichts des sozialen Drucks, dem er von Seiten seiner Kameraden und Vorgesetzten in der Armee ausgesetzt war, angesichts der Angst mindernden Wirkung des Rauchens in extrem belastenden Kampfsituationen und angesichts der Möglichkeiten, die ihm angeboten wurden, sich das Rauchen nach dem Krieg abzugewöhnen usw., eine größere Entschiedenheit gegen das Rauchen hätte an den Tag legen müssen. Um Anspruch auf eine bestimmte, wichtige Leistung zu erhalten, müssten sich Menschen der Beurteilung anderer unterwerfen, wie sie ihre Chancen hätten nutzen sollen, statt ihrem eigenen Urteil zu vertrauen. Auch auf diesen Einwand kann der Egalitarismus über die Garantie eines Mindestmaßes an Autonomie und Privatheit für alle reagieren. Und wiederum bewegte er sich damit auf eine nonegalitaristische Gerechtigkeitstheorie zu.[20]

19 Den Stigmatisierungsvorwurf diskutiert Anderson auf S. 302-307, in diesem Band S. 137-143, vgl. auch Macleod 1998, S. 106-108.

20 Zum Entmündigungseinwand vgl. Anderson 1999, S. 310, in diesem Band, S. 146/147; Chwaszcza 2000, S. 189/190; Kersting 2000b, S. 236-240; auch schon Hayek 1960, Kap. 6, S. 85-102 sowie Flew 1983, S. 160-163.

2.3. Verkennung von Komplexität

Die dritte Form von Egalitarismuskritik wirft dem Egalitarismus die Unterschätzung der Komplexität unserer Gerechtigkeitskultur vor. Neben dem im elementaren Bereich dominanten Bedürfnisprinzip operieren wir zum Beispiel mit dem Verdienstprinzip der Anerkennung hervorragender Leistungen, dem Prinzip des freien Tausches zum gegenseitigen Nutzen oder dem Prinzip der Vergabe von Ämtern und politischen Machtpositionen nach Qualifikation. Angesichts dieser Fülle an Gerechtigkeitsgesichtspunkten stellt sich der Egalitarismus mit seiner Ausrichtung auf Gleichheit als falscher Monismus dar. Der Komplexitätseinwand ist am überzeugendsten von Michael Walzer in seiner Sphärentheorie der Gerechtigkeit (1983, erstes Kapitel deutsch in diesem Band) vorgetragen worden, wurde aber vor Walzer bereits von John Lucas und Nicholas Rescher[21] erhoben.

Die Vielfalt der Gerechtigkeitsgesichtspunkte, die wir bei der Verteilung *so verschiedener Güter und Lasten* wie Spendernieren, Militärdienst, Studienplätzen, Sperma zur künstlichen Befruchtung, Kindern zur Adoption, Staatsbürgerschaft, Gefängnisstrafen, Entlassung aus der Arbeit, Nobelpreisen, Präsidentschaften oder Universitätsprofessuren anwenden, ist kaum überschaubar. Jon Elster, der sich in seinem *»Local Justice Project«* zusammen mit seinen Mitarbeitern die Mühe gemacht hat, die Allokationsstandards von Institutionen in verschiedenen Ländern zu untersuchen, berichtet über eine »bewildering surface variety of local justice phenomena« ohne »underlying principles that would bestow intelligibility on them all« (1992, S. vii). Lokale Gerechtigkeit sei »above all a very messy business« (S. 15).

Sicher lassen sich aus dieser Vielfalt an Gerechtigkeitsstandards einige besonders wichtige herausstellen: Grundbedürfnisse wie das Bedürfnis nach Nahrung, Obdach, Hilfe bei Krankheit, menschlicher Nähe, sozialer Zugehörigkeit oder Individualität sollte jeder Mensch befriedigen können; auch private und politische Autonomie sollte jeder ausüben können; hervorragende Leistungen für die Allgemeinheit verdienen besondere Anerkennung, Verbrechen dagegen negative Anerkennung, also Bestrafung; Wohlstandsgüter sollte man frei tauschen dürfen, auch Zuneigung und Liebe sollte

21 Lucas 1965, 1983, ursprünglich 1977; Rescher 1966, Kap. 4, S. 73-83.

man frei vergeben dürfen; besonderer politischer Einfluss steht denen zu, die große Visionen haben und in der Führung anderer geschickt sind; auch nichtpolitische Ämter sollten nach Qualifikation verteilt werden, Studienplätze nach Begabung und Engagement; Wiedergutmachung sollte erhalten, wem Unrecht widerfahren ist; Kompensation, wer besonderen Härten, etwa gefährlicher Arbeit, ausgesetzt ist usw.[22]

Viele dieser Standards mögen universaler Art sein und in so gut wie allen Kulturen zumindest latent ihre Kraft entfalten. Andere mögen kulturspezifisch sein. Zur universalen Vielfalt der Gerechtigkeitsgesichtspunkte tritt damit, wie insbesondere Michael Walzer und Charles Taylor (1985) betonen, eine *kulturelle Vielfalt*. Was die Komplexität unserer Gerechtigkeitskultur noch weiter erhöht, ist die häufige Überlagerung verschiedener Gerechtigkeitsgesichtspunkte und die dadurch nötige Abwägung.

Joel Feinberg (1963, S. 89-91) hat die *Überschneidungs- und Abwägungsproblematik* an einem Beispielfall im Stile Charles Percey Snows illustriert: Zwei Kandidaten konkurrieren um die Position des Masters in einem College in Cambridge. Für Kandidat A spricht, dass er der Qualifiziertere ist, er hat einen guten Draht zur Verwaltung, ist ein Arbeitstier, ein geschickter »money-raiser« und ein kühler Kopf. Kandidat B ist dagegen nicht mehr auf der Höhe seiner Fähigkeiten. Aufgrund seiner bisherigen wissenschaftlichen Leistung genießt er aber ein hohes Ansehen und ist auch ansonsten beliebter als Kandidat A. Nach dem Qualifikationsstandard verdiente also A die Stelle, nach dem Verdienstprinzip B. Die Anhänger von A machen nun geltend, dass A sich in der Vergangenheit für das Wohl des College eingesetzt hat, Gelder eingeworben hat und alle Fellows ihm eine Erhöhung ihrer Gehälter verdanken. Diesen Appell an Dankbarkeit kontern die Anhänger von B mit einem Appell an das Prinzip der Wiedergutmachung von Unrecht: B hatte sich nämlich vor 20 Jahren schon einmal um den Masterposten beworben und wurde damals, wie man inzwischen weiß, zu Unrecht übergangen. Daraufhin führen die Anhänger von A an, A habe sich bei seinem Einsatz für das College die Gesundheit ruiniert und verdiene dafür Kompensation. Schließlich entdeckt ein

22 Vgl. zur Vielfalt der Gerechtigkeitsgesichtspunkte neben Walzer, Elster, Lucas und Rescher del Vecchio 1950, S. 122/123; Feinberg 1973, S. 119; Williams 1973; Miller 1976, 1999, insbes. Kap. 1 und 2, S. 1-41; Finnis 1980, S. 174/175; Kersting 2000b, S. 369.

Anhänger von B, dass B damals vor 20 Jahren der Posten formal versprochen worden war, oder er entdeckt eine längst vergessene Regel, die verlangt, dass jeder soundsovielte Master ein Insektenforscher sein muss, und jetzt ist ein Insektenforscher dran, und B ist der einzige Insektenforscher im College. Trifft dann last not least ein Telegramm eines texanischen Ölmagnaten ein, das dem College bei der Wahl von A (und ohne weitere Bedingungen zu stellen) eine Spende von einer Million Pfund in Aussicht stellt, dann sind die Gerechtigkeitsprinzipien der Qualifikation, des Verdienstes, der Dankbarkeit, der Wiedergutmachung von Unrecht, der Kompensation besonderer Härten und der formalen Berechtigung nicht nur gegeneinander, sondern auch noch gegen das Nutzenprinzip abzuwägen.

Unsere Gerechtigkeitskultur ist damit »so kompliziert wie das Leben selbst«. Der Glaube, man könne diese Kultur im Wesentlichen über ein oder zwei Prinzipien, das Gleichheitsprinzip in Kombination mit dem Prinzip der Wohlfahrtssteigerung, einfangen, zeugt von der Philosophenkrankheit der theorieverliebten Überheblichkeit gegenüber der Wirklichkeit. Die Egalitaristen sind zu sehr *»Freunde einfacher Verhältnisse«*, um der Komplexität unserer Gerechtigkeitskultur gerecht zu werden.

Könnten alle Menschen menschenwürdig leben und würden die Gerechtigkeitsstandards des Verdienstes, der Qualifikation, der Tauschfreiheit etc. nicht andauernd durch Übergriffe mächtiger Gruppen verletzt, sondern eingehalten, mit der Folge, dass nicht überall dieselben Leute reüssierten, sondern immer andere, dann müsste man sich auch nicht mehr daran stören, dass Gerechtigkeitsstandards wie das Verdienstprinzip oder das Tauschprinzip nolens volens Unverdientes mitbelohnen. Zum Nobelpreisträger kann nun einmal nur jemand avancieren, dem die Natur eine überdurchschnittliche Begabung geschenkt hat. Aber was soll's? Gönnen wir ihr den Nobelpreis, für das Großartige, was sie daraus gemacht hat! Wollte man, da Verdienst nie Verdienst »all the way down« ist (Nozick 1974, S. 225), sondern immer nur vermischt mit Fremdverursachtem (Geburt, Talente, soziale Umgebung) auftritt, Verdienst gar nicht mehr anerkennen, zerstörte man mit dem Verdienstprinzip auch personale Identität. Denn niemand könnte sich seine Fähigkeiten und Leistungen mehr selbst zuschreiben (vgl. Walzer 1983, S. 372; Hurley 1993, S. 179-185; Miller 1999, S. 146 und Kersting 2000b, S. 137-159, 240-255).

Michael Walzer hält die folgende Geschichte für unwahrscheinlich:

Der von mir in freier Wahl und ungeachtet seines familiären Hintergrundes oder seiner persönlichen Finanzkraft in sein Abgeordnetenamt gewählte Volksvertreter ist zugleich ein kühner und ideenreicher Unternehmer. In seiner Jugend hat er Naturwissenschaften studiert, in allen Examina überdurchschnittlich gute Ergebnisse erzielt und etliche wichtige Entdeckungen gemacht. Im Krieg war er außergewöhnlich tapfer und hat die höchsten Auszeichnungen errungen. Seinerseits ein freundlicher und überaus gewinnender Mann wird er von jedem, der ihn kennt, gemocht. (1983, S. 20, deutsch in diesem Band S. 199)

Wenn es solche Menschen nicht gibt oder zumindest nicht genug von ihnen, um eine herrschende Klasse zu bilden, dann bedeutete dies aber, dass auch die Verteilung von Surplus-Gütern nach den für sie relevanten Gerechtigkeitsstandards zu im großen und ganzen einigermaßen gleichen Lebensaussichten für alle führte. Walzer hat daher seinen »relevant reasons approach« auch als Theorie *»komplexer Gleichheit«* bezeichnet. Komplexe Gleichheit ziele auf die »Brechung von Dominanz«, das heißt der Herrschaft irrelevanter Gründe. Im Ämterkauf zum Beispiel zeige sich Geld als dominantes Gut. Die Theorie »einfacher Gleichheit« strebe dagegen die Gleichverteilung dominanter Güter an. Anstatt auf die Brechung von Dominanz habe sie es auf die »Brechung von Monopolen« abgesehen, das heißt der Ansammlung dominanter Güter in den Händen einiger (vgl. 1983, S. 13, in diesem Band, S. 188).

Die Theorie einfacher Gleichheit erhebt somit Gleichheit zum Ziel von Gerechtigkeit, sie ist egalitaristisch. Die Theorie komplexer Gleichheit erhebt Gleichheit nicht zum Ziel. Sie erwartet Gleichheit nur als Nebenprodukt der Erfüllung komplexer Gerechtigkeitsstandards. Das Prinzip der Verteilung nach relevanten Gründen ist kein Gleichheitsprinzip. Es ist nur eine Überschrift über die diversen Gerechtigkeitsstandards, die von sich aus schon zu ihrer Befolgung auffordern. Als rein formales Prinzip stellt es eine transparentere, da nicht in die egalitaristische Irre führende Formulierung des *Grundsatzes der formalen Gerechtigkeit* dar als die gängigeren Prinzipien der gleichen Berücksichtigung aller (»equal concern«) oder der Gleichbehandlung Gleicher.

Viele egalitaristische Theorien sind allerdings nicht gar so monistisch, wie der Komplexitätseinwand unterstellt, und erkennen weitere Gerechtigkeitsgesichtspunkte an. Sie vertreten nicht einmal für den Surplus-Bereich ein flächendeckendes Gleichheitsprinzip, sondern akzeptieren die Hoheit weiterer Prinzipien wie das Verdienstprinzip oder das Qualifikationsprinzip.[23] Je mehr solcher Zusatzprinzipien sie jedoch akzeptieren, desto marginaler wird die Rolle des Gleichheitsprinzips in ihren Theorien. Eine Gerechtigkeitstheorie, die nur noch unter *»ferner liefen«* mit einem Gleichheitsprinzip operiert, verdient den Titel »Egalitarismus« nicht mehr. Sie kann nicht einmal mehr als »Schrumpfegalitarismus« bezeichnet werden. Denn »Egalitarismus« steht für eine Auffassung von Gerechtigkeit, die Gleichheit als ein zentrales Ziel der Gerechtigkeit ansieht.

Aber zielen denn nicht Prinzipien wie das Verdienst- oder das Qualifikationsprinzip zumindest auf *proportionale Gleichheit*? Und wäre Gerechtigkeit im Surplus-Bereich dann nicht zumindest in diesem Sinne egalitaristisch? Gesichtspunkte proportionaler Gleichheit mögen in der Tat im Surplus-Bereich eine eigene Kraft entfalten. Falls sie das tun, tun sie es aber nur Seite an Seite mit absoluten Gesichtspunkten. Steht zum Beispiel in einem Land auf den Diebstahl eines Laibes Brot die Todesstrafe, dann ist dieses Strafmaß allein schon absolut gesehen zu hoch und damit ungerecht.[24] Auch ein Schrumpfegalitarismus proportionaler Machart ist damit nicht plausibel.

2.4. Nichtrealisierbarkeit

Die vierte Gruppe pragmatischer Bedenken gegen den Egalitarismus bezweifelt schließlich, dass der Egalitarismus, selbst wenn er in abstracto Gerechtigkeit richtig bestimmte, in concreto überhaupt umsetzbar ist. Das wiederum von Michael Walzer[25] am

23 Vgl. hierzu den Verweis auf die »Feinheiten« egalitaristischer Theorien in Abschnitt I sowie das sogenannte »Präsumtions«- oder »Beweislastargument« (Benn/Peters 1959, S. 124-128; Berlin 1961, S. 137; Frankena 1962, S. 8-13; Hare 1963, S. 118/119; Bedau 1967, S. 19; Tugendhat 1997a, S. 69/70, 1997b, S. 11-14; Gosepath 1998, S. 174; Hinsch 1998, S. 37/38) und die Kritik dieses Argumentes bei Katzner 1971; Feinberg 1973, S. 100-102; Browne 1975; Letwin 1983, S. 6-8; Westen 1990, Kap. 10, S. 230-254; Kane 1996, S. 376; Frankfurt 1997, S. 9-11, in diesem Band , S. 45-47; Pojman 1997, S. 283/284; Schramme 1999.

24 Vgl. Hart 1965, S. 160; Feinberg 1974; Miller 1999, S. 154.

25 Vgl. 1983, S. 13-17, deutsch in diesem Band, S. 189-194, aber auch schon Lucas 1965, S. 110 und Nozick 1974, S. 161-164: das Wilt-Chamberlain-Beispiel.

klarsichtigsten artikulierte Hauptbedenken ist, dass der Egalitarismus mit seinen Egalisierungsversuchen den sich reaktiv auf immer neue Güter verlagernden Ungleichheiten (zum Beispiel von Adel auf Geld, von Geld auf Wissen) stets nur hinterherhinkte, sein ganzes Trachten nach Gleichheit zu nichts als einem *»Verschiebebahnhof« für Ungleichheiten* führte. Michael Walzer pointiert:

> Wir werden Macht mobilisieren, um das Monopol in Schach zu halten, und danach nach einer Möglichkeit suchen, die Macht, die wir monopolisiert haben, einzudämmen. Es gibt aber keine solche Möglichkeit, die nicht zugleich strategisch gut postierten Männern und Frauen Gelegenheit dazu böte, wichtige soziale Güter an sich zu raffen und diese zu ihrem höchstpersönlichen Wohl zu nutzen. (1983, S. 16, deutsch in diesem Band, S. 193)

Ein zweites, insbesondere von Bernard Williams und Susan Hurley vorgebrachtes pragmatisches Argument warnt davor, die Grundfeste der politisch seit jeher umstrittenen Gerechtigkeit auf einen *metaphysisch so wackligen Boden wie Willensfreiheit* zu gründen. Bernard Williams schreibt:

> Why is it not a matter of brute luck what people can control and influence – what, indeed, they can get themselves to control and influence? It cannot be a good idea that basic political values, which have to stand up to very rough treatment, should be so metaphysically sensitive. (1997, S. 52)[26]

Ein weiteres Bedenken weist endlich auf das *schiere Ausmaß an Kontingenz* im menschlichen Leben hin: ein früher Tod, ein vorzeitiges Altern, eine schleichende Krankheit, ein schwieriges Kind, ein Partner, der die Liebe nicht erwidert, ein falscher Beruf, ein Versagen vor den eigenen Ansprüchen, ein Zerfall der politischen Kultur um einen herum etc. Angesichts dessen erscheint schon der Versuch einer flächendeckenden Egalisierung wie ein Sandkastenspiel oder eine realitätsfremde Anmaßung.

3. Die Alternative zum Egalitarismus

Der Nonegalitarismus misst Gleichheit keinen zentralen Wert an sich zu. Er versteht Gerechtigkeit vielmehr wesentlich über absolute Standards. Je nachdem, welche absoluten Standards das sind, ergeben sich verschiedene Varianten der nonegalitaristischen Ge-

26 Vgl. auch Hurley 1993, S. 185.

rechtigkeitskonzeption. Es gibt nicht nur eine Alternative zum Egalitarismus, es gibt ihrer viele.

So stellt zum Beispiel der *Libertarianismus* Robert Nozicks (1974) eine nonegalitaristische Gerechtigkeitskonzeption dar. Nozick will die *negative Freiheit* aller schützen. Niemand darf seines Lebens, seiner Gesundheit, seiner Freiheit oder seines Eigentums beraubt werden. Einen Staat, der über die Garantie dieser minimalen Abwehrrechte hinausgeht, begreift Nozick als Unrechtsstaat.

Die Autoren der neuen Egalitarismuskritik geben sich mit solch minimalen absoluten Standards nicht zufrieden. Die Vision der gerechten Gesellschaft, die sie dem Egalitarismus gegenüberstellen, ist weit attraktiver als der Nozick'sche Libertarianismus. Bei den neuen Nonegalitaristen hat der Staat nicht nur die negative Freiheit aller zu schützen. Er hat auch dafür zu sorgen, dass niemand unter elenden Umständen existieren muss. Jeder muss Zugang zu Nahrung, Obdach, medizinischer Grundversorgung, persönlichen Nahbeziehungen, sozialer Zugehörigkeit, Differenz und privater wie politischer Autonomie haben. Allen muss ein menschenwürdiges Leben effektiv ermöglicht werden.

Im nonegalitaristischen *Humanismus* weitet sich damit der Fokus von negativer Freiheit auf *Menschenwürde*. Gerechtigkeit muss jedoch im Humanismus nicht einfach mit der unbedingten Garantie eines humanitären Sockels für alle zusammenfallen. Dem Sockel nachgeordnet können vielmehr diverse Verteilungsprinzipien rangieren, wie das Verdienstprinzip, das Qualifikationsprinzip oder das Prinzip der Tauschfreiheit. Die derzeit bekannteste humanistische Gerechtigkeitstheorie dürfte Martha Nussbaums »aristotelischer Essentialismus« (1992) sein.[27] Auf die vielen Feinheiten des nonegalitaristischen Humanismus, zum Beispiel die Sonderrolle, die er der Autonomie bei der Bestimmung, Konkretisierung und Nutzung menschenwürdiger Lebensbedingungen zubilligt,[28] soll hier nicht weiter eingegangen werden. Stattdessen sei zum Abschluss noch einmal die Frage aufgeworfen, welche Rolle Gleichheit in einer nonegalitaristischen Gerechtigkeitstheorie spielt.

27 Für andere anthropologisch ansetzende Konzeptionen vgl. Finnis 1980, insbes. S. 86-90; Braybooke 1987; Thomson 1987; Wiggins 1987; Shklar 1989; Young 1990, Kap. 2, S. 39-65; Margalit 1996; Fraser 1997; Card 1998; Anderson 1999, insbes. S. 317/318, deutsch in diesem Band, S. 157/158; Kersting 2000b.

28 Zur Verteidigung des Humanismus gegen den Paternalismusvorwurf vgl. z.B. Nussbaum 1992 und Anderson 1999, in diesem Band.

Gleichheit kommt im Nonegalitarismus an mindestens drei Stellen herein. Da ist erstens die Rolle von Gleichheit als Nebenprodukt der Erfüllung absoluter Standards für alle. Da ist zweitens die Rolle von Gleichheit als ein Gerechtigkeitsgesichtspunkt unter anderen. Und da ist drittens, wovon bisher noch nicht die Rede war, die Rolle von Gleichheit als Vorbedingung der Erfüllung gewisser absoluter Standards.

Zum ersten Punkt: Der nonegalitaristische Humanismus verlangt ein beträchtliches Maß an Gleichheit als Nebenprodukt der Erfüllung seiner absoluten Standards. Eingedenk der gravierenden Verstöße des Egalitarismus gegen die Menschenwürde (»selber schuld«, Stigmatisierung und Entmündigung) und eingedenk des »Over-all«-Gleichheitspotentials des komplexen Nonegalitarismus im Surplus-Bereich (Walzers Geschichte des ideenreichen Unternehmers, tapferen Kriegers etc.) dürfte der nonegalitaristische Humanismus sogar zu einer größeren Angleichung der Lebensaussichten aller führen als der Egalitarismus, stellte also die egalitärere Theorie dar.

Zum zweiten Punkt: Der Nonegalitarismus muss relationalen Gerechtigkeitsgesichtspunkten, seien sie nummerischer oder proportionaler Art, nicht jede Geltung absprechen.[29] Die Diskussion darüber, welche unserer vielen Gerechtigkeitsstandards absolut, welche relational und welche ein Gemisch aus beidem sind, liegt weitgehend noch vor uns. Wohin gehört zum Beispiel »Gleichheit vor dem Gesetz« oder »Chancengleichheit« oder das »Diskriminierungsverbot«?[30]

Zum dritten Punkt: Gewisse absolute Standards setzen voraus, dass keine zu große Ungleichheit zwischen den Lebensaussichten der Menschen besteht. So können zum Beispiel zu große Unterschiede zwischen Arm und Reich das Grundrecht eines Teils der Bürger auf politische Autonomie untergraben und einen »herrschaftsfreien« politischen Diskurs vereiteln. Außerdem mögen diese Unterschiede das Grundrecht auf soziale Zugehörigkeit, ins-

29 Manche Nonegalitaristen scheinen allerdings diese radikale Gegenposition zu beziehen, vgl. z.B. Frankfurt 1997, S. 3, deutsch in diesem Band, S. 38: »Gleichheit als solcher kommt meines Erachtens kein inhärenter und unabgeleiteter moralischer Wert zu.«; Parfit 1998, S. 13, deutsch in diesem Band, S. 97; Raz 1986, S. 241, deutsch in diesem Band, S. 77.

30 Hilfreich als Ausgangspunkt für diese Fragen sind die Analysen in den Kapiteln 3 (insbes. S. 74-79), 6 und 8 von Peter Westens Buch *Speaking of Equality* (1990).

besondere in einer Konsumgesellschaft, und auch die Tauschfreiheit auf dem Markt tangieren. In politische Autonomie, soziale Zugehörigkeit und Tauschfreiheit sind damit relationale Vorbedingungen eingelassen. Das Grundrecht auf Nahrung wird dagegen nicht davon tangiert, dass andere reicher oder mächtiger sind. Als relationale Vorbedingungen gewisser absoluter Standards haben diese Gleichheiten jedoch nur einen vom Wert dieser Standards abgeleiteten Wert. Sie sind nur als Mittel zum Zweck, als Weg zum Ziel, als Teil des Ganzen geboten.[31]

4. Übersicht über die Texte des Bandes

Der vorliegende Band versammelt die wichtigsten Texte der neuen Egalitarismuskritik. Er ist der erste Band dieser Art. Aufgrund der Neuheit der »Why-Equality?«-Debatte liegt auch im angelsächsischen Raum noch keine aufs Wesentliche konzentrierte Textauswahl vor. Vier der insgesamt sechs hier versammelten Beiträge erscheinen zudem zum ersten Mal in deutscher Übersetzung. Dass dieser Band nur Übersetzungen enthält und keine Beiträge deutschsprachiger Autoren, liegt daran, dass zur Zeit der Konzeption dieses Bandes die Kritik am Egalitarismus im deutschsprachigen Raum noch nicht begonnen hatte. Dies hat sich inzwischen etwas geändert (vgl. Krebs 1999, Schramme 1999, Chwaszcza 2000, Kersting 2000a, b).

Da die Zielscheibe der Egalitarismuskritik der allseits bekannte Mainstream der politischen Gegenwartsphilosophie ist, verzichtet dieser Band darauf, den »Gegner« noch einmal selbst zu Wort kommen zu lassen. Der mit dem Mainstream nicht vertraute Leser sei auf die eingangs bereits erwähnten Überblickstexte über die »Equality-of-What?«-Debatte von Gerald Cohen (1989, 1993) verwiesen oder, sucht er einen einführenden Text in deutscher Sprache, auf die Übersetzung von Richard Arnesons »Equality and Equal Opportunity for Welfare« (1989) in dem von Axel Honneth herausgegebenen Sammelband *Pathologien des Sozialen* (1994).

31 Mehr zu solchen abgeleiteten Gründen für Gleichheit findet sich in Frankfurt 1987, S. 24; Miller 1995, 1998; Cohen 1997; Scanlon 1997; Williams 1997. Auch in diese Kategorie gehört das utilitaristische »Grenznutzenargument«, vgl. dazu Letwin 1983, S. 29-34; Frankfurt 1987, S. 25-33; Pogge 1995.

Weitere Titel findet der Leser in der Auswahlbibliographie am Ende des Bandes. Diese Bibliographie verzeichnet die zentralen Beiträge der neueren Diskussion um die Rolle von Gleichheit in der Theorie der Gerechtigkeit. Insofern als jedes bedeutende Werk der politischen Philosophie auch etwas über die Rolle von Gleichheit zu sagen hat, hätte man mit Fug und Recht alle Hauptwerke der politischen Philosophie in dieses Literaturverzeichnis aufnehmen können. Davon wurde aber der besseren Übersichtlichkeit halber abgesehen.

Als Einstieg in die neue Egalitarismusdebatte ist der kurze, ursprünglich 1997 in der Zeitschrift *Social Research* erschienene Text *»Gleichheit und Achtung«* von *Harry Frankfurt* bestens geeignet. Er schwört den Leser mit seinem intensiven, thetischen Stil auf die nonegalitaristische Kernaussage (in ihrer radikalsten Form) regelrecht ein. *Gleichheit habe keinen intrinsischen moralischen Wert.* Es komme moralisch nur darauf an, dass niemand ein schlechtes Leben leben muss, und nicht, wie das Leben der einen im Vergleich zum Leben der anderen abschneidet. Der Egalitarismus schaue lediglich auf die formale Relation zwischen den Menschen. Moralische Achtung verlange aber, dass man sich jedem einzelnen Menschen in seiner Partikularität widmet. Moralische Achtung verbiete daher nicht nur Inhumanität, sondern auch Parteilichkeit und Willkür.

Joseph Raz zeichnet in *»Strenger und rhetorischer Egalitarismus«*, dem Gleichheitskapitel seines Buches *The Morality of Freedom* von 1986, mit akribischer Genauigkeit eine Landkarte unserer diversen Verwendungsweisen des Ausdrucks »gleich« in Forderungen nach Gerechtigkeit. Aus dieser unübersichtlichen Landschaft filtert er die für den Egalitarismus im eigentlichen, strengen Sinn kennzeichnende Verwendungsweise heraus. »Streng egalitaristische« Gerechtigkeitsforderungen zielten auf die Schaffung von Gleichheit (in einer bestimmten Hinsicht) unter den Subjekten. Gerechtigkeitsforderungen, die nicht auf Gleichheit abzielten, sondern Gleichheit nur als *Nebenprodukt* ihrer Erfüllung verlangten, nennt Raz »egalitaristisch im rhetorischen Sinn«. Es ist vor allem diese Unterscheidung zwischen »Gleichheit als Ziel« und »Gleichheit als Nebenprodukt« von Gerechtigkeitsforderungen, die den Raz'schen Text zu dem einflussreichsten »Gründungsdokument« der neuen Egalitarismuskritik gemacht hat.

Der Raz'sche Text arbeitet aber nicht nur diese Unterscheidung heraus, sondern sucht außerdem nachzuweisen, dass der Mainstream der westlichen Tradition politischer Philosophie egalitaristisch im strengen Sinn ist und darin einem Fehlverständnis von Gerechtigkeit aufsitzt. Die fundamentalen Gerechtigkeitsforderungen seien allesamt nicht relationaler, sondern absoluter Art: Ihr erfüllbarer und abnehmender Charakter mache ein relationales Verteilungsprinzip überflüssig. Ein erfüllbares und abnehmendes Gerechtigkeitsprinzip, wie das, dass alle Menschen genug zu essen haben sollen, gebe selbst in Mangelsituationen eine Ressourcenverteilung, nämlich nach der Dringlichkeit des Hungers, vor.

Der Raz'sche Text schließt mit einer interessanten Diagnose der Wurzeln der Attraktivität des strengen Egalitarismus. Die Attraktivität des strengen Egalitarismus gründe vor allem darin, dass er den offensichtlichen Hauptfehler des seinerseits attraktiven Utilitarismus korrigiere. Der offensichtliche Hauptfehler des Utilitarismus mit seinem offenen (nicht erfüllbaren) und nicht abnehmenden Grundprinzip der Maximierung der Summe an Freude oder Lust sei, dass er um der Steigerung dieser Summe willen bereit ist, das Wohl Einzelner oder ganzer Gruppen zu opfern, also ausgesprochen inegalitäre Konsequenzen gutheißt. Der strenge Egalitarismus liefere dem Utilitarismus zwar das fehlende Verteilungsprinzip, übernehme aber dessen zweiten, nicht so offensichtlichen Hauptfehler, nämlich die Fehlbestimmung der Gerechtigkeit über ein offenes und nicht abnehmendes Grundprinzip.

Derek Parfits Artikel *»Gleichheit und Vorrangigkeit«*, eine Kurzfassung seiner Lindley-Lectures von 1995, entwickelt auf Raz'scher Grundlage die bis dato klarste Taxonomie der verschiedenen Unterformen des Egalitarismus. »Egalitarismus« fasst Parfit über den intrinsischen Wert der Gleichheit. *»Reine« und »pluralistische«, »starke« und »moderate«, »teleologische« und »deontologische« Spielarten des Egalitarismus* werden unterschieden. Der Einwand der »Angleichung nach unten« wird gegen den Egalitarismus erhoben. Schließlich wird eine nonegalitaristische Alternative, die »Vorrangposition«, formuliert. Der etwas irreführende, da Relationalität suggerierende Name dieser Position verdankt sich wohl dem Umstand, dass ihre absoluten Standards von sich aus eine Ressourcenverteilung nach Dringlichkeit vorgeben. Parfits Text stellt aufgrund seiner analytischen Dichte und seines extrem trockenen Stils (Zahlenbeispiele dominieren) hohe Anforderungen an die Geduld und Hartnäckigkeit des Lesers. Er ist nach dem womöglich noch mühsameren Text von Raz der »härteste Brocken« in diesem Sammelband.

Die Frage nach den konkreten Inhalten der nonegalitaristischen Gerechtigkeitskonzeption bleibt bei Parfit wie auch bei Raz und Frankfurt im Hintergrund. Diese drei Autoren bedienen sich nur exemplarisch einiger besonders einschlägiger nonegalitaristischer Gerechtigkeitsstandards, wie »Den Hungernden ist zu essen zu geben, den Kranken Medizin etc.«, um ihre systematische Opposition zum Egalitarismus herauszupräparieren. In *Avishai Margalits* Text *»Menschenwürdige Gleichheit«* (1997) rückt die Frage nach den konkreten Inhalten dagegen in den Vordergrund. In doppelter Frontstellung gegen den Egalitarismus und gegen manche seiner nonegalitaristischen Mitstreiter hebt Margalit mit dem ihm eigenen phänomenologischen Gespür die Bedeutung der Dimension *sozialer Zugehörigkeit* hervor. Am Beispiel der Unberührbaren in Indien und der Menschen, die Dreckarbeit leisten bei uns, zeigt er wie bereits erwähnt, dass sozialer Ausschluss nicht nur und nicht vor allem über materielle Ungleichheit geschieht, sondern auch über symbolische Handlungen, die etwa unseren Ekel vor Schmutz und Unreinheit ausdrücken und den Menschen, die damit ständig umgehen.

Der umfangreiche, aber packend geschriebene Artikel *»Warum eigentlich Gleichheit?«* (1999) von *Elizabeth Anderson* konfrontiert den Egalitarismus mit einem ganzen Feuerwerk scharfsinniger Kritikpunkte. Ihre drei zentralen Kritikpunkte sind unter der Überschrift *»Inhumanität«* oben schon eingehend dargestellt worden. Es handelt sich erstens um den Einwand, dass der Egalitarismus Menschen, die in Folge eigener Entscheidungen in Not geraten, also an ihrem Elend *selbst schuld* sind, in ihrer Not im Stich lasse oder ihnen nur aus paternalistischen Gründen helfe; zweitens um den Vorwurf, dass der Egalitarismus Menschen, die unverschuldet in Not geraten, aus falschem, relationalem, *stigmatisierendem* Mitleid helfe statt aus humanem Mitgefühl; und drittens um den klassisch liberalen Einwand, dass die etatistische und bürokratische Durchdringung des Lebens der Bürger im Namen der Gleichheit diese *entmündige* und ihre Privatsphäre verletze.

Diese Kritik am Egalitarismus findet nur in der ersten Hälfte von Andersons Aufsatz statt. Die zweite, konstruktive Hälfte ist der Entwicklung einer eigenen nonegalitaristischen Alternative gewidmet. Anderson erstellt eine Liste grundlegender menschlicher

Funktionsfähigkeiten, wie Ernährung, Gesundheit, Arbeit, private und politische Autonomie, und fordert von einem gerechten Staat, dass er allen seinen Bürgerinnen und Bürgern die Ausübung dieser Fähigkeiten effektiv ermöglicht. Wichtig ist ihr der Nachweis, dass eine solche Gerechtigkeitskonzeption – Anderson belegt sie mit dem irreführenden Titel »demokratischer Egalitarismus« – nicht ihrerseits paternalistische Züge trägt. Sie betont daher etwa, dass niemand zur Ausübung der Grundfunktionsfähigkeiten gezwungen werden darf und dass die Bestimmung und Konkretisierung der Liste der Grundfunktionsfähigkeiten gemeinsam, unter Wahrung der politischen Autonomie aller, zu erfolgen hat.

Am Schluss dieses Bandes steht das erste Kapitel *»Komplexe Gleichheit«* aus *Michael Walzers* 1983 erschienenem Buch *Spheres of Justice*. Walzers Buch wurde ob seines dezidierten Relativismus bisher vor allem als »kommunitaristisches Manifest« gelesen. Die nach Walzers eigenem Befinden »interessantere Idee des Buches« (1992, S. 11), seine Kritik am Ideal »einfacher Gleichheit«, nahm man dagegen kaum zur Kenntnis. Die Aufnahme von Walzers Kapitel in diesen Band zur neuen Egalitarismuskritik mag ihren Teil zur Korrektur dieser unglücklichen Rezeptionsgeschichte beitragen und zur Neulektüre des in seiner Plastizität so eindrucksvollen Walzer'schen Werkes anregen. Walzers Hauptvorwurf an den Egalitarismus (in seiner Terminologie: die Position der »einfachen Gleichheit«) lautet, wie ebenfalls bereits ausführlich dargelegt, auf Unterschätzung der *Komplexität* unserer Verteilungskultur. Anstatt der Vielfalt unserer sozialen Güter und der für sie einschlägigen Verteilungskriterien zum Durchbruch zu verhelfen, fixiere sich der Egalitarismus auf die Gleichverteilung besonders dominanter oder tyrannischer Güter, wie es im Kapitalismus das Geld sei. Der Egalitarismus mache sich so aber zum Komplizen der Tyrannei.

Harry Frankfurt
Gleichheit und Achtung

I.

1. Ich möchte eine Warnung und eine Vorankündigung vorausschicken. In dem vorliegenden Aufsatz werde ich mich mit Fällen beschäftigen, in denen der moralische Wert der Gleichheit geltend gemacht wird. Nach meiner Einschätzung trägt die Auseinandersetzung mit diesen Fällen nichts Substantielles zur Lösung der Frage bei, welche Sozialpolitik befolgt oder vermieden werden sollte. Meine Überlegungen beziehen sich ausschließlich auf konzeptionelle und analytische Fragen. Sie basieren nicht auf einer sozialen Ideologie oder auf politischen Interessen.

2. Die Annahme, der Egalitarismus sei von intrinsisch moralischem Wert, wird von mir kategorisch abgelehnt, gleichgültig, um welche Spielart des Egalitarismus es sich dabei handelt. Dies bedeutet ausdrücklich nicht, dass ich bestehende Ungleichheiten billige oder ihnen gegenüber indifferent bin. Auch soll damit nicht gesagt sein, dass ich Bestrebungen entgegenstehe, solche Ungleichheiten zu beseitigen. Tatsächlich unterstütze ich viele solcher Bestrebungen. Was mich jedoch zu dieser Unterstützung veranlasst, ist nicht die Überzeugung, dass Gleichheit ein moralischer Wert sei, der um seiner selbst willen anzustreben wäre, und dass egalitäre Zielsetzungen daher ebenfalls um ihrer selbst willen wertvoll seien. Es handelt sich vielmehr um die kontingente und pragmatisch begründete Überzeugung, dass ein Zuwachs an Gleichheit gleich welcher Art die Befolgung anderer sozial wünschenswerter Ziele erleichtern wird. Gleichheit als solcher kommt meines Erachtens kein inhärenter und unabgeleiteter moralischer Wert zu.[1]

1 In ihrer Einleitung zur Anthologie *Equality: Selected Readings* (1997) schreiben mir Louis Pojman und Robert Westmoreland die Ansicht zu, dass »wir in einer Wohlstandsgesellschaft lediglich die Pflicht haben, die elementarsten Bedürfnisse von Menschen zu befriedigen, aber nicht mehr«. (Vgl. ebd., S. 11) Das ist nicht meine Position. In dem Aufsatz »Egalitarianism as a Moral Ideal«, der im Oktober 1987 ursprünglich in der Zeitschrift *Ethics* erschien und anschließend in meiner Aufsatzsammlung *The Importance of What We Care About* wieder abgedruckt wurde, habe ich dafür argumentiert, dass nicht das gleiche Einkommen oder der gleiche Wohlstand von Personen moralisch relevant ist, sondern es vielmehr dar-

3. Für einige Philosophen ist eine Gleichverteilung bestimmter wertvoller Ressourcen schon deshalb ein bedeutsames moralisches Gut, weil es sich um eine Gleichverteilung handelt. Andere halten dagegen, dass nicht die Gleichverteilung der Ressourcen moralisch bedeutsam ist, sondern die Tatsache, dass jede Person das gleiche Niveau an Wohlfahrt besitze. Einigkeit besteht zwischen diesen Philosophen darin, dass eine bestimmte Form der Gleichheit um ihrer selbst willen moralisch wertvoll ist, unabhängig davon, welcher Nutzen daraus für die Verfolgung anderer moralisch wünschenswerter Ziele entstehen mag.

Sofern egalitäre Ideale mit der Unterstellung begründet werden, irgendeine Form von Gleichheit sei an und für sich moralisch wünschenswert, scheint mir der moralische Anspruch des Egalitarismus auf einer Illusion zu gründen. Meiner Ansicht nach ist Gleichheit nicht um ihrer selbst willen moralisch wertvoll. Es ist zwar richtig, dass bei Individuen mit moralischem Bewusstsein der Appell an Gleichheit oft eine beträchtliche emotionale Wirkung besitzt; auch gibt es, wie ich angedeutet habe, Situationen, in denen moralische Überlegungen tatsächlich fordern, eine bestimmte Ungleichheit zu vermeiden oder zu mindern. Dennoch glaube ich, dass es stets ein Fehler ist, Gleichheit in irgendeiner Form um ihrer selbst willen für wünschenswert zu halten. Es gibt kein egalitäres Ideal, dessen Verwirklichung schon um seiner selbst willen wertvoll ist. Wenn das Streben nach Gleichheit moralisch geboten ist, dann deshalb, weil dadurch ein anderer Wert gefördert wird, und nicht, weil Gleichheit als solche moralisch erstrebenswert ist.

Zusätzlich zur Ressourcengleichheit und Wohlfahrtsgleichheit können noch andere Formen der Gleichheit unterschieden werden: Chancengleichheit, Rechtsgleichheit, gleiche Achtung, gleiche Rücksicht, gleiche Anteilnahme und so weiter. Nach meiner Überzeugung ist *keine* dieser Formen von Gleichheit intrinsisch wertvoll. Daher vertrete ich auch die Position, dass keines der korrespondierenden egalitären Ideale von unabgeleitetem moralischem Wert ist.

4. Mit Bezug auf die ungleichen Bedingungen, die bei einer deutlichen Schichtung sozioökonomischer Klassen vorherrschen, stellt Thomas Nagel die Frage: »Wie könnte es denn etwa kein Übel

auf ankommt, dass jede Person genug hat. Unter »genug« verstand ich: genug für ein gutes Leben – und nicht nur (wie Pojman und Westmoreland annehmen) genug, um über die Runden zu kommen.

sein, dass dem Leben unzähliger Menschen von Geburt an im Verhältnis zum Leben anderer automatisch nur ein drastisch eingeschränktes Spektrum von Möglichkeiten zuteil wird?«[2] Die Frage hat zweifellos rhetorische Kraft. Es scheint ausgeschlossen, dass eine anständige Person mit normalen Empfindungen menschlicher Wärme nicht sehen würde, dass drastische Diskrepanzen in den bei Geburt mitgegebenen Lebensaussichten moralisch nicht hingenommen werden dürfen und dass eine Bereitschaft, solche Ungleichheiten zu akzeptieren, offenkundig unmoralisch wäre.

Und dennoch: Ist es wirklich unbestreitbar, dass solche Diskrepanzen immer so schlimm sein müssen? Auch wenn die Lebensaussichten von Mitgliedern unterer sozioökonomischer Schichten so gut wie immer schrecklich gewesen sind, so ist es doch keine notwendige Wahrheit, dass diese gewohnte Beziehung zu allen Zeiten bestehen muss. Weniger zu besitzen ist schließlich vereinbar mit dem Besitz einer ganzen Menge, und schlechter abzuschneiden als andere impliziert nicht, schlecht abzuschneiden. Es ist wahr, dass Menschen der untersten gesellschaftlichen Schicht im allgemeinen unter schrecklichen Bedingungen leben, aber diese Verknüpfung von niedriger sozialer Position und erbärmlicher Lebensqualität ist völlig kontingent. Es besteht keine notwendige Verbindung zwischen dem Leben am unteren Rand der Gesellschaft und Armut in dem Sinne, in dem Armut ein ernsthaftes und moralisch unannehmbares Hindernis zu einem guten Leben ist.

Angenommen, wir würden erfahren, dass Personen mit »radikal minderwertigeren« Lebensaussichten in Wirklichkeit recht gute Aussichten haben – zwar nicht so gut wie die Aussichten, mit denen manch andere beginnen, aber doch gut genug, um ein Leben zu gewährleisten, das viele wahrhaft wertvolle Elemente enthält und das von sensiblen und vernünftigen Menschen als zutiefst befriedigend empfunden wird. Dadurch würde sich wohl die Qualität unserer Bedenken ändern. Selbst wenn wir weiterhin insistieren sollten, dass keine Ungleichheit jemals vollständig hingenommen werden kann, erscheinen uns doch Diskrepanzen zwischen sehr guten Lebensaussichten und noch besseren Lebensaussichten als nicht so moralisch dringlich, wie dies durch die Charakterisierung jeder Diskrepanz dieser Art als *Übel* nahe gelegt wird.

5. Die egalitäre Verdammung von Ungleichheit als inhärent

2 Thomas Nagel, *Eine Abhandlung über Gleichheit und Parteilichkeit*, Paderborn 1994, S. 44.

schlecht verliert meines Erachtens an Überzeugungskraft, sobald die Möglichkeit anerkannt wird, dass Personen, die bedeutend schlechter gestellt sind als andere, dennoch sehr gut gestellt sein können. Die egalitäre Position ist jedoch selbst dann irreführend, wenn ihre moralischen Forderungen abgeschwächt werden. Schließlich ist Ungleichheit eine rein *formale* Eigenschaft. Aus dieser formalen Eigenschaft einer Beziehung zwischen zwei Dingen folgt überhaupt nichts bezüglich der Wünschbarkeit oder des Wertes eines dieser Dinge. Sicherlich sind es nicht formale, sondern substantielle Bestimmungen, die genuin moralische Bedeutung haben. Es kommt darauf an, ob Menschen ein gutes Leben führen, und nicht, wie deren Leben relativ zu dem Leben anderer steht.

Angenommen, es wird behauptet, ein Leben, das im Vergleich zu anderen radikal minderwertig ist, könne unmöglich ein gutes Leben sein. Es wird vermutlich zugegeben werden, dass ein gutes Leben weniger gut als ein anderes sein kann, und dass daher minderer Wert *alleine* noch nicht beinhaltet, dass ein Leben notwendig schlecht ist. Es wird vielleicht weiterhin zugegeben werden, dass diese Schlechtheit auch dann nicht folgt, wenn ein Leben *erheblich* minderwertiger ist als das andere. Nehmen wir aber an, die Behauptung lautet, dass allein der Begriff eines *radikal* minderwertigeren Daseins nicht nur enthält, dass ein Leben weniger gut ist als andere, sondern dass ein solches Leben entschieden unterhalb der Schwelle liegt, durch die sich ein gutes Leben von einem schlechten Leben abgrenzt.

Akzeptieren wir also als notwendige begriffliche Wahrheit, dass radikal minderwertigere Leben ausnahmslos schlecht sind. In diesem Fall wird es vernünftig sein, der Aussage zuzustimmen, dass die radikale Minderwertigkeit der Lebensaussichten einiger Menschen in der Tat ein – wie Nagel sagt – Übel ist. Aber warum ist es ein Übel? Das Übel liegt nicht in dem Umstand, dass die minderwertigeren Leben zufällig in einem Verhältnis der Ungleichheit zu anderen Leben stehen. Das Übel, dass manche Menschen ein schlechtes Leben führen, entsteht nicht dadurch, dass andere Menschen ein besseres Leben führen. Das Übel liegt einfach in der unverkennbaren Tatsache, dass schlechte Leben schlecht sind.[3]

3 Die Tatsache, dass einige schlechte Leben in dem Verhältnis radikaler Minderwertigkeit zu anderen Leben stehen, ist natürlich äußerst relevant für die Sozialpolitik. Dass einige ein besseres Leben führen, zeigt zumindest, dass ein besseres Leben möglich ist. Die radikale Überlegenheit der besseren Leben legt zudem

6. Welche wirklich wichtigen Gesichtspunkte muss eine Person berücksichtigen, die sich fragt, ob sie mit den Ressourcen, die ihr zur Verfügung stehen, zufrieden sein soll oder wie sie das Niveau ihres Wohlergehens beurteilen soll? Die Bewertungen, die sie vermutlich vornehmen wird, sind von persönlicher Art und betreffen die spezifische Qualität des eigenen Lebens. Die Person muss, so viel scheint klar, diese Bewertungen auf der Grundlage einer realistischen Einschätzung vornehmen, in welchem Maße der eingeschlagene Lebensweg den individuellen Fähigkeiten entspricht, die eigenen speziellen Bedürfnisse befriedigt, die besten Potentiale ausschöpft und sie mit dem versorgt, woran ihr besonders gelegen ist. Für keine dieser Erwägungen scheint es mir erforderlich, die eigenen Umstände gegen die irgendeiner anderen Person aufzurechnen. Natürlich können solche Vergleiche oft aufschlussreich sein, da sie einer Person helfen können, die eigene Lage besser zu verstehen. Aber selbst dann sind sie im besten Falle von heuristischem Wert und stellen kein eigenständiges Kriterium dar.

Wenn eine Person über genügend Ressourcen verfügt, um ihre Bedürfnisse und Interessen zu befriedigen, dann sind ihre Ressourcen völlig angemessen. Deren Angemessenheit hängt nicht zusätzlich von der Menge der Ressourcen ab, über die andere Personen verfügen. Ob die Möglichkeiten, die eine Person hat, diejenigen Alternativen enthalten, zwischen denen sich diese Person gerne entscheiden möchte, hängt davon ab, welche Möglichkeiten zu ihren Fähigkeiten, Interessen und Potentialen passen. Es hängt aber nicht davon ab, ob ihre Möglichkeiten mit denen anderer Personen übereinstimmen.

Dasselbe Argument trifft auch auf Rechte, Achtung, Rücksicht und Anteilnahme zu. Die Rechte zu genießen, die der eigenen Person angemessen sind, und mit der angemessenen Achtung, Rücksicht und Anteilnahme behandelt zu werden hat nichts Wesentliches zu tun mit der Achtung, Rücksicht und Anteilnahme, die anderen Personen zuteil wird, oder mit den Rechten, die andere zufällig genießen. Jeder Person sollten die Rechte, die Achtung, die Rücksicht und die Anteilnahme zukommen, auf die sie kraft dessen, was sie ist und was sie geleistet hat, Anspruch erheben kann.

nahe, dass die schlechten Leben durch Nutzung der Ressourcen der besseren Leben verbessert werden könnten. Diese Überlegungen haben jedoch nichts mit der Frage zu tun, ob Gleichheit als solche an sich wertvoll ist.

Das Maß dieses Anspruchs hängt nicht davon ab, ob andere Personen ebenfalls darauf Anspruch erheben können.[4]

Es mag sein, dass die Ansprüche auf manche Dinge tatsächlich für alle Menschen dieselben sind. Wenn dem so ist, dann jedoch nicht, weil es auf Gleichheit ankommt. Es ist vielmehr deshalb so, weil alle Menschen nun einmal auf dieselbe Art beschaffen sind in Bezug auf die Eigenschaften, von denen die fraglichen Ansprüche hergeleitet werden – z. B. in Bezug auf das gemeinsame Menschsein, die Fähigkeit zu leiden, die Mitgliedschaft in einem Reich der Zwecke oder anderes. Die bloße Tatsache, dass eine Person etwas besitzt oder auf etwas Anspruch erheben kann, ist – für sich genommen – *überhaupt kein Grund* für andere Personen, dieselben Dinge zu wollen oder zu glauben, ebenfalls Anspruch darauf erheben zu können. Gleichheit als solche besitzt, mit anderen Worten, keine moralische Bedeutung.

2.

7. Damit ist die Geschichte jedoch noch nicht zu Ende. Man betrachte eine Person, der an Gleichheit um ihrer selbst willen nicht gelegen ist, und die außerdem recht zufrieden damit ist, von allem so viel zu besitzen, wie sie benötigt, die aber von bestimmten Dingen weniger besitzt als andere. Die Tatsache, ungleich behandelt zu

4 In *Inequality Reexamined* behauptet Amartya Sen, dass ethische Urteile über soziale Angelegenheiten, »um irgendeine Art der Plausibilität zu besitzen, eine elementar gleiche Berücksichtigung aller in Bezug auf eine Ebene, die als kritisch betrachtet wird, aufweisen müssen« (Amartya Sen, *Inequality Reexamined*, Cambridge, Mass. 1992, S. 17; Übersetzung: T. B.). Aber was bedeutet »gleiche Berücksichtigung«? Menschen gleich zu berücksichtigen bedeutet sicherlich nicht, sich gleich lang oder gleich intensiv mit ihren Interessen oder ihren Ansprüchen zu beschäftigen. Sen selbst schlägt vor, dass es etwas mit der Vermeidung von Willkür zu tun hat: »Die Abwesenheit einer solchen Gleichheit würde dazu führen, daß eine Theorie willkürlich diskriminiert und nur schwer aufrechtzuerhalten wäre.« (Ebd.) Die Vermeidung von Willkür hat aber nichts mit der Gleichbehandlung von Menschen zu tun. Es geht dabei um die Frage, ob man eine vernünftige Grundlage hat, Menschen so zu behandeln, wie man es tut. Es wäre eine willkürliche Diskriminierung, würde man eine Person mehr berücksichtigen als eine andere, ohne für die Unterscheidung zwischen ihnen eine vernünftige Basis zu besitzen. Ebenso wäre es willkürlich, beide Personen gleich stark zu berücksichtigen, wenn es einen vernünftigen Grund dafür gibt, sie verschieden zu behandeln. Um Willkür zu vermeiden, müssen wir Gleiches gleich und Ungleiches ungleich behandeln. Das ist weder ein egalitärer noch ein inegalitärer Grundsatz.

werden, mag sie auch dann verletzen, wenn sie gegen Ungleichheit als solche nichts einzuwenden hat. Sie mag die Ungleichheit zwischen den Bedingungen, unter denen sie lebt, und den Bedingungen anderer verwerflich finden, weil es ihr nahe liegend scheint, dass, wer auch immer für die Diskrepanz verantwortlich ist, es an einer bestimmten Art von Achtung ihr gegenüber fehlen lässt. Mit einer entsprechenden Achtung behandelt zu werden und Gleichbehandlung werden leicht durcheinander gebracht. Es handelt sich aber nicht um dasselbe. Ich bin der Überzeugung, dass die weit verbreitete Tendenz, die moralische Bedeutung egalitärer Forderungen überzubewerten, zumindest zum Teil aus dem Missverständnis der Beziehung zwischen einer Gleichbehandlung von Personen und einer achtungsvollen Behandlung herrührt.

Die grundlegende Differenz zwischen Gleichheit und Achtung hat mit dem Fokus und der Absicht zu tun. Bezüglich irgendeines Parameters – egal, ob es sich dabei um Ressourcen handelt – geht es bei Gleichheit darum, ob eine Person gleich viel davon hat wie andere. Achtung hingegen ist persönlicher. Einer Person Achtung entgegenzubringen bedeutet, in dem hier einschlägigen Sinne, mit ihr ausschließlich auf der Grundlage der Aspekte ihres besonderen Charakters oder ihrer Rahmenbedingungen umzugehen, die in der gegebenen Sachlage tatsächlich relevant sind.[5]

Personen mit Achtung zu behandeln schließt aus, ihnen spezielle Vor- oder Nachteile zukommen zu lassen, es sei denn, dies geschieht aus Gründen, die verschiedene Geltung für verschiedene Personen haben. Dies beinhaltet Unparteilichkeit und das Vermei-

5 Ich bin nicht sicher, wie sich mein Begriff der »Achtung« zu dem von Avishai Margalit (*The Decent Society*, Harvard 1996) verhält. So wie ich ihn verstehe, ist die achtlose Behandlung von Menschen eng verbunden mit deren Demütigung bzw. damit, ihnen einen Grund dafür zu geben, sich gedemütigt zu fühlen. In meinem Gebrauch des Begriffs ist dies nicht unbedingt der Fall. Da der der Achtung zugeschriebene Wert von anderen Werten übertrumpft werden kann, bevorzugen es Menschen oft – aus guten und sogar bewundernswerten Gründen – so behandelt zu werden, als besäßen sie Eigenschaften, die sie nicht besitzen, oder als mangelte es ihnen an Eigenschaften, die sie tatsächlich besitzen. Dies bedeutet, dass sie es bevorzugen, ohne »Achtung« (in meinem Sinne) behandelt zu werden, aber es versteht sich keinesfalls von selbst, dass sie dadurch auch demütigendes Verhalten provozieren. Ich bin mir darüber im Klaren, dass es ziemlich unstimmig ist, solche Menschen als Personen zu charakterisieren, die vermeiden wollen, dass man ihnen mit Achtung begegnet. Nicht als die Person auftreten und behandelt werden zu wollen, die man ist, mag vielleicht manchmal, aber nicht immer, auf einen Mangel an *Selbst*achtung hindeuten. Ich war nicht in der Lage, eine passendere Begrifflichkeit zu entwerfen.

den von Willkür. Jene, denen es an Gleichheit gelegen ist, zielen auf Resultate, die in bestimmter Hinsicht ununterscheidbar sind. Wer andererseits Menschen mit Achtung begegnen will, zielt auf Resultate, die den Besonderheiten des Individuums angemessen sind. Es ist offensichtlich, dass die Richtung, in die ein Wunsch nach Gleichheit verweist, abweichen kann von der Richtung, in die ein Interesse an Achtung und Unparteilichkeit führt.

8. Unter bestimmten Bedingungen werden die Forderungen, die aus den Postulaten von Gleichheit und Achtung resultieren, sicher konvergieren. Es ist wichtig, diese Konvergenz nicht falsch zu verstehen. Man betrachte eine Situation, in der keine Information über relevante Ähnlichkeiten von zwei Personen oder über relevante Unterschiede zwischen ihnen verfügbar sind. In diesem Fall besteht der natürliche und vernünftige Umgang darin, beide Personen auf dieselbe Weise zu behandeln, d.h. sie gleich zu behandeln. Die Tatsache, dass eine egalitäre Politik unter diesen Bedingungen die einzig plausible ist, erweckt den Eindruck, bei einer Präferenz für Gleichheit handelt es sich um eine Standardeinstellung, die eingenommen werden muss, wenn keine Gründe vorhanden sind, die für die Notwendigkeit einer alternativen Politik sprechen. Viele Autoren behaupten in der Tat, dass eine Politik des Egalitarismus mutmaßlich einen moralischen Vorteil gegenüber anderen Politiken besitzt. Nach ihrer Überzeugung sollte sich Gleichheit stets Geltung verschaffen, es sei denn, die anfängliche moralische Überlegenheit einer egalitären Politik geht durch die besonderen Beschaffenheiten der vorliegenden Situation verloren.

Isaiah Berlin entwickelt diese Position wie folgt: »Die Behauptung ist, dass Gleichheit keiner Rechtfertigung bedarf und nur Ungleichheit einer bedarf. [...] Wenn ich einen Kuchen besitze und es zehn Personen gibt, unter denen ich ihn aufteilen will, dann entsteht nicht automatisch ein Rechtfertigungsbedarf, wenn ich jeder Person genau ein Zehntel des Kuchens zukommen lasse. Wenn ich jedoch von diesem Grundsatz der Gleichverteilung abrücke, wird von mir erwartet, besondere Gründe dafür anzugeben.«[6]

Diese Art der Darstellung findet bei vielen Menschen Anklang. Häufig wird davon ausgegangen, dass sie durch den gesunden Menschenverstand bestätigt wird. Tatsächlich aber ist die Behaup-

6 Isaiah Berlin, »Equality as an Ideal«, in: *Proceedings of the Aristotelian Society*, 1955/56; wieder abgedruckt in: Frederick Olafson (ed.), *Justice and Social Policy*, Englewood Cliffs, N.J. 1961. Übersetzung: T.B.

tung, die Berlin aufstellt, falsch. Gleichheit besitzt keinen inhärenten moralischen Vorteil gegenüber Ungleichheit und es gibt keinen Grund zu einer Voreingenommenheit zugunsten egalitärer Ziele.

Es wäre wohl in der Tat moralisch richtig, Berlins Kuchen in gleiche Teile zu verteilen. Die Erklärung hierfür ist nicht, wie er annimmt, dass Gleichheit keiner Rechtfertigung bedarf oder eine egalitäre Verteilung eine anfängliche moralische Überlegenheit gegenüber alternativen Verteilungen besitzt. Das entscheidende Kennzeichen der Situation, so wie er sie sich offensichtlich vorstellt, besteht darin, dass er *weder* einen besonderen Grund dafür hat, den Kuchen in gleiche Stücke zu teilen, *noch* einen besonderen Grund dafür besitzt, ihn in ungleiche Stücke zu teilen. Die Situation ist, in anderen Worten, eine, in der er nicht weiß, ob die Personen, unter denen der Kuchen aufzuteilen ist, *entweder* in einem Sinne gleich sind, der eine Gleichverteilung rechtfertigt, *oder* sich in einer Hinsicht unterscheiden, die es rechtfertigen würde, ihnen ungleiche Teile zu geben. Er besitzt überhaupt keine relevanten Informationen über diese Personen.

Dies bedeutet natürlich, dass die Menge der relevanten Informationen, die ihm über jede Person zur Verfügung steht, exakt dieselbe ist: nämlich *Null*. Wenn aber seine relevanten Informationen über jede Person identisch sind mit den relevanten Informationen über jede andere Person, dann wäre es willkürlich und achtlos, die Personen ungleich zu behandeln. Unparteilichkeit erfordert, dass jeder auf die gleiche Weise behandelt wird. Von daher *besitzt* er einen Grund, eine egalitäre Verteilung des Kuchens zu rechtfertigen. Es ist vielmehr die moralische Bedeutung von Achtung und daher von Unparteilichkeit als die vermeintlich vorgängige oder vorwegnehmende moralische Bedeutung von Gleichheit, die uns dazu anhält, Personen auf dieselbe Weise zu behandeln, wenn uns keine Informationen zur Verfügung stehen, die uns einen besonderen Grund für deren Ungleichbehandlung geben.

In Fällen wie denen, die Berlin beschreibt, ist es nur ein Zufall, dass die Anforderung der Gleichheit und der Achtung zusammenfallen. Es mag auch Umstände geben, in denen das Zusammenfallen dieser Anforderungen nicht so kontingent ist. Angenommen wir stimmen darin überein, dass jeder einen Anspruch auf bestimmte Dinge schon allein deshalb hat, weil er ein Mensch ist. In Bezug auf diese Ansprüche können individuelle Differenzen natürlich keine relevante Grundlage dafür bieten, zwischen der einen und der anderen Person zu unterscheiden. Schließlich werden die einzig relevanten Eigenschaften einer jeden Person – nämlich einfach jene, die ihr Menschsein ausmachen – notwendig von allen anderen Menschen geteilt. Die Kriterien der Unparteilichkeit und der Gleichheit müssen daher in diesem Fall unausweichlich zu demselben Resultat führen.

Die Tatsache, dass ein solcher Fall Gleichheit gebietet, ist jedoch nicht in einer moralischen Autorität begründet, die dem Egalitarismus eigen ist. Der Anspruch des Egalitarismus ist vielmehr abgeleitet. Er findet seine Begründung in den grundlegenderen Anforderungen der Achtung und Unparteilichkeit. Das Gebot, allen Menschen dieselben Ansprüche einzuräumen, ist ursächlich durch die moralisch bedeutsame Annahme gegeben, dass deren gemeinsamem Menschsein mit Unparteilichkeit zu begegnen ist. Es hat sein Fundament nicht in der angeblichen moralischen Bedeutung von Gleichheit als einem eigenständig zwingenden Ziel.

3.

9. Wodurch werden Unparteilichkeit und – die von mir so bezeichnete – »Achtung« zu einem moralischen Imperativ? Warum ist es wichtig, sich im Umgang mit Menschen nur daran zu orientieren, was an ihnen wirklich relevant ist? In einem gewissen Sinn ist die Orientierung an dem Relevanten – und dadurch die Gleichbehandlung relevant ähnlicher Fälle und die Ungleichbehandlung relevant verschiedener Fälle – ein wesentlicher Aspekt von Rationalität.[7] Unparteilich und achtungsvoll zu sein ist in diesem Sinne ein Spezialfall davon, rational zu sein. Man kann dementsprechend vorschlagen, dass der moralische Wert dieser Art des Umgangs mit Menschen sich aus der Bedeutsamkeit herleitet, die Irrationalität zu vermeiden, die mit einer Orientierung an Irrelevanzen in Verbindung steht. Dadurch stellt sich allerdings eine andere Frage. Worin liegt die moralische Bedeutung des Vermeidens von Irrationalität?

10. Es ist erstrebenswert, dass Menschen rational sind. Andererseits ist damit nicht gemeint, dass Irrationalität als solche unmoralisch ist. Wenn die Annahme einer bestimmten Überzeugung oder das Besitzen eines bestimmten Habitus den Anforderungen

7 Was als relevant zählt und was nicht, hängt natürlich oft von moralischen Erwägungen ab.

der Rationalität zuwiderläuft, ist damit nicht zugleich gemeint, dass ein moralischer Imperativ verletzt wurde. Menschen, die falsch urteilen, sind sicher nicht allein deshalb moralisch schuldig. Das Nichtentgegenbringen von Achtung muss also über die Verletzung der Rationalität hinaus eine unmittelbarere und speziellere moralische Bedeutung haben.

Menschen, die sich über achtloses Verhalten ärgern, machen dies, weil ein solches Verhalten seinem Wesen nach eine Weigerung ist, die Wahrheit über sie anzuerkennen.[8] Eine Person nicht zu achten bedeutet, die Relevanz eines Aspektes ihres Wesens oder ihrer Situation zu ignorieren. Der Mangel an Achtung besteht darin, dass einem wichtigen Merkmal der Person keine entsprechende Aufmerksamkeit geschenkt wird oder dass es nicht angemessen berücksichtigt wird. Die Person wird, mit anderen Worten, behandelt, als wäre sie nicht, was sie wirklich ist. Die Einbeziehung signifikanter Merkmale ihres Lebens wird übergangen oder verweigert. Einschlägige Aspekte ihres Daseins werden behandelt, als besäßen sie keine Realität. Es ist, als würde mit der Verweigerung der angemessenen Achtung die Existenz dieser Person vermindert.

Diese Form des Umgangs kann schmerzhafte Gefühle des Unmuts wecken, zumindest wenn es sich um folgenreiche Angelegenheiten handelt. Sie kann auch ein mehr oder weniger latentes Gefühl der Angst hervorrufen. Denn wenn eine Person behandelt wird, als würden signifikante Bestandteile ihres Lebens nicht wahrgenommen, ist es für sie nahe liegend, dies in bestimmter Weise als einen Angriff auf ihre Realität zu erfahren. Woran es ihr gelegen ist, wenn Menschen handeln, als wäre sie als diese besondere Person nicht existent, ist eine Art der Selbsterhaltung. Natürlich ist es nicht ihr biologisches Überleben, das bedroht wird, wenn man ihr Wesen leugnet. Es geht um die Realität ihrer Existenz für andere und daher auch um die Stabilität ihrer Wahrnehmung der eigenen Realität.

11. Die Erfahrung, ignoriert zu werden – nicht ernst genommen zu werden, nicht zu zählen, unfähig zu sein, die eigene Präsenz auszudrücken oder der eigenen Stimme Gehör zu verschaffen –, kann äußerst verstörend wirken. Sie löst bei Menschen oft einen

8 Wie ich in Fußnote 5 nahe gelegt habe, kann eine Person, die die Wahrheit über sich selbst verdecken oder verdrehen will, es begrüßen, ohne Achtung behandelt zu werden. Im Folgenden werde ich mich nur mit Fällen beschäftigen, in denen eine Person einen achtlosen Umgang mit sich verübelt.

ungewöhnlich heftigen Schutzmechanismus aus, der in seiner Vehemenz in keinem Verhältnis zu dem Schaden stehen muss, der durch die Bedrohung ihrer objektiven Interessen entsteht. Die klassische Artikulation dieser Reaktion findet sich in dem grenzenlos rücksichtslosen Ausruf: »Lass Gerechtigkeit widerfahren, auch wenn die Welt darüber zu Grunde geht!« Was zu einem solch maßlosen und vielleicht selbstzerstörerischen Verlangen nach Wiedergutmachung führt, ist sicher keine Einschätzung der zugefügten Ungerechtigkeit oder eine Einschätzung dessen, was nötig ist, um diese Ungerechtigkeit wieder aufzuheben. Das Verlangen stammt in einer weniger berechenbaren Weise aus dem unerträglich schweren Leiden und der Angst, die entstehen können, wenn Menschen ungerecht behandelt werden – d. h., wenn deren personale Realität durch die Verweigerung der Unparteilichkeit bedroht wird, die Achtung gebietet.

Forderungen nach Gleichheit besitzen eine ganz andere Bedeutung in unserem Leben als Forderungen nach Achtung. Wer auf einer Gleichbehandlung beharrt, berechnet seine Forderungen auf der Grundlage dessen, was andere besitzen, statt auf der Basis dessen, was mit seinen eigenen Lebensumständen übereinstimmt und am besten zu seinen eigenen Interessen und Bedürfnissen passt. In seinem Wunsch nach Gleichheit liegt keine Bestätigung seiner eigenen Person. Im Gegenteil, das Verlangen nach Gleichheit neigt dazu, Menschen von sich selbst zu entfremden. Es verleitet sie dazu, ihre Projekte in Begriffen zu definieren, die nicht durch die spezifischen Anforderungen des eigenen Wesens und der eigenen Umstände geprägt sind. Es hält sie tendenziell von der Einsicht fern, dass wahrhaft authentische Projekte solche sind, die ihren Ursprung im Charakter des eigenen Lebens haben, und nicht solche, die ihnen durch die Bedingungen, unter denen andere kontingenterweise leben, aufgezwungen werden.

Natürlich erbringt die Verfolgung egalitärer Ziele oft einen erheblichen Nutzen für die Förderung einer Vielzahl bestechender politischer und sozialer Ideale. Aber die verbreitete Überzeugung, dass Gleichheit als solche einen fundamentalen Wert als unabhängig bedeutsames moralisches Ideal besitzt, ist nicht nur fehlgeleitet. Sie ist ein Hindernis auf dem Weg der Identifikation dessen, was wahrhaft von fundamentalem moralischem und sozialem Wert ist.

Aus dem Amerikanischen von Thomas Bonschab

Joseph Raz
Strenger und rhetorischer Egalitarismus

Auch wenn die Moral sich nicht auf Rechte gründet, so kann sie doch Rechte in ihrer Grundlegung enthalten. Zumindest können einige Prinzipien, die Rechte begründen – wir werden sie Berechtigungsprinzipien nennen –, zu den grundlegenden Prinzipien gehören, die alle politischen Handlungen regulieren. Nach einer Auffassung ist, wenn nicht die Moral insgesamt, so doch wenigstens die politische Moral egalitär, das heißt, sie ist von einem Prinzip der Gleichheit beherrscht in einem Sinne, den ich weiter unten erkläre. Gemäß einer Version dieser Sicht begründet das fundamentale egalitäre Prinzip ein Recht auf Gleichheit. Das vermeintliche Recht auf Gleichheit ist von einigen, insbesondere von R.M. Dworkin, auf sehr anregende Weise als die entscheidende Grundannahme des politischen Liberalismus oder zumindest jeder verteidigbaren Version davon vorgestellt worden. Im Unterschied dazu haben weder Marx noch Engels viel auf Gleichheit gegeben. Gleichheit wird lediglich im *Anti-Dühring* einigermaßen ausführlich behandelt. Dort wird sie als ein bürgerliches politisches Schlagwort mit eindeutigem Inhalt behandelt: dass nämlich die Bourgeoisie an den Rechten und Privilegien des ersten und zweiten Standes teilhaben sollte. Gleichheit hat keine normative Kraft, sie steht für kein moralisches oder politisches Ideal, aber sie kann als ein nützliches politisches Schlagwort dienen, durch das das Proletariat die Rechte und Privilegien der Bourgeoisie beansprucht.

Der Vorwurf, der Egalitarismus sei formal und leer, wurde seitdem häufig wiederholt. Deshalb ist unsere erste und vordringlichste Aufgabe, einen Sinn von Gleichheitsprinzipien zu bestimmen, der nicht bloß formal und leer ist. Dann werden wir kurz untersuchen, ob die egalitäre Tradition der abendländischen Kultur in diesem Sinne egalitär ist. Schließlich werden wir fragen, ob der Egalitarismus einen plausiblen Rahmen für eine akzeptable politische Moral abgibt.

1. Das Problem

Gehen wir davon aus, dass es eine vor-analytische, naive Fähigkeit gibt zu erkennen, welche Theorien egalitär sind. Dies ist unsere Fähigkeit, Theorien als zu einer bestimmten historischen Tradition gehörig zu erkennen. Wir bemühen uns, den egalitären Charakter dieser Theorien auf Grund der Vorherrschaft von Prinzipien einer bestimmten Art innerhalb dieser Theorien zu erklären. Mit anderen Worten hoffen wir, den egalitären Charakter dieser Theorien durch den egalitären Charakter einiger wichtiger in ihnen enthaltener Prinzipien zu erklären. Die erste Aufgabe besteht also darin herauszufinden, welche Prinzipien nützlicherweise als Gleichheitsprinzipien betrachtet werden können. Ich benutze diesen qualifizierten Ausdruck, weil in einem Sinne alle Prinzipien als Gleichheitsprinzipien verstanden werden können, einfach auf Grund ihrer Allgemeinheit. Wir suchen nach Prinzipien, die zum einen auf Gleichheit in einer Weise bezogen sind wie keine anderen Prinzipien und die zum anderen den egalitären Charakter von egalitären Theorien erklären können. Schließlich geht es uns im Besonderen um den Anspruch, es gebe ein grundlegendes Recht auf Gleichheit. Aus diesem Grund werden wir unsere Untersuchung mit Blick auf Prinzipien, die Rechte feststellen, verfolgen. Die Untersuchung hat jedoch einen weiteren Anwendungsbereich. Aus allen Beispielen und Argumenten lässt sich die Bezugnahme auf Rechte streichen, ohne dass dies ihre Überzeugungskraft beeinträchtigt.

Prinzipien, die Rechte feststellen (oder übertragen), werde ich Berechtigungsprinzipien nennen.[1] Welche Art von Berechtigungsprinzip verleiht ein Recht auf Gleichheit? Berechtigungsprinzipien können entweder positiv oder negativ sein. Die allgemeine Form der positiven Prinzipien ist die folgende:

(1) Alle *Fs* sind berechtigt zu *G*.

Die allgemeine Form der negativen Prinzipien ist die folgende:

1 Nicht jede Berechtigung ist ein Recht. Z. B. ist man immer berechtigt, seine moralische Pflicht zu erfüllen. Man kann unter einer Pflicht stehen, gegen das Recht zu verstoßen, ohne ein Recht darauf zu haben. Obwohl es natürlich, wenn es sich um eine Pflicht handelt, richtig ist, so zu handeln. Vgl. Raz, *The Authority of Law. Essays on Law and Morality*, Oxford 1979, Kap. 14. Im vorliegenden Text werde ich aber von diesen Diskrepanzen absehen.

(2) Ob jemand oder etwas ein *F* ist oder nicht, spielt keine Rolle für seine Berechtigung zu *G*.

Ein positives Prinzip behauptet, dass eine bestimmte Tatsache (nämlich ein *F* zu sein) ein Grund (oder ein Teil desselben) für ein Recht ist, und es bestimmt dieses Recht (als ein Recht auf *G*). Ein negatives Prinzip stellt fest, dass gewisse Tatsachen nicht zum Grund für ein Recht gehören. Solche Prinzipien finden sich in allen Theorien, seien sie nun egalitär oder nicht. Welche von diesen Prinzipien sind Gleichheitsprinzipien? Betrachten wir die folgenden:

(3.1) Alle diejenigen, die gleichermaßen *F* sind, sind berechtigt zu gleichem *G*.

(3.2) Alle diejenigen, die gleichermaßen *F* sind, sind gleichermaßen zu *G* berechtigt.

Entsprechende Formeln für negative Prinzipien lassen sich leicht aufstellen. Was ist das Entscheidende an der Verwendung von Gleichheit in (3.1) und (3.2)? Vergleichen wir die folgenden:

(1 a) Menschen haben eine Berechtigung auf Ausbildung.

(3.1 a) Diejenigen, die gleichermaßen Menschen sind, haben eine Berechtigung auf gleiche Ausbildung.

(3.2 a) Diejenigen, die gleichermaßen Menschen sind, haben gleichermaßen eine Berechtigung auf Ausbildung. und

(1 b) Intelligente Menschen haben eine Berechtigung auf einen Studienplatz.

(3.1 b) Gleichermaßen intelligente Menschen sind berechtigt zu gleichen (vergleichbaren) Studienplätzen.

(3.2 b) Gleichermaßen intelligente Menschen haben gleichermaßen eine Berechtigung auf einen Studienplatz.

Die Einfügung von »gleichermaßen« in die Spezifizierung des Grundes, egal ob das einhergeht mit einem ähnlichen Zusatz bei der Feststellung des Schlusses, legt nahe, dass der Grund Grade zulässt. Die Einfügung legt ferner nahe, dass der Grad, in welchem man eine Eigenschaft aufweist, die der Grund ist, den Grad bestimmt, in dem man eine Berechtigung auf die Unterstützung hat, das heißt die Stärke des Rechts auf diese (3.2 a, 3.2 b) oder die Menge oder die Qualität der Unterstützung, zu der man berechtigt ist (3.1 a, 3.1 b).

(3.1) und (3.2) – in vergleichende Begriffe gefasst – sind die allgemeinen Formen von Prinzipien, bei denen der Grad, in dem man eine Qualität besitzt, die der Grund für das Recht ist, die Stärke der

Berechtigung oder deren Umfang bestimmt. Das erste Prinzip, wenn wir (1) so eng fassen, dass es (3.1) und (3.2) ausschließt, ist die allgemeine Form für Prinzipien, wenn sie in klassifikatorische Begriffe gefasst sind. Gemäß dieser Prinzipien kann man die Eigenschaft, deren Besitz der Grund für das Recht ist, nicht in unterschiedlichen Graden aufweisen, oder es kommt für das Recht, das man hat, nicht darauf an, bis zu welchem Grad man die Eigenschaft aufweist. Mit Sicherheit werden sowohl die Vertreter egalitärer wie nicht-egalitärer Positionen Prinzipien beider Art unterstützen wollen. Sie bieten uns nicht den Schlüssel für das, was Gleichheitsprinzipien ausmacht.

Etwas anders sind Feststellungen der folgenden Form:

(4.1) Alle *Fs* haben eine Berechtigung zu gleichem *G*.

(4.2) Alle *Fs* sind gleichermaßen zu *G* berechtigt.

Diese Feststellungen laufen auf die Kombination eines positiven und eines negativen Prinzips hinaus: *F* ist ein Grund für ein Recht auf *G*, und nichts kann es außer Kraft setzen. Zum Beispiel kann »Jeder Mensch ist gleichermaßen zur Ausbildung berechtigt« implizieren, dass keine Qualität außer der, ein Mensch zu sein, relevant ist für ein Recht auf Ausbildung. Jede moralische und jede politische Theorie, die beansprucht, entweder eine vollständige Theorie zu sein oder nur eine Theorie, die mit Blick auf eine bestimmte Frage vollständig ist, enthält ein Gleichheitsprinzip in diesem Sinn. Sie enthält ein Abschlussprinzip (»closure principle«), das besagt, dass nichts anderes für die Rechtfertigung moralischer oder politischer Handlungen oder für Handlungen, die die Erziehung usw. betreffen, zählt.

Abschlussprinzipien dieser Art können also deshalb einer Theorie keinen egalitären Charakter verleihen. Man kann sich jedoch des Verdachts nur schwer erwehren, dass einige Autoren mit der Behauptung, ihre Theorien seien egalitär, nichts anderes meinen, als dass sie abgeschlossen sind. R. M. Dworkin versteht politische Moral als auf einem fundamentalen Recht beruhend: dem Recht eines jeden auf gleiche Berücksichtigung und gleichen Respekt.[2]

2 Siehe z. B. Dworkin, Ronald M., *A Matter of Principle*, Oxford 1986, Teil 3. Man kann außerdem argumentieren, dass Behauptungen der Art, dass alle eine Berechtigung auf Respekt haben oder auf Gleichbehandlung und Ähnliches, wenig mehr bedeuten – mit Blick auf das, was ihnen gemeinsam ist –, als dass jede Person zählen sollte. Sie sind damit Bekräftigungen des Humanismus, doch weder sagen noch implizieren sie irgendetwas hinsichtlich der Rechte oder Pflichten, die Men-

Das scheint zu bedeuten, dass jeder ein Recht auf Berücksichtigung und Respekt hat, und dass es nichts anderes gibt, was für die Rechtfertigung politischer Entscheidungen eine Rolle spielt. Es handelt sich dabei um nichts anderes als ein Abschlussprinzip für eine politische Theorie, die ein Recht auf Berücksichtigung und Respekt und nicht etwa ein Recht auf Gleichheit als Grundlage aller politischen Moral aufstellt.

In verschiedenen Kontexten tragen »gleich« und verwandte Ausdrücke auf unterschiedliche Weise zur Bedeutung der Ausdrücke bei, in denen sie auftauchen. Einige weitere Fälle werden weiter unten in den Abschnitten 4 und 5 untersucht. Aber meistens verhilft ihr Beitrag zum Aufdecken der besonderen von uns gesuchten Qualität der Gleichheitsprinzipien nicht. Das kann nicht wirklich überraschen. Alle Prinzipien sind Feststellungen über allgemeine Gründe. Als solche gelten sie gleichermaßen für alle Fälle, die die Bedingungen ihrer Anwendung erfüllen. Allgemeinheit impliziert Gleichheit der Anwendung auf eine Klasse von Fällen. Die Ergänzung von »gleichermaßen« zu der Feststellung der Bedingungen oder der Konsequenzen eines Prinzips verwandelt dieses Prinzip nicht notwendigerweise in eines, das mehr mit Gleichheit zu tun hat.

2. Gleichheit als universelle Berechtigung

Bisher bringt unsere Untersuchung nicht viel. Sie begründet mit Sicherheit nicht, dass Prinzipien, die traditionell für egalitär gehalten werden, keine auf Gleichheit bezogenen Eigenschaften haben, welche ihnen allein zukommen. Ich habe lediglich argumentiert, dass, insofern es eine solche Qualität gibt, sie nicht durch das ausschließliche Studium des Gebrauchs der Begriffe »gleich« und ähnlicher in der Formulierung der Prinzipien identifiziert werden kann. In der Tat werden ja Prinzipien, die man gemeinhin für egalitäre Prinzipien hält (zum Beispiel: jeder hat ein Recht auf kostenlose medizinische Versorgung oder auf Erziehung), normalerweise ganz ohne die Verwendung solcher Ausdrücke formuliert.

Einige Philosophen haben vorgeschlagen, egalitäre Prinzipien seien Prinzipien universeller Berechtigung sowie Prinzipien, die

schen haben, d.h. mit Blick darauf, wie sie sich verhalten und von anderen behandelt werden sollten.

letztere implizieren. Kraft ihrer Allgemeinheit beziehen sich alle Prinzipien gleichermaßen auf Klassen von Menschen. Nach demselben Muster unterscheiden sie jedoch zwischen denen, die ihre Bedingungen der Anwendung erfüllen, und denen, die das nicht tun. Anders universelle Prinzipien: Sie beziehen sich auf alle und begründen so die Gleichheit aller mit Hinsicht auf die normativen Konsequenzen, die sie festlegen. Niemand wird ausgeschlossen. Wer müssen die Subjekte eines Prinzips sein, das universell sein soll? Ein Vorschlag kann darin bestehen, dass »alle« alles Mögliche einschließen und dass dem Inhalt des Prinzips die Entscheidung darüber obliegen sollte, ob in einigen Fällen seine Aussage zutreffend, aber leer ist. »Alle haben eine Berechtigung darauf, dass ihre Interessen berücksichtigt werden« wäre in Bezug auf Steine leer, weil Steine keine Interessen haben. Nach diesem Vorschlag gälten jedoch zu viele Prinzipien als egalitäre Prinzipien. Folgten wir diesem Vorschlag, so ist zum Beispiel »Alle haben eine Berechtigung auf Achtung ihres Eigentums« ein egalitäres Prinzip, das in Bezug auf Besitzlose leer ist.

Ein weiterer Vorschlag lautet, dass ein Prinzip dann universell ist, wenn es sich auf alle moralischen Subjekte bezieht. Nach dieser Charakterisierung gälten jedoch ebenfalls zu viele Prinzipien als egalitäre Prinzipien. Auch nach diesem Vorschlag wäre das eben genannte Prinzip der Eigentumsachtung als egalitäres Prinzip qualifiziert. Stärken wir also diesen Vorschlag, indem wir festlegen, dass, um universell zu sein, ein Prinzip so beschaffen sein sollte, dass es in Bezug auf jedes moralische Subjekt nicht leer sein darf (wenigstens für einen bestimmten Lebensabschnitt und wenn die Person möchte, dass das Prinzip auf sie bezogen wird). Nicht jede Person hat Eigentum oder kann es erwerben, auch wenn sie will. Diese Definition soll garantieren, dass Prinzipien, die unter sie fallen, wahrhaft universell sind, dass jede handelnde Person gemäß dieser Prinzipien tatsächlich qualifiziert ist für Begünstigungen und nicht ohne ihre Zustimmung von ihnen ausgeschlossen werden kann.

Selbst dann können nicht alle universellen Prinzipien als egalitär angesehen werden, weil, obgleich sie alle allen eine Begünstigung garantieren, sie nicht alle allen dieselben Begünstigungen garantieren: jedem gemäß seiner Intelligenz, Stärke oder Schönheit, das sind alles universelle Prinzipien, vorausgesetzt sie berechtigen moralische Subjekte zu etwas, wie wenig es auch sei. Der Utilitarismus

Benthams beruht auf einem universellen Prinzip, das sich auf alle moralischen Subjekte bezieht und gleichen Respekt für sie alle verlangt in dem Sinne, dass jedes Gefühl der Freude als intrinsisch wertvoll und jeder Schmerz als intrinsisch schlecht erachtet wird, unabhängig davon, wessen Freude und wessen Schmerz sie sind, und abhängig allein von ihrer Intensität und Dauer. Die inegalitären Konsequenzen dieser Theorie sind so gut bekannt, dass diese Theorie zu einem Musterbeispiel für eine moralische Sichtweise wurde, die den intrinsischen Wert von Gleichheit verneint. Universalität könnte eine notwendige Bedingung dafür sein, dass ein Prinzip als ein egalitäres Prinzip gilt (ich werde weiter unten zeigen, dass das nicht stimmt). Jedenfalls ist Universalität keine hinreichende Qualifikation für egalitären Status.

3. Prinzipien gleicher Verteilung in Konfliktfällen

Vielleicht repräsentiert (5.1) die charakteristische Form der Gleichheitsprinzipien:

(5.1) Wenn es *n Fs* gibt, dann hat jeder eine Berechtigung zu *1/n* von allem *G*.

Vergleichen wir (5.1) mit (1), »Alle *Fs* sind berechtigt zu *G*«, drängen sich zwei Fragen auf: (a) Ist (5.1) eine besondere Art von Prinzip? Und: (b) Verdienen Prinzipien dieser Form den Titel egalitäre Prinzipien? Man kann nicht behaupten, dass, während (1) bestimmt, dass jedes *F* zu einem Teil von *G* berechtigt ist, diesem Prinzip jeder distributive Aspekt fehlt und dass es nicht die relative oder absolute Größe seines Anteils bestimmt. Denn (1) (ebenso wie (5.1)), man erinnere sich, ist ja als deutliche Feststellung moralischer und politischer Prinzipien gemeint. Das heißt, es ist nicht lediglich der Fall, dass *Fs* zu *G* berechtigt sind, sondern auch, dass sie dazu berechtigt sind, weil sie *Fs* sind. Ein *F* zu sein ist der Grund für die Berechtigung. Der Grund für eine Berechtigung bestimmt seine Natur. Wenn alle *Fs* eine Berechtigung zu *G* besitzen, die auf demselben Grund beruht, dann haben sie dieselbe Berechtigung. Daher wird, wenn ihre Berechtigung vollständig erfüllt oder respektiert wird, tatsächlich jeder von ihnen die gleiche Menge von *G* erhalten. Dieses Argument setzt voraus, dass ein *F* zu sein keine Frage des Grades ist (man kann nicht mehr oder weniger ein *F* sein), oder dass, wenn dies doch so ist, der Grad, in dem man ein *F* ist, die Berechtigung zu *G* nicht beeinflusst. Auf andere Fälle kommen Prinzipien der Typen (3.1) und (3.2) zur Anwendung, und auch sie haben distributive Implikationen, wie wir oben in Abschnitt 1 gesehen haben.

Weil jedes Prinzip nur eine *Prima-facie*-Kraft hat, kann es natürlich passieren, dass auf Grund der Wirksamkeit anderer Prinzipien insgesamt die Berechtigung der *Fs* zu *G* doch nicht gleich ist. Aber das gilt für Prinzipien des Typs (5.1) ebenso wie für die des Typs (1).

Anders ist die Situation in Fällen von Knappheit, d.h., wenn es unmöglich ist, alle berechtigten Ansprüche vollständig zu erfüllen. Solche Situationen führen zu konfligierenden Gründen, und Prinzipien des Typs (5.1) bieten uns eine entschiedenere Anleitung zu ihrer Lösung als Prinzipien des Typs (1). Stellen wir uns vor, es gebe zwei *Fs* und vier Einheiten von *G* und jedes *F* habe eine Berechtigung zu drei Einheiten (sein Recht wird dann vollständig erfüllt sein, wenn er drei Einheiten hat). Jedes *F* kann ein *G* haben, ohne dem anderen etwas vorzuenthalten, wozu er berechtigt ist. Aber sie konkurrieren um die anderen zwei Einheiten. Jeder hat ein Recht auf beide, und keiner hat einen stärkeren Anspruch als der andere. Beurteilt mittels (1), ist es eine gleichermaßen gute Verteilung, wenn wir beide Einheiten einem *F* geben oder eine Einheit jedem. (5.1) hingegen verlangt, jedem eine Einheit zu geben. Wie (1) ist (5.1) ein Berechtigungsprinzip, aber es ist auch ein Konfliktprinzip. Trennen wir nun diese beiden Elemente in (5.1) und formulieren ein Prinzip, das nur ein Prinzip zur Konfliktlösung ist:

(5.2) Bei Knappheit hat jeder, der eine gleiche Berechtigung hat, eine Berechtigung zu einem gleichen Anteil.

Hier kommt es auf die kleinste Einheit an. Diese muss nicht mit einer natürlichen Grenze der Teilbarkeit zusammenfallen. (Normalerweise wird es um einen Schuh gehen und nicht um einen halben Schuh.) Wenn zwei ein Recht auf eine Einheit haben, und das Recht des einen hat größeres Gewicht als das des anderen, dann löst das Berechtigungsprinzip selbst den Konflikt zugunsten des gewichtigeren Rechts. Deshalb bestimmen Berechtigungsprinzipien selbst die Lösung vieler Konflikte. Manchmal jedoch werden sie die Rechte als von gleichem oder inkommensurablem Gewicht beurteilen. In einem solchen Fall werden sie keine Präferenz für Gleichverteilung oder für irgendeine andere Verteilung vorschreiben. Mehrere Verteilungen sind mit ihnen konsistent.[3] Es kann natürlich der Fall sein, dass alles in allem mehrere mögliche Verteilungen gleichermaßen gut sind, es also keine Gründe dafür gibt, die eine Verteilung den anderen vorzuziehen. Oder es kann sein, dass eine der Verteilungen vorzuziehen ist, weil sie mit einem anderen Prinzip besser übereinstimmt. Es gibt z. B. Prinzipien, die ein Unentschieden abwenden. Sie setzen einen anderen Handlungsgrund voraus und kommen dann ins Spiel, wenn andere konfligierende Handlungsgründe nicht zu einer Präferenz führen. Dies sind Konfliktprinzipien und (5.2) ist eins von ihnen.

Prinzipien der Art (5.2) sind nicht nur ein Typ, der sich von anderen Berechtigungsprinzipien unterscheidet, sie haben auch einen stärkeren Anspruch darauf, als Prinzipien der Gleichheit angesehen zu werden. Sie unterscheiden sich von normalen Berechtigungsprinzipien des Typs (1) darin, dass der Berechtigungsumfang, den sie festlegen, von der tatsächlichen Zahl der Menschen abhängt, die gemäß dieser Prinzipien zu einer Berechtigung qualifiziert sind. Davon ist der Prinzipien-Typ (1) nicht in ähnlicher Weise berührt. Wenn alle eine Berechtigung auf ein Haus haben, dann hat jede Person eine Berechtigung auf ein Haus – ungeachtet der Zahl der Menschen, die gemäß dieses Prinzips ebenfalls für ein Haus qualifiziert sind. Natürlich hat die Zahl der Qualifizierten einen Einfluss auf die Chance einer Person, ihre Rechte erfüllt zu bekommen, aber sie berührt das Recht selbst nicht. Diese Unterscheidung macht deutlich, warum (5.2) eine Form eines Gleichheitsprinzips in einem Sinn ist, der für Prinzipien des Typs (1) nicht zutrifft – seien sie universell oder nicht. Gemäß Prinzipien des Typs (1) ist das Recht jeder Person unabhängig von dem anderer Personen. Sie hat es, weil der Grund für das Recht auf sie zutrifft. Andere Personen mögen dasselbe Recht haben oder auch nicht. Wenn sie es haben, dann deshalb, weil es in ihrem Fall auch einen (denselben) Grund gibt, ihnen ein Recht auf *G* zuzuschrei-

3 Das folgende künstliche Beispiel mag den Punkt illustrieren. *F1* und *F2* haben ein gleiches Recht auf *G*. Nehmen wir an, das Gewicht jedes Rechts (das heißt, das Ergebnis, wenn es vollständig erfüllt wird) beträgt 10, und jede teilweise Erfüllung hat ein proportionales Ergebnis. Wenn wir einem von ihnen die Hälfte seiner Berechtigung geben, dann ist das Ergebnis für ihn 5 usw. Einmal angenommen, wir haben nur soviel von *G*, um das Recht von einem von ihnen vollständig zu erfüllen. Wenn wir *G* einem von beiden geben, ist das Ergebnis 10, einem von ihnen ein 1/10 zu geben hat 1 zum Ergebnis und den Rest dem anderen 9. Jedem die Hälfte je 5. Jede Verteilung wird ein Ergebnis von 10 erzielen.

ben. Wenn verschiedene Personen gemäß einem Prinzip qualifiziert sind, dann ergibt das Prinzip Gleichheit der Rechte, aber das ist ein vollkommen zufälliges Ergebnis. Das Recht einer Person wäre dasselbe, wäre sie die einzige, die gemäß des Prinzips ein Recht besäße.

Prinzipien des Typs (5.2) andererseits sollen Gleichheit allererst erzielen. Jedes der ihren Subjekten zugeschriebenen Rechte ist auf die Gesamtzahl derer abgestimmt, die qualifiziert sind, um sicherzustellen, dass jeder ein Recht auf einen gleichen Anteil der Vergünstigung hat. Dieses Merkmal können Prinzipien aufweisen, die keine Rechte übertragen. Jedenfalls zeigt das Vorliegen des Merkmals immer an, dass Gleichheit nicht nur das Ergebnis der Anwendung dieser Prinzipien, sondern auch ihr Zweck ist. Sie sind gemacht, um Gleichheit unter ihren Subjekten mit Blick auf ihren Gegenstand herzustellen. Sie sind (eine Art) Gleichheitsprinzipien.

4. Egalitäre Prinzipien

Wir haben eine Art egalitärer Prinzipien identifiziert: die egalitäre Konfliktlösung. Dabei handelt es sich um Gleichheitsprinzipien, weil ihr Zweck darin besteht, innerhalb ihres Anwendungsbereichs Gleichheit zu gewährleisten. Gleichheit ist Teil des Grundes, auf dem diese Prinzipien basieren. Das Zeichen ihres egalitären Charakters ist ihre Sensibilität für die Anzahl der berechtigten Menschen. Die Größe des ihnen zustehenden Anteils hängt von dieser Anzahl ab. (Ein weiteres Zeichen ihres egalitären Charakters ist die Tatsache, dass sie *Gleich*verteilung unter den Qualifizierten festsetzen. Ein Prinzip kann eine Verteilung in unterschiedlichen Proportionen unter den Qualifizierten festsetzen.) Diese Tatsache ist typisch für egalitäre Konfliktprinzipien. Egalitäre Prinzipien im Sinne von Prinzipien, deren Grund Gleichheit ist, müssen nicht Konfliktprinzipien sein, und es mag andere Hinweise auf ihre egalitäre Natur geben. Eine wichtige Art egalitärer Prinzipien veranschaulicht (6):

(6) Alle *Fs*, die *G* nicht haben, haben ein Recht auf *G*, wenn einige *Fs G* haben.

Solche Prinzipien, anders als Prinzipien der Gleichverteilung in Konfliktfällen, sind nicht sensibel für die Anzahl der Qualifizierten. Stattdessen sind sie sensibel für die bestehenden Ungleichheiten unter Mitgliedern der relevanten Gruppe mit Blick auf die relevante Begünstigung. Gewöhnliche Berechtigungsprinzipien sind gleichgültig gegenüber der bestehenden Verteilung ihrer Begünstigungen. Wenn alle ein Recht auf Essen, Unterkunft, Erziehung usw. haben, dann sind ihre Rechte dieselben ohne Rücksicht darauf, ob sie kein, nur wenig oder genügend Essen, Erziehung usw. haben, oder ob sie mehr als andere haben. Wenn die Berechtigung auf Bedürftigkeit beruht, dann ist jeder nur gemäß seiner Bedürfnisse berechtigt. Außer wenn sich die tatsächliche Verteilung der Begünstigung auf die Natur oder das Ausmaß des Bedürfnisses auswirkt (was der Fall sein kann), ist sie für das Recht unerheblich. Die tatsächliche Verteilung bestimmt, wessen Rechte erfüllt wurden und wessen nicht. Sie bestimmt nur das Vorliegen unerfüllter Rechte und deren Stärke.

Die Sensibilität der Prinzipien des Typs (6) für bestehende Verteilungen ist der entscheidende Hinweis auf ihren Charakter als egalitäre Prinzipien. Ein *F* zu sein qualifiziert nicht für sich genommen zu einem *G*. Es ist die tatsächlich bestehende Ungleichheit der Verteilung, die die Berechtigung schafft. Die Berechtigung ist konzipiert, um einen bestimmten Fall bestehender Ungleichheit zu beseitigen. Solche Prinzipien spiegeln die Sicht wider, es sei falsch oder ungerecht, dass einige *Fs G* haben und andere nicht. Solche Ungleichheiten müssen behoben werden. Das kann auf zwei verschiedene Weisen geschehen: Entweder entzieht man den *Fs*, die *G* haben, dieses *G*, oder man gibt all den anderen *Fs G*. So lange einige *Fs* die Begünstigung haben, während diese anderen vorenthalten bleibt, kommt das Prinzip zur Anwendung, und die übrigen *Fs* haben ein Recht auf *G*. Wenn ihr Recht erfüllt wird, dann ist die Ungleichheit beseitigt.

Von nun an werde ich Prinzipien des Typs (6) als die paradigmatischen (streng) egalitären Prinzipien betrachten. Prinzipien des Typs (5.2) können für alle praktischen Zwecke als Sonderfälle von (6) betrachtet werden. Für jedes Prinzip des Typs (5.2) lässt sich ein logisch gleichwertiges Prinzip (6) formulieren. Es gibt andere Typen von egalitären Prinzipien. Aber sie alle können jeweils als Varianten des Typs (6) analysiert werden.[4]

4 Es kann andere Arten von Prinzipien geben, die die wesentlichen Merkmale von (6) teilen, z. B.: Alle *Fs*, die nicht *G* haben, haben ein Recht auf es, wenn einige Nicht-*Fs* es haben. (6) dient hier dazu, den wesentlichen Punkt zu erläutern.

Gleichheitsprinzipien verleihen nicht aus sich heraus den *Fs*, die zufällig die Begünstigung haben, ein Recht auf diese. Der bloße Zufall, eine Begünstigung zu haben, wird selten als hinreichender Grund für einen Rechtsanspruch auf diese erachtet. Selbst konservative Prinzipien (im Sinne von Prinzipien der Bewahrung) beruhen gewöhnlich auf dem Gedanken, dass wir einer Person schaden, wenn wir ihr etwas wegnehmen, oder der Wahrscheinlichkeit, dass eine Umverteilung die Verhältnisse nur verschlimmerte. Statt Gleichheit dadurch zu erreichen, dass man die Begünstigung denen zukommen lässt, denen sie fehlt, kann man (aus der Sicht egalitärer Prinzipien) dies genauso erreichen, indem man denen die Begünstigung streitig macht, die sie haben. Dann verhindert man, dass gemäß des Prinzips das Recht auf die Begünstigung entsteht.

Egalitäre Prinzipien führen häufig zu Verschwendung. Wenn es von der Begünstigung nicht ausreichend für alle gibt, dann sollten wir das, was wir davon haben, besser verschwenden als es einigen zu geben oder zu erlauben, dass einige es behalten. Es stimmt: Die Prinzipien schreiben Verschwendung nicht vor, aber häufig ist die einzige Möglichkeit, nicht gegen die Prinzipien zu verstoßen, Verschwendung zu bewirken oder zu erlauben. Hier beschäftigen wir uns mit den egalitären Prinzipien selbst. Es mag andere Prinzipien geben, die Verschwendung verbieten, welche möglicherweise mit den egalitären Prinzipien abgeglichen werden müssen. Allein die Wirkung solch anderer Prinzipien kann unsere Präferenz dafür erklären, eher denen die Begünstigung zu geben, denen sie fehlt, als sie denen streitig zu machen, die sie genießen. Diese Präferenz kann nicht auf der Basis der egalitären Prinzipien selbst erklärt werden. Entscheidend ist, dass die egalitären Prinzipien Verschwendung als eine Weise ihrer Erfüllung erlauben und in ziemlich häufig vorkommenden Umständen auch als den einzigen Weg ihrer Erfüllung verlangen. In dem Ausmaß, in dem auf Grund anderer Prinzipien Verschwendung vermieden wird, sind dies (potentiell) konfligierende Prinzipien. Sie sind zu einem bestimmten Grad anti-egalitär.

5. Rhetorischer Egalitarismus

Einige Berechtigungsprinzipien wie solche der Typen (5.2) und (6) haben den Sinn, Gleichheit als solche zu befördern. Ich werde mich auf solche Prinzipien als »streng egalitäre« beziehen, wenn ich zwischen ihnen und anderen Prinzipien unterscheide, die gemeinhin als egalitäre Prinzipien angesehen werden. Von solchen Prinzipien beherrschte Theorien sind streng egalitär. Ein Großteil der egalitären Tradition im abendländischen Denken ist streng egalitär. Jedoch lässt sich nicht bestreiten, dass Gleichheit sich noch aus anderen Quellen speist. Das überrascht auch nicht. Alle Berechtigungsprinzipien erzeugen Gleichheit (in einer bestimmten Hinsicht) als ein zufälliges Nebenprodukt, weil gemäß ihnen alle, die die gleiche Qualifikation haben, auch ein gleiches Recht haben. Zudem werden einige Berechtigungsprinzipien auf natürliche Weise unter Verwendung des Begriffs »Gleichheit« und verwandter Begriffe ausgedrückt, ohne dass dies irgendetwas mit Egalitarismus zu tun hätte. Alle Abschlussprinzipien (Prinzipien des Typs (2)) sind von dieser Art und auch die Prinzipien (Typ (3)), die die Qualifikation und die Begünstigung in Graden erlauben, wie »Gleich fähige Menschen haben ein Recht auf gleiche Entlohnung«.

Argumente und Ansprüche, die sich auf Gleichheit berufen, ohne zugleich auf streng egalitären Prinzipien zu beruhen, sind rhetorisch. Das ist nicht in einem abschätzigen Sinn gemeint. Gemeint ist einfach, dass es sich bei ihnen nicht um Ansprüche handelt, die konzipiert sind, Gleichheit zu fördern, sondern vielmehr die Sache derer zu fördern, die gemäß unabhängig gültiger Prinzipien qualifiziert sind. Sie berufen sich auf Gleichheit, um (wie im Falle der Prinzipien des Typs (3)) die Darstellung ihrer Position zu erleichtern, und sie profitieren häufig von dem guten Namen, den »Gleichheit« in unserer Kultur hat. Es wurde zuvor erwähnt, dass Prinzipien des gleichen Respekts und der gleichen Berücksichtigung usw. häufig auf nicht viel mehr als die Behauptung hinauslaufen, dass alle Menschen moralische Subjekte sind, also auf eine Bekräftigung des Humanismus. Solche Prinzipien können ebenso leicht ohne die Berufung auf Gleichheit ausgedrückt werden. Sie sind nicht dazu da, um das Maß an Gleichheit zu erhöhen, sondern sollen die Anerkennung der Tatsache fördern, dass das Wohlbefinden aller Menschen gleichermaßen zählt. Wenn ihr Rückgriff auf die modischen egalitären Formulierungen sie attraktiver macht – um so besser. Der Preis, den wir dafür bezahlen, ist intellektuelle Verwirrung, weil die egalitären Formulierungen weniger klar sind, das heißt, sie sind weniger geeignet, ihre wahren Gründe aufzudecken als einige nicht-egalitäre Formulierungen derselben Prinzipien: »Mensch zu sein ist für sich genommen ein hinreichender Grund für Respekt« ist eine einleuchtendere Wiedergabe von »Alle Menschen haben Anspruch auf gleichen Respekt«.

Die rhetorische Beschwörung von Gleichheit ist in einer Reihe von Zusammenhängen angemessen. Ein Elternteil, der dem gesunden, nicht aber dem kranken Kind Medizin gibt, oder der ein Kind hintergeht, nicht aber die anderen, behandelt seine Kinder ungleich. Eine Person, die ihre Versprechen einer Person gegenüber hält und einer anderen gegenüber nicht, behandelt diese Personen ebenfalls ungleich. Aber in all diesen Fällen ist das Übel dasselbe wie dort, wo ein Elternteil nur ein Kind hat, das er hintergeht oder dem er die Medizin im Krankheitsfall vorenthält, oder wenn eine Person ihre Versprechen immer allen gegenüber nicht einhält. Eine Person der ungleichen Behandlung in diesen und in vielen anderen Fällen zu beschuldigen ist erlaubt, wenn sie sich einigen gegenüber falsch oder schlecht, anderen gegenüber jedoch angemessen verhält. Sie der Ungleichbehandlung zu beschuldigen bedeutet jedoch nicht die Identifizierung der Natur des Übels: Es könnte sich um jedes beliebige Übel handeln. Aber mit Sicherheit handelt es sich nicht um das Übel der Schaffung und Fortschreibung von Ungleichheiten. Wie meine Beispiele zeigen, kann dasselbe Übel in Situationen bestehen, die nichts mit Ungleichheit zu tun haben.

In diesen und in vielen anderen Zusammenhängen, in denen man sich auf Ungleichheit beruft, hat Gleichheit kontextuelle, aber keine normative Bedeutung. Sie verweist auf Merkmale der Situation, in der das Übel begangen wird, die nichts mit den Gründen dafür zu tun haben, dass es ein Übel ist, und auch nichts damit, um was für eine Art von Übel es sich handelt. Das bedeutet nicht, dass solche Berufungen auf Gleichheit nicht nützliche argumentative Funktionen hätten. Sie werden manchmal *ad hominem* eingesetzt. »Du scheinst die Stärke des Grundes in dem einen Fall anzuerkennen, warum leugnest du sie in dem anderen?« Sie verweisen manchmal darauf, dass etwas zur Verbesserung der Situation unternommen werden kann. Dabei denke ich nicht so sehr an Vorwürfe der Ungleichbehandlung als vielmehr an Ungleichheit, wie wir sie in unserer Welt vorfinden. Armut mag in einer Gesellschaft, in der sie nur wenige betrifft, nicht schlimmer sein als in einer Gesellschaft, in der alle arm sind. In beiden Gesellschaften ist Armut gleich schlecht oder bedauerlich und aus denselben Gründen. Der Vorwurf der Ungleichheit, der nur gegen eine dieser Gesellschaften erhoben werden kann, wird hier rhetorisch eingesetzt. Das Übel ist die Armut sowie das Leiden und die Erniedrigung, die mit ihr einhergehen, nicht die Ungleichheit. Doch die Ungleichheit ist ein Indikator dafür, dass es Ressourcen geben mag, die zur Verbesserung der Situation benutzt werden können. Die Ungleichheit ist relevant für ein Argument darüber, was getan werden kann, und auch für Argumente über die Verantwortung dafür, dass nicht genug unternommen wird, um die Armut zu reduzieren.

Ich hoffe, dass diese Anmerkungen – und sie sollen den rhetorischen Gebrauch von Gleichheit gar nicht erschöpfend behandeln – meinen Anspruch, »rhetorisch« im Wortsinn und nicht abwertend zu verwenden, ausreichend begründen. Entscheidend ist, dass in all jenen Fällen das Übel etwas anderes ist als Ungleichheit und die zu ergreifenden Maßnahmen nicht Gleichheit herstellen sollen, sondern vielmehr ein anderes Gut.

6. Strenger Egalitarismus

Der vorangegangene Abschnitt illustrierte einige der rhetorischen Gebrauchsweisen von »Gleichheit«, jene nämlich, in denen jedem Anschein zuwider das Übel, das es zu richten gilt, nicht Ungleichheit ist, in denen der Grund oder Anlass für Handeln nicht die Maximierung von Gleichheit ist. Das, worum es mir dabei geht, darf nicht verwechselt werden mit einem anderen Punkt, der oft in der Kritik am Egalitarismus vorgebracht wird. Der Egalitarismus soll leer sein, weil unabhängig von der Situation alle in der einen oder anderen Hinsicht gleich sind und die einzige Frage darin bestehe, in welcher Hinsicht die Menschen gleich sein sollten, und überhaupt bedeute jede Art von Gleichheit in einigen Hinsichten Ungleichheit in anderen.[5] All dies wird hier vorausgesetzt. Die Pointe des letzten Abschnitts ist nicht, dass wir alle in der einen

5 Diese Tatsache ist fatal für die meisten üblichen Versionen der Ansicht, das Wesen des Egalitarismus liege darin, dass Gleichheit keiner Rechtfertigung bedürfe und nur Ungleichheiten gerechtfertigt werden müssten.

oder anderen Hinsicht Gleichheit fördern, sondern vielmehr, dass Gleichheit bloß ein Nebeneffekt ist, solange wir uns auf Prinzipien berufen, die nicht streng egalitär sind, und wir Gleichheit gar nicht als ein Ziel fördern.

Der Zweck des vorliegenden Abschnitts ist es, zu veranschaulichen, wie die egalitäre Tradition der abendländischen Kultur sinnvoll als in ihrem Kern streng egalitär interpretiert werden kann. Das Ziel ist zu zeigen, dass Prinzipien vom Typ (6) und andere, die im gleichen Sinn egalitär sind und als Varianten von (6) betrachtet werden können, im Mainstream egalitärer Theorien allgegenwärtig sind, zumindest gemäß einiger plausibler Interpretationen dieser Theorien. Betrachten wir zuerst das folgende Prinzip:

(A) Alle haben ein Recht auf gleiche Wohlfahrt.

Normalerweise wird dieser Satz am besten als implizite Billigung der Kombination aus zwei Prinzipien interpretiert:

(1 c) Alle haben eine Berechtigung auf größtmögliche Wohlfahrt.

(6a) Geht es einigen Menschen besser als anderen, dann haben die, denen es weniger gut geht, eine Berechtigung auf die zusätzlichen Begünstigungen, die nötig sind, damit sie auf das Niveau von Wohlfahrt kommen, das diejenigen genießen, denen es besser geht.

Die kombinierte Anwendung beider Prinzipien soll (*a*) die Sicherung von so viel Wohlfahrt als möglich begünstigen; (*b*) werden neue Begünstigungen geschaffen, sollen sie denen zugesprochen werden, denen es am schlechtesten geht (diese haben unterstützt durch (1 c) und (6 a) den stärkeren Anspruch, wogegen die Bessergestellten nur durch (1 c) unterstützt werden); (*c*) können neue Begünstigungen nicht produziert werden, kann den Prinzipien durch das Übertragen von Begünstigungen auf die weniger Gutgestellten entsprochen werden.

Wenn (6 a) so verstanden wird, dass es im Konfliktfall (1 c) immer außer Kraft setzt, dann erfordern die Prinzipien ebenfalls:

(*d*) Können nicht ausreichend Begünstigungen geschaffen oder übertragen werden, sollen einige den Bessergestellten weggenommen und zerstört werden.

(*e*) Es sollen keine neuen Begünstigungen geschaffen werden, und ein niedrigeres Niveau an Wohlfahrt insgesamt ist vorzuziehen, wenn nur dadurch die Entstehung oder Fortschreibung von Ungleichheiten der Wohlfahrt verhindert werden kann.

Sowohl (*d*) als auch (*e*) sind nötig, um eine Verletzung von (6a) zu verhindern. Es bedarf keiner Erwähnung, dass verschiedene Anhänger von (A) seinen Komponentenprinzipien unterschiedliches Gewicht zuschreiben. Ich habe (A) seine stärkste egalitäre Konstruktion verliehen, die der Gleichheit den Vorzug vor allem anderen gibt. Oft schwächen Theoretiker ihre Verpflichtung auf Gleichheit ab, indem sie ein gewisses Maß an Ungleichheit zulassen, um ein höheres Niveau an Wohlfahrt für einige, alle oder viele sicherzustellen.

Viele egalitäre Prinzipien haben dasselbe Muster: Sie sind eine Kombination aus einem gewöhnlichen Berechtigungsprinzip (Typ (1)) und einem Prinzip vom Typ (6), das seine Anwendung kontrolliert und sie ganz oder teilweise beherrscht. Also:

(B) Alle haben eine Berechtigung zu gleichen Chancen

wird normalerweise verstanden als eine Kombination von

(1d) Alle haben eine Berechtigung zu all den Chancen, die es geben kann;

und

(6b) Wenn einige mehr Chancen haben als andere, dann sind diejenigen, die weniger haben, zu zusätzlichen Chancen berechtigt, um sie auf das Niveau derer zu bringen, die mehr haben.

Einige mögen meine Interpretation von (A) und (B) bezweifeln, weil sie der Auffassung sind, dass »Alle haben eine Berechtigung zu größtmöglicher Wohlfahrt (oder Chancen)« kein distributives, sondern ein aggregatives Prinzip ist und nicht Teil von (A) oder (B), sondern abgetrennt von ihnen aufzufassen ist. Das ist falsch. Es stimmt, dass »Alle haben eine Berechtigung zu größtmöglicher Wohlfahrt« usw. trivialerweise auch bedeutet, dass so viele Begünstigungen wie möglich geschaffen werden sollten. Dieses Prinzip, das angemessen das »Prinzip des unbegrenzten Wachstums« genannt werden sollte, ist ein aggregatives Prinzip, doch es ist völlig unverständlich, wenn man nicht auch irgendein distributives Prinzip annimmt, wie etwa »Es ist gut, dass jede Person so viele Begünstigungen wie möglich haben soll«. Andernfalls maximierte man die Existenz einer Sache, die vielleicht niemandem nützt, und in jedem Fall würde sie nicht wegen ihres Nutzens für irgendjemanden maximiert. Zudem behaupten (A) und (B) nicht bloß, dass, wenn Chancen und andere Begünstigungen überhaupt bereitstehen, sie in gleichem Maß zur Verfügung stehen sollten, sondern sie behaupten auch, dass die Menschen berechtigt sind, sie zu besitzen.

Dass streng egalitäre Prinzipien im Kern der egalitären Tradition eine entscheidende Rolle spielen, kann man nicht regelrecht beweisen. Man kann es nur exemplarisch zu zeigen versuchen. Hier ein weiteres Beispiel:

(7) Ungleichheit bei der Verteilung von *G* an *Fs* ist nur dann gerechtfertigt, wenn es allen *Fs* nützt (oder alternativ: nur dann, wenn es den am schlechtesten gestellten *Fs* nützt).

(7) ist nur eine schwache Version eines streng egalitären Prinzips des Typs (6). Nach (6) folgt, dass, wenn jemand eine bestimmte Begünstigung hat, allein diese Tatsache andere zu der Begünstigung berechtigt. Daher folgt, dass keiner sie haben sollte, wenn nicht alle sie haben können. Die Begünstigung einer Person zu geben, um sie allen zur Verfügung zu stellen, ist nur ein Weg zur Befriedigung des streng egalitären Prinzips. (7) ist ein schwach egalitäres Prinzip, denn es besteht nicht darauf, dass die Begünstigung, die der Person gegeben wird, welche Begünstigungen für andere geschaffen hat, nicht bedeutender sein soll als deren Begünstigungen.

(C) Ungleichheit in der Verteilung von jeglicher Begünstigung ist nur dann gerechtfertigt, wenn sie alle begünstigt.

Hier wird ein Prinzip vom Typ (7) generalisiert, damit es über alle Begünstigungen herrsche, und seine Befürworter verleihen ihm normalerweise absolute Herrschaft, so dass es von keinem anderen Moralprinzip außer Kraft gesetzt werden kann. Eine so von (C) beherrschte Theorie mag nur schwach egalitär sein – da sie so viele Ungleichheiten hinnimmt –, doch sie ist egalitär im strengen Sinn. Befürworter von (C) interpretieren es normalerweise folgendermaßen:

(1 c) Alle sind berechtigt zu dem Höchstmaß an Wohlfahrt, das es geben kann;

und

(6 a) Falls es einigen Menschen besser geht als anderen, dann sind jene anderen berechtigt zu den zusätzlichen Mitteln, die nötig sind, um das Niveau derjenigen zu erreichen, denen es besser geht;

und

(D) Konfligieren (1 c) und (6 a), dann wird (6 a) außer Kraft gesetzt (d. h. Ungleichheiten werden hingenommen), gegeben, dass in der Folge alle in einem gewissen Grad profitieren.

In anderen Worten wird (C) normalerweise als (A) gelesen, zuzüglich einer Regel, um Konflikte zwischen den Bestandteilen von (A) zu lösen.

Moraltheorien sind streng egalitär, wenn sie von streng egalitären Prinzipien beherrscht werden. Eine Theorie wird von einem (einer Gruppe von) Prinzip(ien) beherrscht, wenn und nur dann, wenn die Prinzipien nie oder selten durch andere Überlegungen außer Kraft gesetzt werden und, zweitens, sie für die Hauptfälle des Anwendungsbereichs der Theorie gelten. Die kurze vorangegangene Erörterung macht deutlich, dass es plausibel ist, die abendländische egalitäre Tradition besonders im 20. Jahrhundert so zu interpretieren, dass sie durch die Herrschaft streng egalitärer Prinzipien gekennzeichnet ist. Diese Argumentation kann und sollte auf viel systematischere Weise verfolgt werden. Und doch mögen sich letzten Endes die Schlussfolgerungen als nicht zwingend herausstellen. Konfrontiert mit den Problemen der Armut und der Vorenthaltung von Rechten und Chancen in allen Gesellschaften ist man selten gezwungen, zwischen einer rein humanistischen Sorge für die Menschen und dem streng egalitären Standpunkt zu entscheiden. Schlagworte des rhetorischen Egalitarismus werden von allen benutzt und tragen dazu bei, tiefliegende Unterschiede in den Quellen der eigenen Sorge für soziale Verbesserung zu verdecken. Diesen müssen wir uns nun zuwenden.

7. Die Voraussetzungen des Egalitarismus

Wir beschäftigen uns mit egalitären Prinzipien, die moralische oder politische Theorien in ihrer Grundlegung beherrschen. Es besteht kein Zweifel, dass streng egalitäre Prinzipien sich oft instrumentell rechtfertigen lassen. Sie können das Auftreten von Neid und Feindseligkeit vermindern. Sie können zur Entstehung von Teamgeist verhelfen, eine positive Einstellung zum eigenen Arbeitsplatz fördern und so weiter. Die Aussicht auf solchen Nutzen kann leicht übertrieben werden. Es stimmt, dass die Unfähigkeit, zwischen Fällen zu diskriminieren, die Entwicklung bestimmter negativer Einstellungen zu einigen dieser Fälle unmöglich macht, ebenso wie es einem die Chance zur Entwicklung positiver Einstellungen zu einigen von ihnen verstellt. Es gibt sowohl positive als auch negative Einstellungen, die mit der Wahrnehmung und Bewertung von Differenz verbunden sind: auf der positiven Seite Liebe, Freundschaft, Bewunderung, Achtung für Erreichtes, Mitleid für besondere Behinderungen usw. und auf der negativen Seite

Neid, Entfremdung, Angst und Aggression gegenüber dem Anderen, dem Erfolgreicheren, Zweifel an den eigenen Fähigkeiten und dem eigenen Wert usw. Insofern einige dieser Einstellungen tief in der menschlichen Psyche verwurzelt sind und gesellschaftliche Bedingungen ihren Ausdruck lediglich kanalisieren, locken uns egalitäre Kunstgriffe aber auch nur auf eine falsche Spur nach dem Unerreichbaren.

Und doch gibt es innerhalb begrenzter Bereiche einen Platz für instrumentell gerechtfertigte egalitäre Prinzipien. Eine wichtige instrumentelle Rechtfertigung gibt der Slogan wieder, Gerechtigkeit müsse nicht nur getan, sondern auch sichtbar getan werden. Oft zwingt er politische Institutionen, die der Öffentlichkeit Rechenschaft schulden, zum Verzicht auf Maßnahmen, deren Begründung im öffentlichen Raum nicht angemessen möglich ist. Dies rechtfertigt manchmal, dass man sich an egalitäre Prinzipien mit begrenztem Anwendungsbereich hält. Darüber hinaus haben solche Prinzipien symbolische oder expressive Funktionen in kleinen und intimen Gruppen (so wie man einen Vorteil ablehnt, weil der eigene Freund ihn nicht teilen kann) oder im Hinblick auf Positionen mit symbolischer Bedeutung (der Präsident sollte nicht im Luxus schwelgen, wenn das Land unter großen Entbehrungen leidet usw.).

Der unbestrittene Wert subsidiärer egalitärer Prinzipien eines begrenzten Anwendungsbereichs hilft nicht schon von alleine, die Gültigkeit streng egalitärer Moralen oder politischer Theorien entweder zu bestätigen oder zu widerlegen. Von einer extremen Position können wir uns schnell verabschieden. Moral (oder politische Moral) beruht nicht einfach auf einem oder mehreren Prinzipien der Gleichheit. Sie muss andere Prinzipien enthalten, die das Wohlergehen von Menschen und das Ausmaß unserer Verantwortung gegenüber anderen betreffen. Ein Grund dafür ist bereits genannt worden. Gleichheitsprinzipien könnten nicht unterscheiden zwischen dem Erreichen von Gleichheit dadurch, dass man den Besitzenden etwas wegnimmt, und dadurch, dass man den Besitzlosen etwas gibt. Die Implausibilität einer solchen Sicht verweist auf die Existenz zusätzlicher grundlegender Prinzipien, die zumindest eine Präferenz für die Option begründen, keine Güter zu verschwenden. Nach Auffassung der meisten sind diese Prinzipien aber stärker: Wenn Gleichheit nur durch Verschwendung erreicht werden kann, setzen diese Prinzipien die egalitären Prinzipien zumindest außer Kraft, um Verschwendung zu vermeiden.

Die Vorstellung einer moralischen oder politischen Theorie, die vollständig aus Gleichheitsprinzipien besteht, hat noch weitere absurde Konsequenzen. Die einzigen intrinsischen Güter und Übel, die solche Prinzipien zulassen, sind relationaler Art. Machen sie die gesamte Grundlegung der Moral aus, dann zählt das Glück einer einzelnen Person nicht, sofern es nicht auch andere glückliche Personen gibt. Auch gibt es keinen Grund, Schaden oder Verletzung einer Person zu vermeiden – es sei denn, es gibt andere, die unverletzt und unbeschädigt sind. Das Absurde an dieser Sicht lässt sich aus der Tatsache ersehen, dass wir nur Grund haben, uns um Ungleichheiten in der Verteilung von *Gütern* und *Übeln* zu kümmern, das heißt von etwas, was von Wert oder Unwert aus unabhängigen Gründen ist. Es gibt keinen Grund, sich um Ungleichheiten in der Verteilung von Sandkörnern zu kümmern, wenn es keinen zusätzlichen Grund gibt, den Besitz von Sand entweder zu wünschen oder zu vermeiden.

Selbst in egalitären Theorien, so können wir schließen, stehen egalitäre Prinzipien, auch wenn sie die anderen beherrschen, erst an zweiter Stelle. Ihre Rolle liegt darin, die Anwendung dieser anderen Prinzipien zu ergänzen und zu kontrollieren. Eine egalitäre Moraltheorie, d.h. eine, die von grundlegenden streng egalitären Prinzipien beherrscht wird, umfasst Berechtigungsprinzipien (die nicht in einem spezifischen Sinne egalitär sind) und egalitäre Prinzipien, die deren Anwendung kontrollieren. Doch nicht jedes Berechtigungsprinzip kann sinnvollerweise durch ein egalitäres Prinzip reguliert werden, das gilt nur für abnehmende und offene Prinzipien.

Die Unterscheidungen zwischen dem, was ich erfüllbare (»satiable«) und offene (»insatiable«) Prinzipien nennen werde, und zwischen abnehmenden (»diminishing«) und nicht abnehmenden Prinzipien sind von großer Bedeutung. Erfüllbare Prinzipien sind durch ein Merkmal gekennzeichnet: Die von diesen Prinzipien gestellten Forderungen lassen sich vollständig erfüllen. Sind sie einmal vollständig erfüllt, dann können – was immer noch geschehen mag oder hätte geschehen können – diese Prinzipien nicht in einem höheren Maße erfüllt werden, noch hätten sie in einem höheren Maße erfüllt werden können. Ein offenes Prinzip ist eines, das sich grundsätzlich immer in einem stärkeren Maße erfüllen lässt. Erfüllbare Prinzipien sind ohne Ausnahme auch abnehmende Prinzipien, d.h., ihnen zufolge wird der Grund, einem *F G* zu geben, umso schwächer, je mehr *G* ein *F* besitzt. Diese Eigenschaft macht sie zu abnehmenden Prinzipien.

Vergleichen wir das Folgende:

(E) Jeder sollte so viel Freude haben, wie er genießen kann.

und

(F) Jedermanns Bedürfnisse sollten erfüllt werden.

Es ist vernünftig anzunehmen, dass (F) erfüllbar und abnehmend ist, während beides für (E) nicht zutrifft. Je größer also die Bedürfnisse einer Person, desto stärker der Grund, sie zu befriedigen; und es ist möglich, den Bedürfnissen einer Person vollkommen zu entsprechen. Andererseits kann eine Person sich immer noch mehr freuen oder eine intensivere Freude erfahren, als sie sie tatsächlich hat. Im wörtlichen Sinne gibt es keine höchste Freude. Gleich an welche Freude man denken mag, sie kann stets noch verbessert werden.

Abnehmende Prinzipien sind eine Unterklasse der vergleichenden Prinzipien des Typs (3), die wir oben in Abschnitt 1 diskutiert haben. Gemäß einiger vergleichender Prinzipien ist die Stärke des Grundes abhängig von dem Maß, in dem jemand die qualifizierende Eigenschaft besitzt (je intelligenter jemand ist, desto stärker der Grund, ihm eine Erziehung zu geben). Einige dieser vergleichenden Prinzipien haben die weitere Eigenschaft, dass ihre teilweise Erfüllung die Ansprüche, die man hat, verringert. Das sind die abnehmenden Prinzipien: »Den Hungrigen zu essen geben« ist ein Beispiel. Je hungriger eine Person, desto gewichtiger der Grund, ihr zu essen zu geben. Aber sobald sie gegessen hat, wird sie weniger hungrig sein, und dann gibt es weniger Grund, ihr noch etwas zu essen zu geben. In diesem Fall, wie in den meisten Fällen von abnehmenden Prinzipien, gibt es ein Ausmaß an Entbehrung, so dass, wenn eine Person es überschreitet, ihr nicht geholfen werden kann. Eine Person kann so ausgehungert sein, dass ihr Leben nicht mehr gerettet werden kann. Dieser Umstand begrenzt den Anwendungsbereich der Prinzipien. Der Umstand widerlegt sie aber nicht.

Ich hatte schon festgehalten, dass erfüllbare Prinzipien auch abnehmende sind, das heißt, sie enthalten eingebaute Hinweise auf die relative Stärke ihrer Gründe. Je weiter man vom Punkt der Sättigung entfernt ist, desto stärker ist das von dem Prinzip übertragene Recht einer Person, die Begünstigung zu erhalten. Personen, deren unerfülltes Bedürfnis nach Unterkunft größer ist, haben einen stärkeren Anspruch darauf, Unterkunft zu erhalten. Ich bin mir nicht sicher, ob es eine logische Verknüpfung zwischen den definierenden Merkmalen erfüllbarer und abnehmender Prinzipien gibt. Alle Prinzipien jedoch, die einen ernsthaften Anspruch auf Berücksichtigung haben, weisen beide Merkmale auf.

Offene Prinzipien können auch ein ähnliches eingebautes Maß für die Berücksichtigung der Stärke der Gründe aufweisen. Selbst dann, wenn sie offen sind und wenn die Entsprechung eine Frage des Maßes und niemals vollständig ist, kann es der Fall sein, dass der Grund, eine noch größere Entsprechung erreichen zu wollen, umso schwächer ist, je größer die Entsprechung mit ihnen ausfällt. Wir können also zwischen offenen Prinzipien, die abnehmend sind, und solchen, die nicht abnehmend sind, unterscheiden. Ob es sich um ein abnehmendes oder ein nicht abnehmendes Prinzip handelt, hängt von der ihm zugrunde liegenden Überlegung ab. Gemeinhin als aggregative ohne distributive Implikationen bekannte Prinzipien sind offene und nicht abnehmende Prinzipien. Wenn wir das Prinzip

(G′) Maximiere den Reichtum

betrachten, so wäre es unvernünftig, dieses Prinzip so zu interpretieren, als wäre es indifferent mit Blick auf Reichtum, den Menschen in Besitz haben, und solchen, den Menschen nicht besitzen, auf Reichtümer, die in vergessenen Höhlen lagern, und Reichtum, über den Menschen tatsächlich verfügen. Das Prinzip sollte also im folgenden Sinn interpretiert werden: »Maximiere den Reichtum für Menschen.« Diese Interpretation liegt nahe, weil der einzige Grund, Reichtum zu wollen, der ist, dass Reichtum Menschen begünstigt. Das zugrunde liegende Prinzip lässt sich also mit größerer Klarheit so fassen:

(G) Es ist gut, wenn jede Person über möglichst viel Reichtum verfügt.

Wenn wir zum Beispiel Abigails Situation betrachten, dann besagt das Prinzip, sie solle all die Reichtümer haben, die es geben kann, und je mehr, desto besser. Wenn nun Andrew auch einen Teil des Reichtums abbekommt, dann deshalb, weil dasselbe für ihn gilt. Der Grund, ihm Reichtümer zukommen zu lassen, ist genau der Grund, ihr Reichtümer zukommen zu lassen. Deshalb generiert dieses Prinzip für sich genommen einen Konflikt der Handlungsgründe. Wir haben Grund, allen Reichtum jeder Person zu geben, aber natürlich kann im Prinzip nur eine Person alle Reichtümer haben, die es geben kann. Daraus folgt nicht, dass Abigail und Andrew alle Reichtümer unter sich aufteilen sollten. Vielmehr ist das Prinzip indifferent gegenüber der Verteilung des Reichtums unter den beiden. Jede Verteilung wird das Prinzip im selben Maße befriedigen.

Wir können erkennen, dass die Situation einen Konflikt zwischen den Handlungsgründen, Abigail alle Reichtümer haben zu lassen und Andrew alle Reichtümer haben zu lassen, aufweist, wenn wir uns eine Situation vorstellen mit demselben Ausmaß an Reichtum, aber nur einer der beiden Personen, die ihn genießen kann. In diesem Fall soll, wer immer da ist, alle Reichtümer erhalten, die zur Verfügung stehen.[6] Wenn es in Ordnung ist, dass Andrew nicht alles bekommt, wenn Abigail auch da ist, dann deshalb, weil dasselbe Prinzip auch ein Grund dafür ist, dass Abigail die Reichtümer erhält. Die zwei Gründe konfligieren, aber das Prinzip ist ein nicht abnehmendes Prinzip und kann deshalb keine Hinweise geben, wie der Konflikt zu lösen ist. Jede Verteilung entspricht dem Prinzip. Genau das ist gemeint, wenn man sagt, es handele sich um ein rein aggregatives Prinzip.

Nicht abnehmende Prinzipien haben die unakzeptablen Konsequenzen, auf die wir in Abschnitt 3 gestoßen sind, und die uns dazu gebracht haben, Prinzipien einzuführen, die Konflikte egalitär lösen. Man stelle sich vor, Abigails Reichtum belaufe sich auf 10 000 Pfund, während der von Andrew nur 1000 Pfund ausmacht. Neuer Reichtum im Wert von 100 Pfund steht jetzt zur Verfügung. Wer soll ihn erhalten? Gemäß dem Prinzip, das uns Reichtum maximieren lässt, haben wir gleich guten Grund, ihn jedem von ihnen zu geben. Weil es ein nicht abnehmendes Prinzip ist, berücksichtigt es die bestehende Disparität des Reichtums zwischen ihnen nicht. Es ist indifferent gegenüber der Frage, wer den zusätzlichen Reichtum erhalten sollte, und es toleriert deshalb extreme Ungleichheiten.

Dies ist der Zusammenhang, der zu der wachsenden Attraktivität des strengen Egalitarismus führte. Zu Beginn meiner Ausführungen hatte ich bereits festgehalten, dass der strenge Egalitarismus keine Rolle im Denken von Marx und Engels spielt. Zum Teil ver-

6 Das Prinzip ist offen, weil es immer möglich ist, den zur Verfügung stehenden Reichtum zu vermehren. Der Begriff »Reichtum« mag verlangen, dass es mehr als ein paar wenige Personen gibt, aber das kann für den Zweck dieses Beispiels unberücksichtigt bleiben.

dankt sich seine Attraktivität dem Utilitarismus. Der klassische Utilitarismus beruht auf einem offenen und nicht abnehmenden Prinzip: »Maximiere den Nettobetrag an Freude.« Dieses Prinzip weist alle Merkmale des Prinzips auf, nach welchem wir den Reichtum maximieren sollen. Wie dieses basiert es auf einem Wert für Menschen. Verteilungsprobleme können entstehen wegen des Konflikts der Ansprüche verschiedener Menschen auf alle Erfahrungen von Freude, die es geben kann. Auf die Frage, wie man solche Konflikte löst, antwortet das Prinzip nicht. Der klassische Utilitarismus ist gleichbedeutend mit (E):

(E) Jede Person soll so viel Freude haben, wie sie genießen kann.

Die Reaktion auf die distributiven Konsequenzen dieses Prinzips erklärt einen guten Teil der Attraktivität des strengen Egalitarismus. Diejenigen, die von der Stichhaltigkeit des klassischen Utilitarismus in anderen Hinsichten überzeugt waren, meinten, sein wirklich großer Fehler liege darin, dass er den unabhängigen Wert der Gleichheit der Nettofreude nicht berücksichtige, und bemühten sich, die Position um ein egalitäres Prinzip zu ergänzen, das die Anwendung des grundlegenden utilitaristischen Prinzips steuern sollte.

Ich werde hier nicht der Frage nachgehen, ob es eine gute Idee ist, die Verwendung von nicht abnehmenden Prinzipien durch die Kopplung mit egalitären Prinzipien zu regulieren. Stattdessen werde ich im nächsten Abschnitt nahe legen, dass offene und nicht abnehmende Prinzipien keine Gültigkeit haben, und dass sie deshalb auch nicht zur Begründung des Egalitarismus verwandt werden können. Wenn das stichhaltig ist, und wenn wir voraussetzen, dass es keine guten Gründe gibt, bei abnehmenden Prinzipien auf egalitäre Prinzipien zurückzugreifen, dann haben wir den Egalitarismus widerlegt.

Stimmt diese Voraussetzung? Abnehmende Prinzipien können uns in Konfliktfällen zusätzlich anleiten. Wenn es statt um die Anhäufung von Reichtümern um die Linderung von Hunger geht, dann macht es keinen Unterschied, wer die Scheibe Brot erhält, wenn Bess und Bert gleichermaßen hungrig sind. Aber wenn Bess ihre Scheibe erhalten hat und es eine zweite gibt, dann sollte Bert diese Scheibe erhalten, weil sein Hunger jetzt größer ist als ihrer. Das bedeutet, dass abnehmende Prinzipien in jedem Fall zu einer annähernd gleichen Verteilung führen. Diese Gleichheit aber ist ein

Nebenprodukt ihrer Sorge um die Linderung von Hunger und nicht die Widerspiegelung einer Sorge um Gleichheit. Gibt es eine Möglichkeit festzustellen, ob in solchen Fällen ein egalitäres Prinzip am Werk ist, dessen Existenz nur wegen des Umstands verborgen bleibt, dass die Ergebnisse seiner Anwendung dieselben sind wie die des zugrunde liegenden Prinzips, den Hunger zu lindern? Argumente, die darauf zielen, die Existenz von etwas Unsichtbarem zu beweisen, sind immer verdächtig und nur schwer in den Griff zu bekommen. Ich kenne nur eine Weise, mit dem Problem umzugehen, und zwar, indem wir fragen: Warum sollten wir uns in einem solchen Fall um Ungleichheit kümmern? Warum sollte uns kümmern, dass eine Person hungriger ist als eine andere? Wenn die Antwort auf diese Frage lautet, dass wir uns kümmern, weil der Hunger der ersten Person größer ist, dann ist dies im Hungerprinzip bereits enthalten und drückt keine davon unabhängige Sorge um Gleichheit aus.

Man könnte erwarten, die reine Sorge um Gleichheit sei getrennt zu verstehen von der unabhängigen Anerkennung des Werts der Angelegenheit, um die es jeweils geht – in unserem Beispiel Hunger. Man könnte erwarten, eine solche Sorge um Gleichheit diene als selbständige Quelle von Wert. Ich habe bereits festgestellt, dass dies nicht der Fall ist. Gleichheit ist von Bedeutung, wenn sie sich auf Dinge auswirkt, die wir aus von Gleichheit unabhängigen Gründen wertschätzen; sie ist nur deshalb von Bedeutung, weil das, was zu verteilen ist, aus unabhängigen Gründen wertvoll ist. Gleichheitsprinzipien hängen stets von anderen Prinzipien ab, die den Wert der Begünstigungen bestimmen, welche die egalitären Prinzipien regulieren. Wenn diese anderen Prinzipien erfüllbar und abnehmend sind, hat dann Gleichheit irgendeine Rolle zu spielen? Was fügt sie den erfüllbaren und abnehmenden Prinzipien hinzu, von denen sie abhängt? Man könnte erwarten, dass Gleichheit das Gewicht betrifft, das wir den verschiedenen Gründen beimessen würden, und dass Gleichheit sich auf diese Weise auf die resultierenden Distributionen auswirkt.

Eben diese Wirkung ist der Grund für die Attraktivität der Gleichheit, wie ich sie oben beschrieben habe. Eine solche Wirkung haben egalitäre Prinzipien nur im Fall von nicht abnehmenden Prinzipien, nicht aber im Fall von abnehmenden Prinzipien. Spielen egalitäre Prinzipien überhaupt eine Rolle bei der Regulierung der Verwendung letzterer Prinzipien? Nur wenn sie auf etwas hinweisen, was, obwohl es am Ergebnis nichts ändert, uns doch besser verstehen lässt, warum wir das Ergebnis für richtig halten. Man kann nicht schlüssig beweisen, dass egalitäre Prinzipien nicht auf so etwas hinweisen. Wo immer wir uns aber auch hinwenden, finden wir, dass es nicht die Ungleichheit ist, die uns an den verschiedenen Ungleichheiten stört. Es ist vielmehr der Hunger der Hungrigen, die Bedürftigkeit der Bedürftigen, das Leiden der Kranken und so fort. Auf die Tatsache, dass es diesen Menschen schlechter als ihren Nachbarn im jeweils relevanten Sinne geht, kommt es an. Diese Tatsache ist aber nicht relevant als unabhängiges Übel der Ungleichheit. Ihre Relevanz liegt vielmehr darin, uns zu zeigen, dass deren Hunger größer, deren Bedürftigkeit dringender, ihr Leiden schmerzvoller ist, und dass deshalb unsere Sorge für die Hungrigen, die Bedürftigen und die Leidenden, und nicht unsere Sorge für Gleichheit, uns diesen Personen Priorität bei unseren Bemühungen einräumen lässt.

8. Die Zurückweisung des Egalitarismus

Die Untersuchung der Grundlagen des Egalitarismus hat gezeigt, dass egalitäre Theorien auf üblicherweise offenen und nicht abnehmenden Prinzipien beruhen, deren Verwendung egalitären Auflagen unterworfen wird. Aus dieser Perspektive versteht man den strengen Egalitarismus als eine Antwort auf ein wahrgenommenes Versagen von nicht abnehmenden Prinzipien. Er ist ein Versuch, deren Unzulänglichkeiten zu analysieren und zu beheben. Paradoxerweise wird so das Schicksal des Egalitarismus an das Schicksal der Prinzipien gebunden, deren Unzulänglichkeiten der Egalitarismus zu beheben bemüht ist. Wenn es der Fall ist, dass der strenge Egalitarismus zwar nicht abnehmende Prinzipien zutreffend als mangelhaft beurteilt, ohne aber zugleich die Quelle ihres Mangels korrekt zu identifizieren, dann ist der Egalitarismus selbst bedroht. Dies ist der Grund für die Zurückweisung des Egalitarismus, wie in diesem Abschnitt zu erklären sein wird. Die Zurückweisung des Egalitarismus beruht auf der Zurückweisung seiner Voraussetzung. Die Ideale, die Moral und Politik zu Grunde liegen, sind allesamt erfüllbare und abnehmende Prinzipien.

Alles, was ich hier tun kann, um diese folgenreiche Schlussfolgerung zu begründen, ist zu zeigen, dass ein häufig genannter Kandidat für den Status eines fundamentalen Prinzips erfüllbar und abnehmend ist. Indem wir das zeigen, werden wir ein Argumentationsschema ausweisen – so jedenfalls mein Anspruch –, das verwandt werden kann, um zu zeigen, dass jedes plausible Berechtigungsprinzip, das von so fundamentaler Art ist, erfüllbar und abnehmend ist. Wir wollen ruhig bei den Begriffen bleiben, die für die utilitaristische Tradition zentral sind. Ich habe den klassischen Utilitarismus so interpretiert, dass es ihm um das Streben nach Nettofreude geht; allerdings haben es die Vertreter dieser Position vorgezogen, von dem Streben nach Glück zu sprechen. Vertreter des klassischen Utilitarismus haben Glück falsch interpretiert, wenn sie es als Nettofreude verstanden haben, das heißt als Balance von Freude und Schmerz. Wie schon häufig gezeigt wurde, verarmt dies den Begriff des Glücks. Außerdem missverstehen sie ein erfüllbares und abnehmendes Prinzip als ein offenes und nicht abnehmendes. Das Streben nach Freude ist offen und nicht abnehmend. Das Streben nach Glück ist erfüllbar und abnehmend. Es stimmt, dass in einigen Zusammenhängen (zum Beispiel, wenn wir sagen: »Als ich die guten Nachrichten hörte, war ich so glücklich«) »glücklich« verwandt wird, um auf eine glückliche Erfahrung zu verweisen. So verwandt, ist das Streben nach Glück, wie auch das nach Freude, offen und nicht abnehmend. Glück besteht aber nicht in der Anhäufung vieler glücklicher Erfahrungen. Wenn wir Glück als eine Qualität des Lebens oder bestimmter Lebensabschnitte einer Person verstehen, dann ist das Streben nach Glück erfüllbar und abnehmend.

Unsere Sorge um die Leidenden, die Unglücklichen, die Unerfüllten ist umso größer, je größer deren Leiden und deren Unglück sind. Wir haben keinen Grund, innezuhalten und zu fragen, ob die Kluft zwischen dieser unglücklichen Person und dem Rest der Menschheit groß genug ist, um unsere Sorge für diese Person zu rechtfertigen oder zu bemessen. Auf ihr Leiden und ihr Unglück als solches kommt es an, und je größer es ist, desto mehr. Es mag viele andere gleichermaßen unglückliche oder unerfüllte oder leidende Personen geben. Das verringert aber das Gewicht des Grundes nicht, dieser Person zu helfen, außer insofern es anzeigt, dass wir einen ebenso gewichtigen Grund haben, uns um diese anderen Menschen zu kümmern.

Dass das Streben nach Glück ein abnehmendes Prinzip ist, wird zum Teil erklärt unter Hinweis auf die Erfüllbarkeit von Glück.

Eine glückliche Kindheit gehabt zu haben versichert uns nicht eine glückliche Jugend. Aber eine glückliche Kindheit, selbst wenn sie nur durch die Erfahrungen der Freude glücklich war, kann eine vollständig glückliche Kindheit sein. Sie kann so glücklich sein, dass die Ergänzung weiterer Erfahrungen der Freude sie nicht glücklicher machte.

Die Behauptung »Weil das Eis, das du am 17. August letzten Jahres hattest, Dir damals Freude bereitete, dürfen wir schließen, dass du letztes Jahr weniger glücklich gewesen wärest, hättest du das Eis nicht gegessen« ist lächerlich, es sei denn, es liegen besondere Umstände vor, was den Konsum von Eiskrem angeht. Das gilt auch, wenn wir die Freude an einer Eiswaffel ersetzen durch die Freude, Laurence Olivier in *Richard der Dritte* zu sehen, und so weiter. Es gibt erfreuliche Erfahrungen, die das Gesamtglück einer Person beeinflussen, aber es gibt auch viele, die keinen solchen Einfluss haben. Dies gilt für Menschen, ganz gleich, ob sie vollkommen glücklich sind oder nicht.

Diese Beobachtung für sich genommen ist mit Offenheit vereinbar, weil sie mit der Aussage vereinbar ist, dass viele Erfahrungen von Freude unterhalb der Schwelle, die das Glück beeinflusst, lägen, ihre Anhäufung jedoch das Glück beeinflusse. Viele weitere Eiswaffeln an heißen Sommertagen und gute Inszenierungen in kalten Winternächten machen das Leben einer Person glücklicher, selbst wenn es stimmt, dass eine mehr oder weniger keinen Unterschied machte. Das trifft zu, wenn man nicht im Vollsinne glücklich ist. Doch kann man vollständig glücklich sein, und das auf eine Weise, dass keine zusätzliche Freude, obgleich sie für sich genommen willkommen ist, das Glück erhöhen oder verbessern kann. Wie dem auch sei, in jedem Fall zeigt die relative Indifferenz der Grade von Glück mit Blick auf das Ausmaß der Erfahrungen von Freude, dass es hier eine erhebliche Unbestimmtheit beim Vergleich von Glück gibt. Wenn erst einmal ein bestimmtes Maß an Glück erreicht ist, wird es sinnlos, Carol, eine Mutter, die unter den mit dem Muttersein üblicherweise verbundenen Schmerzen und Freuden leidet und außerdem eine aktive und mäßig erfolgreiche Karriere in der medizinischen Forschung verfolgt, als entweder glücklicher oder weniger glücklich als Karoline zu beurteilen, die sich als Geschäftsfrau ihrer Karriere widmet, Managerin der Zweigstelle einer Bank ist und die Hoffnung noch nicht aufgegeben hat, weiter befördert zu werden. Die zwei Leben sind inkommensurabel.

Inkommensurabilität diskutiere ich anderswo ausführlich.[7] Inkommensurabilität ist für die jetzige Diskussion relevant, weil Erfüllbarkeit nicht bedeutet, dass es einen Punkt gibt, der von allen erreicht wird, die zu dem Punkt der Erfüllung kommen (etwa was die Linderung von Hunger, die Befriedigung von Bedürfnissen oder das Glück und andere Zustände betrifft), so dass sie in der jeweils relevanten Hinsicht alle auf genau demselben Niveau wären. Erfüllbarkeit impliziert lediglich, dass es unmöglich ist, die Position zu verbessern, die sie erreicht haben. Bei vollständiger Inkommensurabilität des Glücks wird dieser Bedingung entsprochen, wenn erst einmal ein bestimmtes Niveau erreicht ist. Die wenigen Bemerkungen oben können den vollständigen Zusammenbruch der Kommensurabilität nicht beweisen, aber sie unterstützen die Auffassung, Glück für erfüllbar zu halten.

Dass die Erfüllbarkeit des Glücks übersehen wird, lässt sich mit der Vorstellung erklären, dass wir in dem Fall keinen Grund hätten, einer vollkommen glücklichen Person weitere Freude oder lohnende Erfahrungen zu bereiten. Das aber folgt nicht daraus. Glück schließt die Fähigkeit ein, Freude zu empfinden, Spaß zu haben, und auch die Fähigkeit, lohnende Erfahrungen zu machen. Eine vollkommen glückliche Person hat Ambitionen, Ziele, die sie verfolgt, Hobbys und so fort. Wie jeder von uns wünscht sie sich Erfolg in ihren Unternehmungen. Erfolg aber macht die Person nicht glücklicher, als sie es war, Misserfolg macht sie nicht unglücklich, wenn auch ein katastrophaler Misserfolg diese Wirkung hat.

Die Erfüllbarkeit des Prinzips trägt dazu bei zu erklären, warum das Streben nach Glück ein abnehmendes Prinzip ist. Sie zeigt an, dass je glücklicher das Leben einer Person ist, desto näher sie dem Zustand kommt, über den hinaus ihr Leben nicht verbessert werden kann, zumindest nicht, was das Glück angeht. Deshalb erscheint es uns vielleicht auch wichtiger, diejenigen zu begünstigen, die weniger glücklich sind, als diejenigen, die glücklicher sind. Weil sie vom vollständigen Glück weiter entfernt sind, ist ihr Mangel größer.

Für diejenigen, die das größte Glück der größten Zahl als das einzige fundamentale moralische Prinzip akzeptieren, ist der Um-

7 Siehe Raz, *The Morality of Freedom*, Oxford 1986, Kap. 13. Siehe auch ders., »Mixing Values«, *Aristotelian Society. Supplementary Volume* LXV (1991), S. 83-100; ders., *Engaging Reason. On the Theory of Value and Action*, Oxford 2000, Kap. 3 und 8. (A.d.Ü.)

stand, dass dieses Prinzip ein abnehmendes ist, alles, was sie benötigen, um den Egalitarismus zurückzuweisen. Soweit andere abnehmende Prinzipien das Fundament der Moral bilden, lassen sie gleichermaßen keinen Raum für den Egalitarismus. Es fällt schwer, an ein fundamentales Prinzip zu glauben, das nicht den Charakter hat, abnehmend zu sein.

Aus dem Englischen von Lukas H. Meyer und Barbara Reiter

Derek Parfit

Gleichheit und Vorrangigkeit[1]

In dem »Gleichheit« betitelten Kapitel seines Buches *Über das Leben, die Seele und den Tod* stellt sich Thomas Nagel vor, er habe zwei Kinder, von denen eines gesund und glücklich ist und das andere unter einer schmerzhaften Behinderung leidet. Nagel könnte nun mit seiner Familie entweder in eine Stadt umziehen, in der dem zweiten Kind eine spezielle medizinische Behandlung zuteil würde, oder er könnte in eine Vorstadt ziehen, in der sich das erste Kind prächtig entwickeln würde. Nagel schreibt dazu:

> Wie man es auch betrachtet, es handelt sich um keine leichte Entscheidung. Um diesen Fall zu einem Test für den Wert der Gleichheit zu machen, werde ich voraussetzen, daß er sich durch folgendes Merkmal auszeichnet: Die Vorzüge, die ein Umzug in die Vorstadt für das erste Kind mit sich bringen würde, sind wesentlich größer als der Vorteil, der dem zweiten Kind zugute käme, wenn ich in die Stadt ziehen würde.

Und erläutert dann:

> Wenn ich nun beschließen würde, in die Stadt zu ziehen, wäre dies eine egalitäre Entscheidung. Es ist vordringlich, die Situation des zweiten Kindes zu verbessern, und zwar auch dann, wenn der Vorteil für das zweite Kind wesentlich geringer ist als der Vorzug, der dem ersten Kind zuteil werden könnte.[2]

Diese Form von Argumentation möchte ich im Folgenden diskutieren.

1 Dieser Aufsatz ist eine erheblich gekürzte Fassung meiner (42 Seiten langen) Lindley Lecture »Equality or Priority?«, die 1995 von der Universität von Kansas veröffentlicht wurde. In diese Vorlesung sind zahlreiche Anregungen und Anmerkungen eingegangen, für die ich den folgenden Personen danken möchte: Brian Barry, David Brink, John Broome, Jerry Cohen, Robert Goodin, James Griffin, Shelly Kagan, Dennis McKerlie, David Miller, Thomas Nagel, Robert Nozick, Richard Norman, Ingmar Persson, Janet Radcliffe Richards, Joseph Raz, Thomas Scanlon und Larry Temkin.

2 Thomas Nagel, *Über das Leben, die Seele und den Tod*, Königstein/Ts. 1984, S. 139/40. Siehe auch ders., *Eine Abhandlung über Gleichheit und Parteilichkeit und andere Schriften zur politischen Philosophie*, Paderborn 1994.

I.

Die von Nagel zu treffende Entscheidung hängt von der relativen Gewichtung zweier Tatsachen ab: Einem Kind könnte er einen größeren Vorteil verschaffen, aber das andere Kind ist bedürftiger. Es gibt unzählige Fälle dieser Art. Wenn wir uns in diesen Fällen zwischen zwei Handlungen oder Vorgehensweisen entscheiden wollen, spielt der Umstand eine erhebliche Rolle, wie groß die sich aus unserer Entscheidung ergebenden Vorteile wären. Für Utilitaristen ist das alles, was zählt. Ihrer Ansicht nach sollten wir immer die größte Summe an Vorteilen anstreben. Für Egalitaristen indessen kommt es ebenso darauf an, wie gut oder schlecht die Begünstigten am Ende dastünden. So sollten wir uns manchmal zugunsten einer besseren Verteilung für eine kleinere Summe an Vorteilen entscheiden.

Sollten wir auf eine bessere Verteilung abzielen? Wenn ja, wann und wie? Dies sind schwierige Fragen, doch ihr Gegenstand ist in gewisser Hinsicht einfach. Es genügt, verschiedene mögliche Zustände oder Resultate in Betracht zu ziehen, die jeweils denselben Kreis von Personen einschließen. Wir nehmen an, wir wüssten, wie gut oder schlecht diese Personen in den verschiedenen Fällen dastehen werden. Wir fragen uns dann, ob irgendein Resultat besser wäre als die anderen oder ob es das Resultat wäre, das wir herbeiführen sollten.

Manche Autoren weisen diese Fragen zurück. Robert Nozick beispielsweise wendet ein, dass mit ihnen fälschlicherweise das Vorhandensein einer gewissen Verteilungsmasse unterstellt wird. Die meisten Güter, argumentiert Nozick, stehen jedoch nicht zur Verteilung oder Umverteilung zur Verfügung.[3] Es sind Güter, auf die bestimmte Menschen bereits Anrechte oder spezielle Ansprüche haben. Andere erheben entsprechende Forderungen ihrer Verdienste wegen.

Diese Einwände können wir außer Acht lassen. In den von uns ins Auge gefassten Fällen können wir von der Annahme ausgehen, dass niemand es verdient, besser dazustehen als die anderen; noch dass irgendwer spezielle Anrechte auf das besitzt, was in unseren Beispielen zu verteilen ist. Da es *einige* Fälle dieser Art gibt, haben wir Anlass, so vorzugehen. Wenn wir zu Schlussfolgerungen gelan-

3 Robert Nozick, *Anarchie, Staat, Utopia*, München 1979, S. 143.

gen, können wir danach überlegen, wie groß ihr Anwendungsbereich ist. Wie Rawls und andere Autoren meine auch ich, dass im Grunde die meisten Fälle von dieser Art sind.

Um die von mir anvisierten Fragen zu stellen, müssen wir lediglich zwei Voraussetzungen machen. Erstens, manchen Menschen kann es in moralisch relevanter Weise schlechter gehen als anderen. Zweitens, diese Unterschiede können gradueller Natur sein. Zur Darstellung der von mir erdachten Fälle werde ich Zahlen verwenden. Die Entscheidung, vor der Nagel steht, kann beispielsweise folgendermaßen ausgedrückt werden:

	Das erste Kind	Das zweite Kind
In die Stadt ziehen	20	10
In die Vorstadt ziehen	25	9

Solche Zahlen suggerieren eine Genauigkeit, die es nicht gibt. Nicht einmal im Prinzip ließen sich meines Erachtens präzise Abgrenzungen hinsichtlich der Frage vornehmen, wie gut es verschiedenen Menschen geht. Ich beabsichtige mit diesen Zahlen lediglich zu zeigen, dass die Entscheidung zwischen diesen beiden Resultaten sich auf Nagels erstes Kind wesentlich stärker auswirkt und dass gleichwohl in beiden Fällen das zweite Kind sehr viel schlechter dastünde.

Bei meinen Zahlenangaben ist eines wichtig. Jede Einheit stellt einen annähernd gleichen Vorteil dar, wie gut es der Person auch geht, die ihn empfängt. Wenn jemand einen Anstieg von 99 auf 100 zu verbuchen hat, profitiert er im selben Maße wie jemand, dessen Wert von 9 auf 10 steigt. Ohne diese Voraussetzung könnten wir einige unserer Fragen nicht stellen. So könnten wir nicht fragen, ob einem Vorteil ein größeres Gewicht zukäme, wenn er einer bedürftigeren Person zugute käme.

Da jede zusätzliche Einheit einen gleichen Vorteil darstellt, ungeachtet dessen, wie gut es dem Empfänger geht, sollten diese Einheiten nicht als gleich große Mengen von Ressourcen aufgefasst werden. Derselbe Zuwachs an Ressourcen bringt gewöhnlich größere Vorteile für diejenigen mit sich, die schlechter dastehen. Diese Vorteile brauchen freilich nicht in utilitaristischen Begriffen gedeutet zu werden, im Sinne also von mehr Glück oder Wunscherfüllung. Vielmehr mag es sich um eine Verbesserung der Gesundheit, der Lebenserwartung, des Bildungsniveaus oder um eine Ausweitung des persönlichen Handlungsspielraums handeln oder irgendwelche anderen Güter einschließen, die wir für moralisch bedeutsam erachten.[4]

2.

Die meisten von uns glauben an die eine oder andere Form von Gleichheit. Wir halten politische Gleichheit oder Gleichheit vor dem Gesetz für wichtig, oder wir glauben, dass jeder gleiche Rechte hat oder dass den Interessen jedes Einzelnen gleiches Gewicht beigemessen werden sollte. Mit diesen Formen der Gleichheit werde ich mich hier jedoch nicht befassen, obwohl sie von großer Bedeutung sind. Mein Interesse gilt der Variante, bei der Menschen *gleich gut dastehen*. Einer in meinem Sinne egalitaristischen Position geht es um diese Art von Gleichheit.

Einige Egalitaristen meinen, dass es ein besserer Zustand wäre, wenn es den Menschen gleich gut ginge. Wenn wir diese Auffassung vertreten, kann unsere Position als *teleologischer* Egalitarismus bezeichnet werden. Demnach gilt:

Das Gleichheitsprinzip: Es ist an sich schlecht, wenn manche Menschen schlechter dastehen als andere.[5]

Angenommen, die Mitglieder einer Gemeinschaft könnten alle gleich gut oder aber gleich schlecht gestellt sein. Das Gleichheitsprinzip sagt uns nicht, dass letztere Option schlechter wäre. Es ist jedoch offensichtlich, dass sie das wäre. Wir könnten uns daher auf folgendes Prinzip berufen:

Das Nutzenprinzip: Es ist an sich besser, wenn Menschen besser dastehen.

Falls es den Menschen im Durchschnitt besser ginge oder ihnen

4 Für zwei solche erweiterte Konzeptionen von Wohlergehen siehe Amartya Sen, »Capability and Well-Being«, in: *The Quality of Life*, hg. v. Martha Nussbaum und Amartya Sen, Oxford 1993; ders., *Inequality Reexamined*, Oxford 1992, Kapitel 3; sowie Thomas Scanlon, »Value, Desire, and the Quality of Life«, in: Nussbaum und Sen 1993.

5 Wir könnten hinzufügen: »sofern dies nicht auf eigenes Verschulden oder freie Entscheidung zurückgeht«. In einer ausführlicheren Darlegung dieses Prinzips wäre es erforderlich, die relativen Nachteile der verschiedenen Formen von Ungleichheit gegeneinander abzuwägen. An dieser Stelle können wir aber diese Schwierigkeiten außer Acht lassen. Sie werden von Larry Temkin in *Inequality*, New York 1993, eingehend behandelt.

eine größere Summe an Vorteilen zuteil würde, dann können wir – als Kurzformel – sagen, dass sich damit der *Nutzen* erhöht.

Eine ausschließlich auf Gleichheit bedachte Position wäre ein *reiner* Egalitarismus. Utilitaristen kommt es hingegen einzig auf Nutzenmaximierung an. Die meisten von uns vertreten eine *pluralistische* Position, also einen Standpunkt, der sich auf mehr als ein Prinzip oder einen Wert beruft. *Pluralistischen Egalitaristen* zufolge wäre beides ein Gewinn: eine Zunahme an Gleichheit ebenso wie eine Zunahme des Nutzens. Bei der Entscheidung, welches von zwei Ergebnissen vorzuziehen wäre, messen wir diesen beiden Werten Gewicht bei.

Diese Werte können miteinander in Konflikt geraten. Eines von zwei Resultaten ist womöglich in einer Hinsicht schlechter, weil es die Ungleichheit erhöhen würde, in einer anderen Hinsicht jedoch besser, weil es den Nutzen steigern würde. Wir müssen dann entscheiden, welcher dieser beiden Umstände höher zu bewerten wäre. Betrachten wir zum Beispiel die folgenden Fälle:

(1) Jeder liegt bei 150	
(2) Die Hälfte bei 199	Die Hälfte bei 200
(3) Die Hälfte bei 101	Die Hälfte bei 200

Reinen Egalitaristen zufolge ist (1) das beste Ergebnis, da es am wenigsten Ungleichheit mit sich bringt. Für Utilitaristen ist (1) das schlechteste Ergebnis, da es den geringsten Nutzen bedeutet. Nach Auffassung der meisten pluralistischen Egalitaristen wäre (1) weder die beste noch die schlechteste der drei Möglichkeiten. Für sie wäre Variante (1) alles in allem genommen schlechter als (2), weil sie, was den Nutzen anbelangt, *weitaus* schlechter und vom Gesichtspunkt der Gleichheit aus lediglich *etwas* besser wäre. In ähnlicher Weise wäre (1) besser als (3), weil sie weitaus besser in puncto Gleichheit und bloß etwas schlechter hinsichtlich des Nutzens wäre.

In vielen Fällen ist es nicht so einfach, zu sagen, was die pluralistische Sichtweise verlangt. Vergleichen wir

(1) Jeder liegt bei 150
mit

(4) Die Hälfte bei *N*	Die Hälfte bei 200

Bei welchen Werten für *N* würden pluralistische Egalitaristen Zustand (1) für schlechter erachten als (4)? Im Hinblick auf einen gewissen Bereich – etwa den von 120 bis 150 – mag es uns schwer fallen, eine Antwort auf diese Frage zu finden. Und womöglich lässt sie sich gar nicht beantworten. So könnte es sein, dass die jeweilige Bedeutung von Gleichheit und Nutzen nicht einmal im Prinzip genau zu bestimmen ist.

Wir sollten nun zwei Arten von Wert unterscheiden. Mit der Behauptung, dass Gleichheit gut ist, meinen wir vielleicht lediglich, dass sie gute Auswirkungen hat. So kann die Ungleichheit von Menschen zu Konflikten führen oder dem Selbstrespekt derjenigen schaden, denen es am schlechtesten geht, oder sie verleiht einigen Menschen Macht über andere. Wenn wir um solcher Auswirkungen willen an Gleichheit interessiert sind, dann messen wir der Gleichheit einen *instrumentellen* Wert bei, betrachten sie als ein Mittel zum Zweck. Mir geht es hier jedoch um eine andere Vorstellung. Für eine wirklich egalitaristische Position hat Gleichheit einen *intrinsischen* Wert, ist Gleichheit an sich gut.

Diese Unterscheidung ist wichtig. Denn sofern wir davon überzeugt sind, dass Ungleichheit über ihre schlechten Auswirkungen hinaus an sich schlecht ist, werden wir sie für noch schlechter halten. Und wir werden sie auch dann für schlecht erachten, wenn sie keine negativen Auswirkungen nach sich zieht.

Betrachten wir zur Illustration dieser zweiten Überlegung die, wie ich sie nennen werde, *geteilte Welt*. Dabei können wir von der Annahme ausgehen, dass die beiden Hälften der Weltbevölkerung – etwa weil der Atlantik noch nicht überquert wurde – keine Kenntnis voneinander haben. Fassen wir nun zwei mögliche Zustände ins Auge:

(1) Die Hälfte bei 100	Die Hälfte bei 200
(2) Jeder bei 145	

Von diesen beiden Zuständen ist (1) in einer Hinsicht besser als (2), denn in (1) geht es den Menschen im Durchschnitt besser. Man kann aber auch zu der Meinung gelangen, dass Variante (1) alles in allem schlechter ist als (2). Wie lässt sich diese Auffassung erklären?

Teleologische Egalitaristen würden die folgende Erklärung geben: Obgleich es gut ist, dass es den Menschen in Fall (1) im Durchschnitt besser geht, ist es schlecht, dass es einigen von ihnen weniger gut geht als den anderen. Die Schwere dieser Ungleichheit überwiegt moralisch gesehen die zusätzlichen Vorteile.

Zur Begründung einer solchen These können wir uns jedoch nicht auf die nachteiligen Auswirkungen von Ungleichheit berufen. Da ja in unserem Fall die beiden Hälften der Weltbevölkerung keinerlei Verbindung zueinander haben, bleibt diese Ungleichheit ohne Auswirkungen. Um geltend zu machen, dass Zustand (1) aufgrund seiner Ungleichheit schlechter ist als (2), müssen wir behaupten, dass diese Ungleichheit an sich schlecht ist.[6]

3.

Wir können uns nun einer anderen Form von gleichheitsorientierter Position zuwenden. Dem *deontologischen Egalitarismus* zufolge sollten wir zwar bisweilen nach Gleichheit streben, jedoch *nicht*, weil wir dadurch zu einem besseren Ergebnis gelangten. Entsprechend dieser Auffassung ist es nicht an sich schlecht, wenn es einigen Menschen schlechter geht als anderen. Hinter Gleichheit als Ziel steht stets ein anderer moralischer Grund.

Eine solche Position beruft sich in der Regel auf komparative Gerechtigkeitsansprüche. Die Frage, ob Menschen ungerecht behandelt werden, hängt in diesem komparativen Sinne von der Frage ab, ob sie *anders* behandelt werden als andere Menschen. So ist es womöglich unfair, wenn ihnen ihr Anteil bei einer Verteilung von Ressourcen vorenthalten wird. Das Gebot der Fairness mag es verlangen, dass bestimmte Güter, sofern sie einigen zugestanden werden, allen zugestanden werden sollten.

6 In seinem Aufsatz »The Social Basis of Equality«, in: *Ideals of Equality*, hg. von Andrew Mason, Oxford 1998, auf den ich an dieser Stelle nicht angemessen eingehen kann, schreibt Richard Norman: »[Parfit] stellt uns vor die Frage, ob Zustand (1) schlechter ist als Zustand (2). Ich muss gestehen, dass ich keine Ahnung habe, wie sich diese Frage beantworten lässt, und ich denke nicht, dass es sich dabei um ein bloß persönliches Eingeständnis meinerseits handelt. [...] Zu Parfits geteilter Welt möchte ich sagen: Wenn man die Frage in Abstraktion von dem sozialen Kontext behandelt, in dem wir über Gleichheit und Ungleichheit urteilen, ist nicht länger klar, wie sie sich überhaupt beantworten lässt« (S. 39/40). Es ist, darin stimme ich Norman zu, nicht offensichtlich, ob die Ungleichheit in (1) schlecht ist. Aber nicht deshalb, weil wir keine Werturteile über solche Beispiele fällen könnten. Es ist eindeutig, dass (1) besser wäre als

(3) Die Hälfte bei 100 Die Hälfte bei 50, aber schlechter als

(4) Jeder bei 200.

Eine andere Art von Gerechtigkeit ist *nicht-komparativ*. Die Frage, ob Menschen ungerecht behandelt werden, hängt nach diesem Verständnis von Gerechtigkeit einzig von Gegebenheiten ab, die sie selbst betreffen. Dabei ist es unerheblich, ob sie anders als andere behandelt werden. Behandelten wir also niemanden so, wie er es eigentlich verdient, wäre dies im nicht-komparativen Sinne ungerecht. Im komparativen Sinne wäre es aber gerecht, vorausgesetzt wir behandelten alle gleich ungerecht.[7]

Es ist mitunter nicht leicht, diese beiden Arten von Gerechtigkeit zu unterscheiden, und es stellen sich auch schwierige Fragen über ihr Verhältnis zueinander.[8] Ein Aspekt jedoch sollte hier erwähnt werden. Nicht-komparative Gerechtigkeit mag von uns verlangen, Gleichheit herzustellen. Verdienten alle das Gleiche, sollten sie vielleicht auch alle gleich gut gestellt werden. Diese Gleichheit ergäbe sich jedoch lediglich daraus, dass man den Menschen das zukommen ließe, was sie verdienen. Nur komparative Gerechtigkeit erhebt Gleichheit zum Ziel.

Als ich bei der Einführung meiner Beispiele sagte, keine der von mir betrachteten Personen verdiene es, besser dazustehen als die anderen, meinte ich nicht, dass alle das Gleiche verdienten. Vielmehr meinte ich, dass in diesen Fällen Fragen nach dem jeweiligen Verdienst nicht aufkommen. Wir befassen uns hier nur mit komparativer Gerechtigkeit.

Es gilt noch eine weitere wichtige Unterscheidung zu treffen. In manchen Fällen ist Gerechtigkeit *rein prozedural* und verlangt lediglich, dass wir in einer bestimmten Art und Weise vorgehen. Wenn zum Beispiel ein Gut nicht geteilt werden kann, könnten wir gezwungen sein, eine Lotterie durchzuführen, die jedem eine gleiche Chance eröffnet, dieses Gut zu erhalten. In anderen Fällen ist Gerechtigkeit zum Teil *substantiell*. Auch hier mag die Herstellung von Gerechtigkeit eine bestimmte Art von Verfahren erfordern, allerdings ist ein gesondertes Kriterium dafür vorhanden, wie das Ergebnis aussehen sollte. Ein Beispiel wäre etwa die Forderung, Menschen gleiche Anteile zu gewähren.[9]

7 Vgl. Joel Feinberg, »Noncomparative Justice«, in: *Philosophical Review* 83 (1974).

8 Vgl. Philip Montague, »Comparative and Non-comparative Justice«, in: *Philosophical Quarterly* 30 (1980).

9 Es gibt einen dazwischenliegenden Fall. Die Herstellung von Gerechtigkeit verlangt möglicherweise nur deshalb ein bestimmtes Ergebnis, weil dadurch ein Defizit im prozeduralen Vorgehen vermieden wird. Ein solches Defizit ist etwa

Wir sind nun in der Lage, unsere Unterscheidung zwischen den beiden Formen von Egalitarismus anders zu fassen: Der teleologischen Position zufolge ist Ungleichheit schlecht, nach der deontologischen ist sie ungerecht.

Wenn Ungleichheit ungerecht ist, so könnte man einwenden, ist sie aus diesem Grund auch schlecht. Dieser Einwand entwertet jedoch nicht die von uns getroffene Unterscheidung. Denn gemäß der deontologischen Position ist Ungerechtigkeit in einer speziellen Weise schlecht, und zwar in einer, die notwendigerweise ein Vergehen einschließt. Was ungerecht und daher schlecht ist, ist streng genommen nicht der Zustand, sondern die Art und Weise, wie er herbeigeführt wurde.

Es gibt einen Fall, bei dem man den Unterschied zwischen diesen beiden Positionen am besten sieht: nämlich den Fall, in dem sich eine gewisse Ungleichheit nicht vermeiden lässt. Wo man nichts gegen die Ungleichheit tun kann, kann man den deontologischen Egalitaristen zufolge auch keine Ungerechtigkeit begehen. In Rawls' Worten: Wenn eine Situation »unabänderlich ist, [...] stellt sich die Frage nach der Gerechtigkeit nicht«.[10]

Betrachten wir zum Beispiel die Ungleichheiten in unseren natürlichen Begabungen. Manche von uns kommen talentierter oder gesünder auf die Welt als andere oder sind in sonst einer Weise begünstigter. Als deontologische Egalitaristen werden wir eine derartige Ungleichheit nicht für schlecht an sich halten. Womöglich räumen wir ein, dass eine ungleiche Verteilung ungerecht oder un-

Parteilichkeit. Gesetzt den Fall, wir hätten bestimmte, sich in öffentlichem Besitz befindliche Güter zu verteilen. Wenn diese Güter ohne weiteres aufteilbar sind, ist der eine oder andere womöglich zu Recht misstrauisch, wenn wir verschiedenen Personen ungleich große Anteile zuweisen. Günstlingswirtschaft oder ungerechte Diskriminierung könnten im Spiel sein. Wir mögen daher zu der Überzeugung gelangen, dass wir zur Vermeidung solcher Defizite diese Güter gleich verteilen sollten.

Inwiefern unterscheidet sich diese Position von einer, die Gleichheit aus substantiellen Gründen fordert? Ein Unterschied ist folgender: Angenommen, wir haben uns offenkundig um Gleichverteilung bemüht, aber unser Bemühen ist ohne eigenes Verschulden gescheitert. Sofern wir Gleichheit nur anstreben, um den Makel von Parteilichkeit oder Diskriminierung zu vermeiden, würde nichts dafür sprechen, die Folgen zu korrigieren. (Zur Diskussion dieser Fragen siehe Robert Goodin, »Egalitarianism, Fetishistic and Otherwise«, in: *Ethics* 98/1987 sowie Lawrence Sager und Lewis Kornhauser, »Just Lotteries«, in: *Social Science Information* 27 (1988).)

10 John Rawls, *A Theory of Justice*, Cambridge 1971, S. 291 (Anm. d. Übers.: Dieser Absatz ist in der deutschen Ausgabe nicht enthalten).

fair wäre, vorausgesetzt wir *könnten* Talente verteilen. Doch solange eine durch zufällige Kombination unserer Gene hervorgerufene Ungleichheit keine schlechten Auswirkungen hat, werden wir nichts an ihr zu beklagen finden. Viele teleologische Egalitaristen sind da anderer Auffassung. Sie erachten eine solche Ungleichheit, selbst wenn sie unvermeidlich ist, für an sich schlecht.[11]

Diese beiden Positionen unterscheiden sich noch in anderen Aspekten. Beispielsweise verfügt der teleologische Egalitarismus wahrscheinlich über eine größere Reichweite. Wenn wir der Ansicht sind, dass Ungleichheit an sich schlecht ist, können wir von der Frage absehen, wer die Menschen sind, zwischen denen sie besteht. Es scheint dann auch keinen Unterschied zu machen, ob diese Personen derselben oder verschiedenen Gemeinschaften angehören. Wir können es auch für irrelevant erachten, in welcher Hinsicht es einigen Menschen schlechter geht als anderen; ob sie weniger Einkommen oder eine schlechtere Gesundheit haben oder in anderer Weise weniger begünstigt sind. *Jede* Ungleichheit, die unverschuldet und unfreiwillig ist, können wir für schlecht befinden. Es wird drittens ebenso gleichgültig erscheinen, wie eine solche Ungleichheit entstanden ist. Dies ergibt sich schon aus dem Begriff des intrinsischen Schlechtseins. Für die Frage, ob ein Zustand an sich schlecht ist, ist es unerheblich, wie er zustande kam.

Sind wir deontologische Egalitaristen, so weist unsere Position womöglich keines dieser Merkmale auf. Obgleich es viele Spielarten des deontologischen Standpunkts gibt, besteht eine große Fraktion aus Kontraktualisten im weiten Sinne. Solche Auffassungen berufen sich häufig auf die Idee der Gegenseitigkeit oder des gegenseitigen Vorteils. Wenn Güter kooperativ erzeugt werden und niemand besondere Ansprüche geltend machen kann, sollten einigen kontraktualistischen Positionen zufolge alle Mitwirkenden

11 An dieser Stelle gibt es jedoch eine Schwierigkeit. Diejenigen, die diese zweite Auffassung vertreten, meinen nicht bloß, dass eine solche Ungleichheit schlecht ist, sondern sprechen häufig auch von einer natürlichen Ungerechtigkeit. Nach ihrer Auffassung ist es ungerecht oder unfair, dass manche Menschen weniger begabt oder weniger gesund auf die Welt kommen als andere, so wie es auch unfair ist, dass die Natur manchen ergiebigere Ressourcen zuteil werden lässt. Zuweilen wird geltend gemacht, dass die Rede von Unfairness hier keinen Sinn mache. Ich halte sie durchaus für sinnvoll. Doch selbst aus dieser Sicht bleibt unsere Unterscheidung bestehen. Für den teleologischen Egalitarismus ist es der Zustand, der schlecht oder ungerecht ist, wohingegen deontologische Egalitaristen ihr Interesse nur auf das, was wir tun sollten, richten.

gleiche Anteile erhalten. Dabei gelten zwei Einschränkungen. Erstens, geteilt werden lediglich die Erträge der Zusammenarbeit, nichts wird jedoch über andere Güter gesagt, wie etwa jene, die die Natur zur Verfügung stellt. Zweitens, die Verteilung schließt nur diejenigen ein, die diese Güter produzierten. Diejenigen, die keinen Beitrag leisten konnten, wie etwa Behinderte, Kinder oder zukünftige Generationen, haben keinen Anspruch auf diese Güter.[12]

Andere Positionen dieses Typs sind weniger restriktiv. Sie mögen sich auf alle Mitglieder einer Gemeinschaft und alle Sorten von Gütern erstrecken, Außenseiter aber immer noch ausschließen. Es gilt dann als irrelevant, dass es in anderen Gemeinschaften Menschen gibt, denen es weitaus schlechter geht. Wenn eine Ungleichheit zwischen Menschen verschiedener Gemeinschaften besteht, braucht dies solchen Positionen zufolge niemand etwas anzugehen. Da aber die größten Ungleichheiten auf dieser globalen Ebene vorkommen, hat diese Einschränkung eine nicht zu unterschätzende Bedeutung.

Betrachten wir als nächstes die Frage der Verursachung. Die teleologische Position bezieht sich offenbar auf alle Fälle. Ihr zufolge haben wir immer einen Grund, Ungleichheit zu verhindern oder zu verringern, sofern dies in unserer Macht steht. Zwar können wir auch als deontologische Egalitaristen dieser Ansicht sein, allerdings ist dies weniger wahrscheinlich. Da unsere Position von der Güte der Ergebnisse absieht, deckt sie womöglich nur Ungleichheiten ab, die aus Handlungen folgen, oder nur solche, die absichtlich hervorgerufen werden. Und sie legt uns eventuell nahe, uns nur mit Ungleichheiten zu befassen, die wir selbst bewirken. Falls wir für eine Verteilung von Gütern verantwortlich sind, sollten wir nach der deontologischen Auffassung gleich verteilen. Trägt jedoch niemand dafür die Verantwortung, dann ist auch die Ungleichheit der Güterverteilung nicht als ungerecht zu bewerten. In solchen Fällen liegt kein moralisches Fehlverhalten vor, und wir sehen keinen Grund, derartige Ungleichheiten durch eine Umverteilung zu beheben. Auch hier gilt: Die geringere Reichweite dieser Position kann von erheblicher praktischer Bedeutung sein.

12 Siehe zum Beispiel David Gauthier, *Morals by Agreement*, Oxford 1980, S. 18 und 268.

4.

Wenden wir uns nun zwei Einwänden gegen den teleologischen Egalitarismus zu.

Der weitreichendsten Variante dieser Position zufolge ist *jede* Ungleichheit schlecht. So ist es beispielsweise schlecht, dass einige Menschen sehen können und andere blind sind. Wir hätten demnach, moralisch gesehen, einen Grund, denen, die sehen können, eines ihrer Augen zu entnehmen und es den Blinden zu geben. Diese Schlussfolgerung mag entsetzlich erscheinen.

Eine solche Reaktion ist meines Erachtens falsch. Aber wir sollten mit einem vereinfachten Beispiel arbeiten, um einigen irrelevanten Komplikationen zu entgehen. Angenommen, nach einer genetischen Veränderung kommen Kinder fortan als Zwillinge zur Welt, von denen einer immer blind ist. Und nehmen wir einmal an, dass als ein allgemein übliches Verfahren nach jeder Geburt eine Operation durchgeführt wird, bei der ein Auge des gesunden Babys in seinen blinden Zwilling transplantiert wird. Da ja Neugeborene keine Einwilligung zu einer derartigen Operation geben können, würde es sich hierbei um eine nicht-freiwillige Umverteilung handeln. Dennoch neige ich zu der Ansicht, dass ein derartiges Verfahren berechtigt wäre.

Einige würden diese Vorgehensweise ablehnen, weil damit ihrer Überzeugung nach die Rechte des gesunden Babys verletzt werden. Allerdings liefert diese Überzeugung keinen Grund dafür, die teleologische Position zurückzuweisen. Als Pluralisten können teleologische Egalitaristen einräumen, dass es nicht Sache des Staates sein sollte, menschliche Organe umzuverteilen. Da sie Gleichheit nicht als den einzigen Wert ansehen, können sie durchaus zugestehen, dass in diesem Beispiel ein anderes Prinzip größeres Gewicht hat oder vorrangig ist. Sie sind lediglich der Ansicht, dass es *in einer Hinsicht* besser wäre, wenn wir alle mit einem Auge ausgestattet wären, als wenn die Hälfte von uns zwei Augen und die andere Hälfte kein Auge hätte. Diese Ansicht ist weit davon entfernt, entsetzlich zu sein, sie ist vielmehr zweifellos richtig. Denn hätten wir alle ein Auge, wäre dies für all die Menschen bei weitem besser, die andernfalls blind wären.[13]

Ein zweiter Einwand gegen den teleologischen Egalitarismus ist

13 Vgl. Nozick, *Anarchie*, S. 191 (allerdings zielt Nozick hier nicht auf das Gleichheitsprinzip, sondern auf Rawls' Differenzprinzip).

schwerwiegender. Sofern Ungleichheit an sich schlecht ist, muss ihr Verschwinden in einer Hinsicht ein Umschwung zum Besseren sein, ganz gleich, wie dieser Umschwung geschieht. Gesetzt den Fall, bei einer Naturkatastrophe verlieren die Bessergestellten all ihre zusätzlichen Ressourcen und sind fortan in einer genauso schlechten Lage wie die anderen auch. Da dieser Umschwung die Ungleichheit beseitigte, müsste er der teleologischen Position zufolge in einer Hinsicht begrüßenswert sein. Obgleich sie für einige Menschen eine Verschlechterung und für niemanden eine Verbesserung nach sich zöge, müsste diese Katastrophe in einer Hinsicht als ein Umschwung zum Besseren verstanden werden. In analoger Weise wäre es demnach in einer Hinsicht als eine Verbesserung anzusehen, wenn wir die Augen der Sehenden nicht etwa zum Nutzen der Blinden ruinierten, sondern bloß, um die Sehenden blind zu machen. Diese Implikationen können wohl mit größerer Plausibilität als ungeheuerlich oder absurd betrachtet werden. Das Anführen solcher Beispiele können wir als *Einwand der Angleichung nach unten* (»levelling down objection«) bezeichnen.[14]

Wir sollten noch einmal festhalten: Um den Egalitarismus unter Berufung auf diesen Einwand zu kritisieren, reicht es nicht aus, zu behaupten, es wäre *falsch*, Gleichheit durch eine Angleichung nach unten herzustellen. Da sie Pluralisten sind, denen es nicht ausschließlich um die Verwirklichung von Gleichheit geht, können die Egalitaristen dies akzeptieren. Unser Einwand müsste daher lauten: Wenn wir Gleichheit durch eine Angleichung nach unten erlangen, ist *nichts* gut an dem, was wir getan haben. In ähnlicher Weise ist es in keiner Hinsicht eine gute Nachricht, wenn eine Naturkatastrophe alle gleichermaßen ins Elend stürzt. Diese Behauptungen sind mit dem teleologischen Egalitarismus unvereinbar.

Ich werde weiter unten auf den Einwand der Angleichung nach unten zurückkommen. Jetzt möchte ich zunächst hervorheben, dass eine deontologische Position diesem Einwand entgeht. Als deontologische Egalitaristen halten wir Ungleichheit nicht an sich für schlecht und müssen von daher auch nicht zwangsläufig einräumen, dass es unserer Auffassung zufolge in einer Hinsicht besser wäre, wenn Ungleichheit durch eine Angleichung nach unten beseitigt würde. Wir mögen glauben, Ungleichheit sei nur dann und

14 Ein solcher Einwand findet sich beispielsweise bei Joseph Raz, *The Morality of Freedom*, Oxford: Oxford University Press 1986, Kap. 9, deutsch im vorliegenden Band, und bei Larry Temkin, *Inequality*, S. 247/248.

nur deshalb zu beseitigen, *wenn* und *weil* dies den Schlechtergestellten zugute kommt. Oder wir mögen glauben, dass Menschen, die weder durch eigenes Verschulden noch durch eine freie Entscheidung schlechter dastehen als andere, einen besonderen Anspruch darauf haben, auf das Niveau der anderen gehoben zu werden, aber keinen Anspruch darauf, dass man andere auf ihr Niveau herabsetzt.

Angesichts dieser Unterschiede zwischen dem teleologischen und dem deontologischen Standpunkt ist es wichtig, sich zwischen diesen beiden Positionen zu entscheiden, wenn man sich denn überhaupt für eine von beiden entscheidet. Sofern uns der Einwand der Angleichung nach unten beeindruckt, neigen wir womöglich zur deontologischen Position. Ein Abrücken von der teleologischen Position könnte uns jedoch die Rechtfertigung einiger unserer Überzeugungen erschweren. Denn wenn Ungleichheit nicht an sich schlecht ist, mag es uns schwerer fallen, für die Auffassung zu argumentieren, dass wir in vielen Fällen Ressourcen umverteilen sollten. Und wir müssen unter Umständen einige unserer Überzeugungen aufgeben. Betrachten wir erneut die geteilte Welt mit den folgenden zwei Möglichkeiten:

(1) Die Hälfte bei 100	Die Hälfte bei 200
(2) Jeder bei 145	

In Zustand (1) besteht Ungleichheit. Da aber die beiden Gruppen keine Kenntnis von der Existenz der jeweils anderen haben, wurde diese Ungleichheit nicht absichtlich hervorgerufen oder aufrechterhalten. Und weil diese Ungleichheit mit keinerlei Vergehen verbunden ist, liegt keine Ungerechtigkeit vor. Der deontologischen Position zufolge gibt es darüber hinaus nichts zu sagen. Wenn wir der Auffassung sind, dass (1) schlechter ist als (2), und zwar aufgrund der Ungleichheit, dann müssen wir die teleologische Deutung des Egalitarismus akzeptieren. Wir müssen geltend machen, dass die Ungleichheit in Fall (1) an sich schlecht ist.

Wir können allerdings auch eine andere Erklärung geben. Statt für Gleichheit einzutreten, könnten wir unser Interesse vorwiegend auf jene Menschen richten, denen es schlechter geht. Hierin könnte unser Grund liegen, Situation (2) vorzuziehen.

Wenden wir uns nun dieser Alternative zu.

5.

Im Verlauf der Diskussion seines erdachten Falls schreibt Nagel:

> Wenn ich nun beschließen würde, in die Stadt zu ziehen, wäre dies eine egalitäre Entscheidung. Es ist vordringlich, die Situation des zweiten Kindes zu verbessern [...]. Diese Dringlichkeit ist aber nicht zwangsläufig ausschlaggebend. Andere Überlegungen können sich als gewichtiger erweisen, denn Gleichheit ist nicht der einzige Wert, den es zu berücksichtigen gilt. Sie ist aber ein Faktor, dessen Wichtigkeit von der Bedenklichkeit der Situation des zweiten Kindes abhängt. Eine Verbesserung seiner Situation ist wichtiger als eine gleiche oder sogar etwas weitergehende Verbesserung der Situation des ersten Kindes.[15]

Wohl bezieht sich dieser Abschnitt auf die Vorstellung, dass Gleichheit einen Wert hat. Eine andere Vorstellung tritt indes in den Vordergrund. Es ist nach Nagels Auffassung wichtiger, dem bedürftigeren Kind zu helfen. Diese Überlegung kann uns zu einem gänzlich anderen Standpunkt führen.

Betrachten wir zunächst jene Menschen, denen es sehr schlecht geht, die also unter etwas leiden oder deren Grundbedürfnisse nicht befriedigt sind. Allgemein wird die Ansicht vertreten, dass wir der Unterstützung solcher Menschen Vorrang einräumen sollten. Dies würden selbst Utilitaristen behaupten, da es aller Voraussicht nach leichter ist, Menschen in Not zu helfen.

Nagel und andere Autoren stellen jedoch eine stärkere These auf. Ihrer Ansicht nach ist es dringlicher, notleidenden Menschen zu helfen, auch wenn dies *schwieriger* ist. Während Utilitaristen also der Meinung sind, dass wir diesen Menschen Vorrang einräumen sollten, sofern und weil wir ihnen *mehr* helfen können, verlangt die stärkere These, dass wir ihnen Vorrang einräumen sollten, selbst wenn wir ihnen *weniger* helfen können.

Mitunter findet diese Auffassung lediglich auf die beiden Gruppen der Wohlhabenden und der Notleidenden Anwendung.[16] Ich werde hingegen eine weiter reichende Position ins Auge fassen, die für alle Menschen gilt. Diese Position nenne ich

> *Vorrangposition* (»priority view«): Je schlechter es Menschen geht, umso wichtiger ist es, sie zu unterstützen.

15 Nagel, *Über das Leben*, S. 140.

16 Vgl. Harry Frankfurt, *The Importance of What We Care About*, Cambridge 1988, Kap. 11, sowie Joseph Raz, *The Morality of Freedom*, Kap. 9.

Für Utilitaristen hängt die moralische Bedeutung einer jeden Zuwendung lediglich davon ab, wie groß der aus dieser Zuwendung erwachsende Nutzen wäre. Der Vorrangposition zufolge kommt es ebenso darauf an, wie gut oder schlecht es der Person geht, der diese Unterstützung zuteil wird. Wir sollten nicht den gleichen Vorteilen gleiches Gewicht beimessen, unabhängig davon, wem sie zugute kommen. Vorteile für die Schlechtergestellten sollten stärker gewichtet werden.[17] Diese Vorrangigkeit ist jedoch nicht absolut zu setzen. Entsprechend der Vorrangposition könnten die Vorteile für die Bedürftigeren moralisch weniger ins Gewicht fallen als hinreichend große Vorteile für die Bessergestellten. Die Frage, was hinreichend wäre, wird sich wohl nicht immer präzise beantworten lassen. Dennoch gibt es viele Fälle, bei denen die Antwort eindeutig ausfiele.[18]

Nach der Vorrangposition ist es, wie gesagt, wichtiger, jenen zu helfen, denen es schlechter geht. Diese These allein konstituiert noch keine spezifische Position, da alle Egalitaristen sie aufstellen würden. Falls wir der Auffassung sind, dass wir nach Gleichheit streben sollten, werden wir es für wichtiger erachten, den Schlechtergestellten zu helfen, denn eine solche Unterstützung trägt zur Verringerung von Ungleichheit bei. Wenn *dies* der Grund ist, warum wir solchen Unterstützungen Vorrang einräumen, dann vertreten wir nicht die Vorrangposition. Denn als Anhänger der Vorrangposition geht es uns gemäß der von mir hier vorgelegten Definition gar *nicht* um Gleichheit. Wir halten es nicht für an sich schlecht oder ungerecht, dass einige Menschen schlechter dastehen als andere. Das ist es, was die Vorrangposition zu einer spezifischen Position macht.

Die Vorrangposition lässt sich leicht missverstehen. Nach der Vorrangposition gilt, dass, wenn es mir schlechter geht als anderen,

17 Eine solche Position wurde von mehreren Autoren vorgeschlagen. Siehe zum Beispiel Thomas Scanlon, »Nozick on Rights, Liberty, and Property«, in: *Philosophy & Public Affairs* 6 (1976), S. 6-10; Joseph Raz, *The Morality of Freedom*, Kap. 9; Harry Frankfurt, »Equality as a Moral Ideal«, in: *The Importance*; David Wiggins, »Claims of Need«, in: ders., *Needs, Values, Truth*, Oxford 1987; Dennis McKerlie, »Egalitarianism«, in: *Dialogue* 23 (1984), und »Equality and Priority«, in: *Utilitas* (6) 1994.

18 Wie bei dem Eintreten für Gleichheit kann die Vorrangposition sowohl eine teleologische als auch eine deontologische Form annehmen. Sie kann eine Auffassung darüber sein, welches Ergebnis besser wäre, oder eine, die bloß von dem handelt, was wir tun sollen. Im vorliegenden Zusammenhang jedoch spielt diese Unterscheidung keine Rolle.

Vorteile für mich von größerer Bedeutung sind. Liegt dies aber daran, *weil* ich schlechter dastehe als andere? In einem gewissen Sinne ist diese Frage mit Ja zu beantworten. Dies hat jedoch nichts mit meinem Verhältnis zu anderen zu tun.

Folgende Analogie mag uns helfen, dies zu verdeutlichen. In großer Höhe fällt Menschen das Atmen schwerer. Ist dies so, weil sie sich an einem höher gelegenen Ort befinden als andere? In einem gewissen Sinne ja. Allerdings würde ihnen das Atmen genauso schwer fallen, wenn es weiter unten keine anderen Menschen gäbe. Ebenso zählen bei der Vorrangposition Vorteile für die Schlechtergestellten bloß deshalb mehr, weil sich diese Menschen auf einem *absolut* niedrigeren Niveau befinden. Dabei ist es unerheblich, ob sie schlechter dastehen *als andere*. Eine ihnen zugute kommende Unterstützung wäre von derselben Wichtigkeit, auch wenn es keine anderen *gäbe*, denen es besser geht.

Der Hauptunterschied ist demnach folgender: Dem Egalitarismus geht es um *Relationen*, darum, auf welchem Niveau im Vergleich zu anderen sich eine jede Person befindet. Der Vorrangposition kommt es nur darauf an, auf welchem absoluten Niveau sich Menschen befinden. Dies ist ein struktureller Unterschied von grundlegender Bedeutung. Aufgrund dieses Unterschieds ergeben sich auch aus den beiden Positionen unterschiedliche Konsequenzen.

Dies ist zum Beispiel der Fall hinsichtlich der Reichweite. Teleologische Egalitaristen können, wie bereits erwähnt, ihrer Position eine große Reichweite verleihen. So sind sie unter Umständen der Auffassung, dass Ungleichheit schlecht ist, selbst wenn sie zwischen Menschen besteht, die keinerlei Verbindung zueinander haben. Dies mag etwas fragwürdig erscheinen. Warum sollte es eine Rolle spielen, ob in einem weit entfernten Land und ohne dass ich davon wüsste, Menschen leben, die es besser haben als ich?

Für die Vorrangposition besteht kein Anlass zu solchen Zweifeln. Ihre Reichweite ist offenbar universeller Natur. Wenn es wichtiger ist, einer von zwei Personen zu helfen, weil es dieser Person schlechter geht, ist es irrelevant, ob beide derselben Gemeinschaft angehören oder überhaupt Kenntnis voneinander haben. Die größere Dringlichkeit, diese Person zu unterstützen, hängt nicht von ihrem Verhältnis zu anderen Personen ab, sondern bloß von ihrem absolut niedrigeren Niveau.

Diese Positionen weisen noch weitere Differenzen auf, die zu diskutieren mir hier der Platz fehlt. Aber ich habe den Fall dargelegt, bei dem sie einander am stärksten widersprechen. Es handelt sich um den Fall, bei dem der Einwand der Angleichung nach unten aufkommt. Egalitaristen sind mit diesem Einwand konfrontiert, da nach ihrer Auffassung Ungleichheit an sich schlecht ist. Mit der Vorrangposition lässt sich dieser Einwand vermeiden. Ihr zufolge spielt Ungleichheit nur dann eine Rolle, wenn sie sich nachteilig auf Menschen auswirkt.

6.

Obwohl Gleichheit und Vorrangigkeit zwei unterschiedliche Konzeptionen sind, hat man diese Unterscheidung häufig übersehen.

Ein Grund dafür ist, dass Egalitaristen besonders in früheren Jahrhunderten oft Schlachten austrugen, bei denen der Unterschied zwischen diesen beiden Konzepten nicht zu Tage trat. Sie forderten rechtliche und politische Gleichheit oder griffen willkürliche Privilegien oder Statusunterschiede an. Auf solcherlei Güter bezieht sich unsere Unterscheidung nicht. Bei diesen Gütern ist aber die Forderung nach Gleichheit am plausibelsten.

Zweitens, wenn Egalitaristen andere Güter ins Auge fassten, gingen sie häufig davon aus, dass sich mit dem Erlangen von Gleichheit die Summe dieser Güter entweder erhöhen oder sich zumindest nicht verringern würde. In beiden Fällen können Gleichheit und Vorrangigkeit nicht in Konflikt zueinander geraten.

Drittens, selbst wenn ein Schritt hin zur Verwirklichung von Gleichheit die Gesamtsumme der Vorteile verkleinern würde, gingen Egalitaristen zumeist davon aus, dass ein solcher Schritt wenigstens *einige* Vorteile für die Unterprivilegierten mit sich brächte. Auch in derartigen Fällen können diese beiden Konzepte in keinen tiefgreifenden Konflikt zueinander geraten. Egalitaristen haben jedoch solchen Fällen keine Beachtung geschenkt, in denen Gleichheit nur durch eine Angleichung nach unten erreicht werden könnte.

Da die Unterscheidung zwischen Gleichheit und Vorrangigkeit übersehen wurde, haben manche Autoren Thesen zu Gleichheit vertreten, die nicht wirklich von Gleichheit handeln und die man besser mit dem Begriff der Vorrangigkeit erläutert hätte. Nagel zum Beispiel schreibt:

Um Gleichheit als ein Gut an sich zu rechtfertigen, müsste man argumentieren, dass Verbesserungen für die Gruppe der Menschen, denen es verhältnismäßig schlechter geht, Vorrang gebührt vor größeren Verbesserungen für diejenigen, denen es verhältnismäßig besser geht.[19]

In dem Beispiel, mit dem wir begannen, machte Nagel in ähnlicher Weise geltend, dass es »vordringlicher« wäre, die Situation des behinderten Kindes zu verbessern. Nagel fährt dann fort:

Diese Dringlichkeit ist aber nicht zwangsläufig ausschlaggebend. Andere Überlegungen könnten sich als gewichtiger erweisen, denn Gleichheit ist nicht der einzige Wert, den es zu berücksichtigen gilt.[20]

Diese Bemerkungen lassen darauf schließen, dass Nagel auf die Frage »Warum ist es vordringlicher, die Situation dieses Kindes zu verbessern?« antworten würde: »Weil sich damit die Ungleichheit zwischen diesen beiden Kindern verringerte.« Ich habe jedoch meine Zweifel, ob dies wirklich Nagels Auffassung ist. Wäre es nicht ebenso dringlich, dem behinderten Kind zu helfen, selbst wenn es kein Geschwisterchen hätte, das besser dran ist? Ich vermute, dass dies nach Nagels Ansicht der Fall wäre. Nagel würde sich damit, obgleich er sich in der Sprache der Gleichheit bewegt, in Wirklichkeit auf die Vorrangposition berufen.[21]

Betrachten wir als nächstes die Idee einer Verteilung nach Bedürftigkeit. Bei dieser Idee, so argumentieren mehrere Autoren, geht es um die Herstellung von Gleichheit. Demgemäß schreibt Raphael:

Wenn einem Menschen mit größeren Bedürfnissen mehr gegeben wird als jemandem, der geringere Bedürfnisse hat, besteht das beabsichtigte Resultat darin, dass jeder von ihnen denselben Grad an Bedürfnisbefriedigung erreichen (oder sich ihm zumindest annähern) sollte; die natürliche Ungleichheit wird somit korrigiert.[22]

Ähnliches formuliert Norman, wenn er die Gewährung zusätzlicher Ressourcen für Kranke oder Behinderte diskutiert:

19 *Reading Nozick: Essays on Anarchy, State, and Utopia*, hg. v. Jeffrey Paul, Oxford 1981, S. 203.

20 Nagel, *Über das Leben*, S. 140.

21 Ähnliche Bemerkungen gelten für Abschnitt 117 meines Buches *Reasons and Persons*, Oxford 1984. Für eine spätere Behandlung der Entscheidung zwischen diesen beiden Positionen siehe Nagels Buch *Gleichheit und Parteilichkeit*, Kap. 7 und 8.

22 D. D. Raphael, *Justice and Liberty*, London 1980, S. 10, vgl. auch S. 49.

Die zugrunde liegende Idee ist die der Gleichheit. Ziel ist es, dass jeder Einzelne so weit wie möglich ein gleichermaßen lohnenswertes Leben führen sollte.[23]

Wie zuvor schon, so gilt auch hier: Wäre dies das Ziel, könnte es ebenso gut durch die Angleichung nach unten herbeigeführt werden. Das kann Norman nicht im Sinn haben. Er könnte diese Implikation vermeiden, indem er den Ausdruck »gleichermaßen« wegließe, sodass seine These folgendermaßen lautete: »Ziel ist es, dass jeder Einzelne so weit wie möglich ein lohnenswertes Leben führen sollte.« Nach dieser Korrektur könnte Norman allerdings nicht mehr Gleichheit als zugrunde liegende Idee angeben. Doch das würde seine Position meines Erachtens stärken. Eine bedürftigkeitsorientierte Verteilung lässt sich besser als eine Form von Vorrangposition auffassen.[24]

Was diese Autoren mit Bezug auf Bedürftigkeit behaupten, haben andere für alle möglichen Verteilungsprinzipien geltend gemacht. So schreibt beispielsweise Ake:

Gerechtigkeit in einer Gesellschaft als ganzer sollte als vollkommene Gleichheit aller Gesellschaftsmitglieder in ihrem Gesamtniveau an Vorteilen und Lasten verstanden werden.

Die verschiedenen Prinzipien der Verteilungsgerechtigkeit können nach Akes Einschätzung so gedeutet werden, dass ihr Ziel darin besteht, »in größtmöglichem Ausmaß eine Situation völliger Gleichheit herzustellen«.[25] Manche Autoren stellen solche Thesen sogar hinsichtlich der ausgleichenden Gerechtigkeit auf. Sie argumentieren, dass sich Kriminelle durch die von ihnen begangenen Verbrechen selbst besser stellen als diejenigen, die sich ans Gesetz halten. Der Zweck der Bestrafung liege darin, sie wieder auf ihr vorhergehendes Niveau zurückzubringen.

Diese Autoren veranschlagen meines Erachtens zu viel unter Gleichheit. Dennoch gibt es einige plausible Positionen, die zu Recht in gleichheitsorientierten Begriffen formuliert werden. Cohen zum Beispiel schlägt vor, dass »die richtige Lesart des Egalitarismus« diejenige sei, nach der »sein Ziel in der Abschaffung nicht

23 Richard Norman, *Free and Equal*, Oxford 1987, S. 80.

24 Siehe indes die ausgezeichnete Behandlung dieser Frage bei David Miller, »Social Justice and the Principle of Need«, in: *The Frontiers of Political Theory*, hg. v. Michael Freeman und David Robertson, Brighton 1980.

25 Christopher Ake, »Justice as Equality«, in: *Philosophy & Public Affairs* 5 (1975), S. 71 und 77.

freiwillig in Kauf genommener Nachteile besteht«.[26] Mit diesen Nachteilen meint er *komparative* Nachteile: schlechter gestellt zu sein als andere. Dies ist eine im Kern relationale Vorstellung. Nur durch die Herstellung von Gleichheit können solche Nachteile beseitigt werden. Cohens Position ließe sich nicht in Begriffen des Vorrangs reformulieren. Ähnliche Annahmen liegen der Position von Rawls zugrunde, die ich aufgrund ihrer Komplexität hier jedoch außer Acht lasse.

Einige Egalitaristen zeigen sich wenig beeindruckt von dem Einwand der Angleichung nach unten. Ake etwa schreibt:

> Wie steht es um den Fall eines Menschen, dessen Lebensumstände sich plötzlich verbessern, vielleicht gänzlich aufgrund eigener Anstrengungen? Sollten dieser Person zusätzliche Lasten [...] zur Wiederherstellung von Gleichheit und zur Garantie von Gerechtigkeit auferlegt werden? [...] Warum wäre es nicht gerecht, dieser Person eine zusätzliche Last, welcher Art auch immer, aufzuerlegen, um Gleichheit wiederherzustellen? Die Antwort lautet: Genau genommen wäre es gerecht. [...][27]

Ake gibt zu, dass es nach seiner Auffassung gerecht *wäre*, eine Angleichung nach unten vorzunehmen, und zwar indem man der betreffenden Person zusätzliche Lasten aufbürdet. Er räumt lediglich ein, dass man sich in diesem Falle wohl über die Forderung nach Gerechtigkeit hinwegsetzen würde. Eine Angleichung nach unten wäre nur in einer Hinsicht gut oder etwas, zu dem wir moralisch berechtigt wären. Ähnlich Temkin:

> Ich zum Beispiel halte Ungleichheit für schlecht. Aber meine ich *wirklich*, dass in irgendeiner Hinsicht eine Welt, in der nur einige blind sind, schlechter ist als eine, in der es alle sind? Ja. Bedeutet das, dass es nach meiner Auffassung besser wäre, wenn wir alle blind machten? Nein. Denn es kommt nicht allein auf Gleichheit an.[28]

Zahlreiche andere Autoren stellen vergleichbare Thesen auf.[29]

26 G. A. Cohen, »On the Currency of Egalitarian Justice«, in: *Ethics* 99 (1989).
27 Christopher Ake, »Justice as Equality«, S. 73.
28 Larry Temkin, *Inequality*, S. 282.
29 Siehe zum Beispiel Amartya Sen, *Inequality Reexamined*, Oxford 1992, S. 92-93.

7.

Da sich einige Theoretiker offensichtlich vom Einwand der Angleichung nach unten nicht beeindrucken lassen, sollten wir uns diesem Einwand nun erneut zuwenden. Betrachten wir die folgenden Alternativen:

(1) Jeder auf demselben Niveau	
(2) Einige auf diesem Niveau	Andere sind besser gestellt

In Zustand (1) steht jeder gleich gut da. In Zustand (2) geht es einigen besser als anderen, jedoch ist niemand schlechter gestellt als in (1). Für teleologische Egalitaristen ist die Ungleichheit in Fall (2) an sich schlecht. Könnte dies Möglichkeit (2) alles in allem zu einem schlechteren Zustand machen als (1)?

Einige Egalitaristen beantworten diese Frage mit Ja. Sie glauben nicht, dass die Vermeidung von Ungleichheit immer an erster Stelle steht. Aber sie sehen Ungleichheit als ein großes Unheil an. Ihrer Auffassung nach *kann* ein Schritt hin zu Ungleichheit einen Zustand schlechter machen, selbst wenn dieser Zustand für jedermann besser wäre. Die Verfechter dieser Position können wir *starke Egalitaristen* nennen.

Manche Egalitaristen vertreten eine andere Auffassung. Weil sie Ungleichheit für schlecht halten, stimmen sie zu, dass Zustand (2) *in einer Hinsicht* schlechter ist als Zustand (1). Doch glauben sie nicht, dass (2) alles in allem schlechter ist. Bei einem Wechsel von (1) zu (2) würde sich die Situation einiger Menschen verbessern. Für solche Egalitaristen würde der Verlust an Gleichheit durch die Vorteile für diese Menschen moralisch aufgewogen. (2) wäre, wenn man alles berücksichtigt, besser als (1). Die Vertreter dieser Position können wir als *moderat* bezeichnen.

Diese Variante des Egalitarismus wird häufig nicht beachtet oder zurückgewiesen. Man geht allgemein von der Annahme aus, dass wir uns als Egalitaristen in jedem Fall gegen einen Schritt hin zu Ungleichheit aussprechen müssen, selbst wenn damit für niemanden eine Verschlechterung seiner Situation verbunden wäre. Wenn eine solche Ungleichheit aus unserer Sicht durch zusätzliche Vorteile wieder aufgewogen wird, so unterstellt man, unsere Position sei trivial.[30]

30 Siehe beispielsweise Antony Flew, *The Politics of Procrustes*, Buffalo, New York

Dies ist freilich ein Irrtum. Falls sich die Ungleichheit in einer Weise erhöhte, die für niemanden eine Verschlechterung mit sich brächte, muss diese Ungleichheit von Vorteilen für bestimmte Menschen herrühren. Und es kann sich um keinen *erheblichen* Verlust an Gleichheit handeln, solange nicht auch die Vorteile erheblich sind. Da sich Gewinne und Verluste in etwa die Waage halten werden, bleibt den moderaten Egalitaristen ausreichend Spielraum für einen ernst zu nehmenden Standpunkt. Sie sind der Auffassung, dass in allen derartigen Fällen die Nutzensteigerung den Verlust an Gleichheit aufwöge. Das ist durchaus mit der Feststellung zu vereinbaren, dass dies in vielen anderen Situationen nicht der Fall wäre. Moderate Egalitaristen können geltend machen, dass *gewisse* Nutzensteigerungen, selbst wenn sie *erheblich* sind, gewisse Verluste an Gleichheit *nicht* wettmachen könnten. Betrachten wir beispielsweise die folgenden Alternativen:

(1) Alle bei 100	
(4) Die Hälfte bei 100	Die Hälfte bei 200
(5) Die Hälfte bei 70	Die Hälfte bei 200

Die moderaten Egalitaristen meinen, dass Zustand (4) im Vergleich zu (1) besser ist. Sie sind aber möglicherweise der Auffassung, dass (5) schlechter ist als (1). Da (5) mit einer wesentlich größeren Summe an Vorteilen verbunden ist, handelt es sich um keine triviale Behauptung.

Kehren wir nun zum Einwand der Angleichung nach unten zurück. Starke Egalitaristen sind der Ansicht, dass in einigen Fällen ein Schritt in Richtung Ungleichheit, auch wenn er für niemanden Nachteile bringt, zu einem schlechteren Resultat führen würde.[31] Diese Sichtweise mag absurd erscheinen. Eines von zwei Resulta-

1981, S. 26, sowie McKerlie, »Egalitarianism«, S. 232. Siehe auch Nozick, *Anarchie*, S. 194/5.

31 Ich setze an dieser Stelle voraus, dass Ungleichheit nicht an sich schlecht für Menschen ist. Es ist für mich nicht von Nachteil, wenn es, ohne dass ich davon weiß und ohne dass ich davon beeinträchtigt werde, andere Menschen gibt, die besser dastehen als ich. Diese Voraussetzung wird implizit nicht nur von hedonistischen Theorien des Wohlergehens gemacht, sondern auch von den plausiblen Varianten sowohl der Wunscherfüllungs-Theorien als auch jener Theorien, die sich auf die von Scanlon so genannten *substantiellen Güter* berufen. Für eine entgegengesetzte Auffassung, die allerdings einer weiteren Diskussion bedürfte, siehe John Broome, *Weighing Goods*, Oxford 1991, Kap. 9.

ten *kann nicht* schlechter sein, so könnten wir einwenden, wenn es für niemanden eine Verschlechterung darstellte. Um den starken Egalitarismus infrage zu stellen, würde die Verteidigung dieser Behauptung genügen. Gegenüber dem moderaten Egalitarismus müssten wir die stärkere These vertreten, dass eine Ungleichheit in keinerlei Hinsicht schlecht ist, wenn sie für niemanden mit einer Verschlechterung seiner Lage verbunden ist.

Viele von uns neigen zu dieser stärkeren These. Es wird allgemein angenommen, dass etwas nicht schlecht sein kann, wenn niemand davon beeinträchtigt wird. Dies können wir die *personenbezogene Position* (»person-affecting view«) nennen.

Diese Position könnte unter Berufung auf das Wesen der Moral oder des moralischen Argumentierens gerechtfertigt werden. Um beispielsweise den personenunabhängigen Sinn, in dem eines von zwei Ergebnissen schlicht und einfach *schlechter* sein kann, zu erklären, müssen wir einigen Autoren zufolge auf Aussagen darüber, was schlechter *für* bestimmte Menschen wäre, zurückgreifen. Die personenbezogene Position lässt sich auch durch verschiedene Formen des Kontraktualismus stützen.[32]

Egalitaristen könnten in Reaktion darauf für eine andere metaethische Position eintreten. Oder sie könnten argumentieren, dass die personenbezogene Position, in Hinblick auf bestimmte andere Fragen, unhaltbare Implikationen aufweist, weil sie zu manchen unserer Überzeugungen in einem zu deutlichen Widerspruch steht.[33] Da mir der Platz fehlt, um diese Fragen hier zu diskutieren, werde ich lediglich eine Meinung zum Ausdruck bringen: Die personenbezogene Position ist von geringerer Plausibilität als der Einwand der Angleichung nach unten und kann daher nicht zu seiner Stärkung herangezogen werden.

32 Wie etwa die von Thomas Scanlon vorgebrachte Auffassung in »Contractualism and Utilitarianism«, in: *Utilitarianism and Beyond*, hg. v. Amartya Sen und Bernard Williams, Cambridge 1982.

33 Siehe dazu Larry Temkin, *Inequality*, Kap. 9. Ein anderer Einwand gegen die personenbezogene Position rührt von dem her, was ich in meinem Buch *Reasons and Persons*, Kap. 9, das *Non-Identity Problem* nannte.

8.

Ich werde nun die von mir vorgebrachten Thesen zusammenfassen. Den teleologischen Egalitaristen zufolge ist es an sich schlecht oder unfair, wenn einige Menschen schlechter dastehen als andere, ohne dass sie dies selbst verschuldet oder sich frei dafür entschieden hätten. Obgleich diese Position weit verbreitet ist und sehr überzeugend erscheinen kann, ist sie dem Einwand der Angleichung nach unten ausgesetzt. Dieser Einwand scheint mir zwar große Durchschlagskraft zu haben, ist jedoch meines Erachtens nicht entscheidend.

Angenommen, wir neigen zunächst dem teleologischen Egalitarismus zu, lassen uns aber von diesem Einwand überzeugen. Wir können nicht glauben, dass die Beseitigung von Ungleichheit in irgendeiner Weise gut wäre, wenn diese Veränderung für einige Menschen eine Verschlechterung und für niemanden eine Verbesserung bedeutete. Falls wir etwas von unserer Position bewahren wollen, haben wir zwei Möglichkeiten.

Wir könnten deontologische Egalitaristen werden. So gelangen wir womöglich zu der Auffassung, dass wir zwar zuweilen nach Gleichheit streben sollten, jedoch nicht, weil wir dadurch das Resultat verbessern würden. Wir müssen daher eine andere Erklärung und Rechtfertigung unserer Ansichten finden. Und die sich daraus ergebende Position mag eine begrenztere Reichweite haben. Zum Beispiel könnte sie nur auf bestimmte Güter Anwendung finden, wie etwa solche, die kooperativ erzeugt werden oder sich lediglich auf Ungleichheiten unter den Mitgliedern ein und derselben Gemeinschaft beziehen.

Möglicherweise müssen wir auch einige unserer Überzeugungen aufgeben. Wenden wir uns noch einmal der geteilten Welt zu:

(1) Die Hälfte bei 100	Die Hälfte bei 200
(2) Jeder bei 145	

Im Sinne der deontologischen Position können wir nicht behaupten, dass ein Wechsel von (1) zu (2) eine Verbesserung darstellte. Denn diese Position bezieht sich nur auf die Frage, was man tun sollte, und stellt keine Vergleiche zwischen Zuständen an.

Die Alternative ist, zur Vorrangposition überzuwechseln. Mit ihr könnten wir unsere Überzeugung bezüglich der geteilten Welt bewahren. Es ist richtig, dass bei einem Wechsel von (1) zu (2) die Bessergestellten mehr verlören, als die Schlechtergestellten gewinnen würden. Deshalb ist aus der Sicht des Utilitarismus (2) schlechter als (1). Auf der Grundlage der Vorrangposition jedoch fallen die Gewinne für die minder Privilegierten stärker ins Gewicht, obwohl die Privilegierteren mehr verlören. Vorteile für diejenigen, denen es schlechter geht, tragen in stärkerem Maße dazu bei, das Ergebnis zu verbessern. Dies könnte der Grund sein, weshalb (1) schlechter als (2) ist.

Zwischen den von mir diskutierten Positionen gibt es viele Überschneidungen. Jedoch handelt es sich, wie ich mich zu zeigen bemühte, um durchaus unterschiedliche Positionen. Sie können unterschiedliche Überzeugungen und politische Leitlinien untermauern, und sie können in unterschiedlicher Weise in Frage gestellt und gerechtfertigt werden. Auch wenn dies zuweilen ein trockenes Geschäft ist, bedarf es einer Taxonomie der Positionen. Denn solange uns die Alternativen nicht deutlich vor Augen liegen, können wir kaum hoffen herauszufinden, welche Position die richtige oder die beste ist.

Aus dem Amerikanischen von Christina Meier

Avishai Margalit
Menschenwürdige Gleichheit*

Einleitung

Eine anständige Gesellschaft ist eine Gesellschaft, die nicht demütigt. Genauer gesagt ist eine Gesellschaft dann anständig, wenn ihre Institutionen die Menschen, die von ihnen abhängig sind, nicht demütigen. Das behaupte ich zumindest in meinem Buch *Politik der Würde*.[1]

In den folgenden Abschnitten untersuche ich den Zusammenhang zwischen einer nicht-demütigenden Gesellschaft und dem Wert von Gleichheit. Diese Untersuchung erfüllt einen doppelten Zweck. Zunächst soll sie klären, in welchem Ausmaß die anständige Gesellschaft egalitär sein muss. Danach möchte ich, wenn auch nur kurz, das Verhältnis zwischen der anständigen und der gerechten Gesellschaft verdeutlichen.

Es gibt zwei grundlegende Fragen zu Gleichheit: »Warum Gleichheit?« und »Gleichheit worin?«.[2] Die Warum-Frage fragt nach unserer Begründung für die zentrale Bedeutung, die dieser Wert in unserem Leben einnimmt.

Die Frage »Warum Gleichheit?« ist gleichbedeutend mit der Frage »Warum ist Gleichheit gut?«. Manche Menschen halten es vielleicht gar nicht für notwendig, Gleichheit zu begründen. Für sie ist die Frage, warum Gleichheit gut ist, gleichbedeutend mit der Frage, warum das Gute gut ist. Die Frage, warum Gleichheit gut ist, ist jedoch weder trivial noch offenkundig. Kant zum Beispiel dachte, dass viele der Übel, die uns heimsuchen, von Ungleichheit herrühren. Er dachte allerdings auch, dass alles Gute in unserem Leben von Ungleichheit herrührt.[3] Diese Frage ist tatsächlich so schwierig, dass es vielleicht besser ist, die entgegengesetzte Frage, was an der Ungleichheit schlecht ist, zu betrachten. Denn diese Frage ist eindeutiger.

* Ich danke Edna Ullmann-Margalit und Naomi Goldblum für ihre große Hilfe bei Form und Inhalt. Außerdem danke ich Avraham Nuriel und Josef Stern für äußerst hilfreiche Diskussionen.

1 Avishai Margalit, *Politik der Würde*, Frankfurt am Main 1997.

2 Amartya Sen, *Inequality Reexamined*, Cambridge, Mass. 1992, S. 12-14.

3 Immanuel Kant, *Populäre Schriften*, hg. v. P. Menzer, 1911.

Ungleichheit hat viele schlechte Seiten. Eine davon – vielleicht die schlimmste – ist, dass Manifestationen von Ungleichheit paradigmatische Fälle von Demütigung sein können. Allerdings sind nicht alle Fälle von Ungleichheit demütigend.

Handlungen und Gesten der Ungleichheit sind in gewisser Hinsicht kommunikative Handlungen, die eine ganz bestimmte Haltung gegenüber denjenigen ausdrücken, die nicht gleich sind. Was diese symbolischen Handlungen ausdrücken und was daran leicht demütigend sein kann, ist eine Einstellung, die den anderen als Nicht-Menschen ansieht.

Im Allgemeinen drückt Ungleichheit symbolisch eine Haltung der Herabsetzung aus – die Ansicht, dass der andere in der sozialen Hierarchie unter mir steht. Wenn die soziale Ehre von jemandem verletzt wird, dann bedeutet das nicht notwendigerweise, dass ihm seine Menschlichkeit abgesprochen wird. Es gibt jedoch schlimme Manifestationen von Ungleichheit, die diese herabwürdigende Haltung ausdrücken, das heißt, die die Menschenwürde des anderen verletzen. Die Demütigung, die mit dieser Ungleichheit einhergeht, hängt nicht unbedingt am Grad der Ungleichheit, sondern vielmehr an ihrer Bedeutung.

Eine anständige Gesellschaft ist also eine Gesellschaft, in der es keine demütigende institutionelle Ungleichheit gibt. Eine anständige Gesellschaft kann allerdings Ungleichheit tolerieren, solange sie nicht demütigend ist, auch wenn sie ungerecht ist und deshalb von einer gerechten Gesellschaft nicht toleriert werden kann.

Demütigende Ungleichheit

Die Behauptung, dass eine anständige Gesellschaft demütigende Ungleichheit nicht tolerieren kann, ist nicht besonders aufschlussreich. Sie gibt uns nichts an die Hand, um dieses Übel zu identifizieren. Das kommt daher, dass demütigende Ungleichheit eine symbolische Handlung ist und dass die Bedeutung einer solchen Handlung von der jeweiligen Kultur und Interpretation abhängt. Die Tatsache, dass es kein allgemein gültiges Kriterium für die Identifizierung demütigender Ungleichheit gibt, bedeutet allerdings nicht, dass wir nichts über die Umstände sagen können, unter denen Ungleichheit mit Demütigung einhergeht.

In einem wichtigen Kapitel über Ungleichheit schreibt Joseph Raz:

> Armut mag in einer Gesellschaft, in der sie nur wenige betrifft, nicht schlimmer sein als in einer Gesellschaft, in der alle arm sind. In beiden Gesellschaften ist Armut gleich schlecht oder bedauerlich und aus denselben Gründen. [...] Das Übel ist die Armut sowie das Leiden und die Erniedrigung, die mit ihr einhergehen, nicht die Ungleichheit.[4]

Ich erlaube mir, anderer Ansicht zu sein. Armut ist in einer egalitären Gesellschaft normalerweise nicht so schlimm wie in einer inegalitären. Bei gleichem physischem Leid in beiden Gesellschaften ist doch nur die Armut in der inegalitären Gesellschaft demütigend. Nomadische Stämme in der Spanischen Sahara kämpfen zum Beispiel in äußerster Armut ständig darum, ausreichend Trinkwasser zu finden. Das Elend, das sie durchmachen, ist unglaublich viel größer als das von Menschen in, sagen wir einmal, den Armutszonen der großen Städte in den Vereinigten Staaten. Da aber in einigen nomadischen Stämmen der Sahara alle Angehörigen gleichermaßen arm sind und ihre Armut als das Resultat widriger natürlicher Bedingungen ansehen, fühlen sie sich nicht gedemütigt. Die Natur kann Elend verursachen, aber sie kann nicht demütigen. Die Armut einer kleinen Gruppe in einer wohlhabenden Gesellschaft dagegen kann leicht demütigend sein.

Die Kastenlosen

Die Kastengesellschaft in Indien ist außerordentlich komplex. Sie kann schematisch in vier Kasten über der »roten Linie« unterteilt werden – die Linie, die diese von den »Kastenlosen« trennt. Diese Kasten werden dann in hunderte oder vielleicht sogar tausende weitere Unterkasten unterteilt. Dem unbeteiligten Beobachter stellt sich die Haltung der Gesellschaft gegenüber den Kastenlosen, anschaulich vergegenwärtigt im Begriff der »Unberührbaren«, als eine ständige Demütigung dar. Zwischen den verschiedenen Kasten über der roten Linie gibt es radikale Unterschiede in Status und Ansehen, wenn auch nicht immer in Vermögen und Einkommen. Die Haltung der Brahmanen gegenüber den Arbeitern der Shudra-Kaste ist, auch wenn sie Überlegenheit ausdrückt, nicht unbedingt

4 Joseph Raz, *The Morality of Freedom*, New York: Oxford University Press 1986, S. 229, deutsch in diesem Band, S. 64.

demütigend. Die Haltung gegenüber den Unberührbaren dagegen ist vollkommen demütigend. Die Unberührbaren werden überhaupt nur aus instrumentellen Gründen wahrgenommen, weil sie als »Hygienekräfte« – von Ohrenwachs-Beseitigern bis hin zu Toilettenreinigern – dienen.[5]

Die Kritik am Status der Unberührbarkeit, die ihre Anfänge bereits im dreizehnten Jahrhundert hat, richtete sich vor allem gegen die extreme Demütigung der Kastenlosen, nicht allein gegen ihr schreckliches Elend. Gandhis Kampf im Namen der Unberührbaren stellte den Versuch einer Neubewertung ihres Status von Parias zu Harijans (Kindern Gottes) dar. Es ist Gandhi ohne Zweifel gelungen, die demütigende, institutionalisierte Diskriminierung der Unberührbaren zu untergraben. Damit hat er einen bedeutsamen Schritt – in meiner Terminologie – auf dem Weg der indischen Gesellschaft zu einer anständigeren Gesellschaft vollzogen. Die Praxis der Unberührbarkeit wurde 1949 durch die indische Verfassung ausdrücklich verboten. Genauso wichtig waren Gandhis symbolische Handlungen, mit den Unberührbaren gemeinsam zu essen oder sie mit auf seine Tempelbesuche oder zu Brahmanen nach Hause zu nehmen. Die rituellen und symbolischen Aspekte der Demütigung der Unberührbaren sind von zentraler Bedeutung. Doch auch wenn Gandhi sicherlich dazu beigetragen hat, die indische Gesellschaft anständiger zu machen, ist nicht klar, ob es ihm auch gelungen ist, sie zivilisierter zu machen, das heißt zu einer Gesellschaft, deren einzelne Mitglieder (im Unterschied zu den Institutionen) sich nicht gegenseitig demütigen.

Das Kastensystem und die Praxis der Unberührbarkeit gibt es schon sehr lange. Jahrhundertelang haben die Inder sie als Teil einer unveränderlichen Weltordnung hingenommen. Obgleich Unberührbarkeit an sich demütigend ist, hat ihre Praxis nicht immer ein Gefühl der Demütigung erzeugt. Unberührbarkeit wurde erst durch Ritualisierung und Institutionalisierung entfremdet und entfremdend und führte zu einer Situation, in der jeder zu wissen meinte, wo er hingehört. Als Gandhi die Struktur der institutionellen Unberührbarkeit zerschlagen hat, zwang er viele Inder, persönlich Stellung zu beziehen. Viele Inder wollten die alte hierarchische Struktur aufrechterhalten, was auf Seiten der Unberührbaren ein starkes Gefühl der Demütigung hervorrief. Zumindest für eine

5 Louis Dumont, *Gesellschaft in Indien: Die Soziologie des Kastenwesens*, Wien 1976; Pranay Gupta, *India: The Challenge of Change*, London 1989.

kurze Zeit wurde die indische Gesellschaft anständiger. Sie wurde aber nicht unbedingt zivilisierter.

Ich habe die Kasten und Kastenlosen als ein extremes Beispiel demütigender Ungleichheit benutzt. Dieses Beispiel soll verdeutlichen, wie eine hierarchische »Metaphysik« verbunden mit einer rigiden gesellschaftlichen Stratifikation, die allein auf Abstammung beruht und mit symbolischen Bedeutungen aufgeladen ist, die Menschen am unteren Ende der sozialen Leiter als »nichtmenschlich« erscheinen lassen kann.

Unreinheit und Demütigung

Demütigung ist die Behandlung von Menschen als Nicht-Menschen. Diese Haltung kann unterschiedliche Formen annehmen: Man kann Menschen als bloße Objekte betrachten, als Tiere, als Nummern, als Kinder, die nicht erwachsen werden können, und als Untermenschen. Jetzt sehen wir, dass es noch eine weitere Möglichkeit gibt, diese Haltung auszudrücken: Man kann Menschen so betrachten, als wären sie in einem anhaltenden Zustand von Unberührbarkeit, Beschmutzung, Unreinheit, Verunreinigung oder wie man es auch nennen mag. Es erscheint dann als eine religiöse oder moralische Notwendigkeit, sich von diesen Menschen fern zu halten. Das unberührbare oder beschmutzte Wesen ist nicht menschlich. Man kann vorübergehend unrein sein und doch menschlich bleiben. Beispiele nur vorübergehend unreiner Menschen sind Brahmanen, die in Gegenwart Unberührbarer gegessen haben, Frauen während der Menstruation im jüdischen Brauch oder, erneut im jüdischen Gesetz, jeder, der auf eine bestimmte Weise mit einem Leichnam in Berührung gekommen ist. (Tote Menschen, die Nicht-Menschen an sich, sind dem jüdischen Gesetz nach der Archetyp ritueller Unreinheit.)

Reinheit und Unreinheit sind vor allem religiöse Kategorien, in denen es um die »Administration der Heiligkeit« geht oder, um eine passendere Metapher zu verwenden, um »heilige Hygiene«. Heilige Hygiene ist etwas anderes als medizinische Hygiene. Als die indischen Behörden zum Beispiel versuchten, die (physisch) verschmutzten Gewässer des Ganges zu reinigen, trafen sie auf den erbitterten Widerstand der Anbeter des Ganges, die überzeugt davon waren, dass die Sauberkeit des Flusses ihre eigene Angelegenheit war und dass sie für diese Sauberkeit durch die entsprechenden religiösen Rituale auch sorgten.

Vorübergehende Unreinheit ist nicht demütigend, es sei denn, der »vorübergehende« Zustand ist unbegrenzt. Die Leprakranken im jüdischen Gesetz befinden sich in einem Zustand »vorübergehender« Unreinheit – bis die Lepra geheilt ist. Man kann aber nicht wissen, wie lange das dauern wird. Die Unberührbaren im Hinduismus befinden sich nicht im Zustand vorübergehender Unreinheit, zumindest nicht in ihrer gegenwärtigen Inkarnation. Ihre Unberührbarkeit ist ein Dauerzustand, und andauernde Unreinheit bedeutet andauernde Demütigung. So stellt es sich auf jeden Fall einem fremden und oberflächlichen Betrachter wie mir dar. Diese Betrachtungsweise mag natürlich etwas von der Bedeutung übersehen, die das Phänomen für diejenigen innerhalb der Administration ritueller Reinheit und Unreinheit hat.

Reinheit und Unreinheit mögen sich wie exotische Kategorien aus fremden Welten anhören. Ich glaube aber, dass diese Kategorien auch in säkulare Gesellschaften eingedrungen sind, die mit der »Administration der Heiligkeit« nichts zu tun haben. Es gibt gute Gründe dafür, Dinge sauber zu halten und Verschmutzung zu vermeiden. Aber Gesellschaften, die übermäßig auf Sauberkeit bedacht sind, behandeln häufig Menschen – meistens aus den unteren sozialen Klassen –, die wie Müllmänner einer »Dreckarbeit« nachgehen, wie Kastenlose.

Nicht jede Ungleichheit ist demütigend. Es ist wichtig, die kulturellen, religiösen und symbolischen Assoziationen der Ungleichheit zu untersuchen, um zu erkennen, ob es sich um säkulare Entsprechungen der Unberührbarkeit handelt. Die Form sozialer Ungleichheit, die jeden sozialen Aufstieg verhindert, bringt möglicherweise einen »Zustand der Ausgeschlossenheit« hervor, der eher andauernd als vorübergehend ist, insbesondere, wenn er mit einer Vorstellung von Unreinlichkeit verbunden ist. Wenn Rauchern der Zutritt zu amerikanischen Universitätsgebäuden verboten wird, geht es oft um mehr als nur um die Vermeidung von Zigarettenqualm. Nichtsdestotrotz befinden sich Raucher in einem äußerst vorübergehenden Zustand der Quasi-Unberührbarkeit, der auf die Zeit beschränkt ist, in der sie tatsächlich rauchen. Bei dem Phänomen, um das es mir geht, handelt es sich dagegen um die ständige Assoziation bestimmter sozialer Gruppen mit der Vorstellung von Unreinheit. Es ist diese Assoziation, die die Gefahr der Demütigung in sich trägt.

Die Natur kann nicht demütigen. Dazu sind nur menschliche Handlungen imstande. Im religiösen Denken wird allerdings gerade der körperliche Aspekt der menschlichen Existenz als demütigend angesehen. Der Körper ist verführbar, nur der Geist ist rein. Dieser Ansicht nach ist der Körper von Natur aus unrein. Das Ziel der Menschheit ist dementsprechend ein Leben im Geiste und nicht im »Fleisch«. Freie Menschen würden die Beschränkungen des Körpers erkennen und versuchen, ein rein geistiges Leben zu führen. In aristotelischen Begriffen bedeutet das ein Leben des Denkens und der Kontemplation. Menschen, die sich dem Körper verschrieben haben, leben dagegen in Unreinheit.

Dieser Gegensatz wird von Maimonides in schöner Sachlichkeit dargelegt. Von den Menschen des Geistes sagt er:

> Sie verhalten sich in dieser Hinsicht wie ein Mensch, dem der König zürnt und ihm, um ihn der Verachtung preiszugeben, befiehlt, Unrat von einer Stelle zur andern zu fegen, und der nach Möglichkeit trachtet, sich in dieser Zeit der Schmach zu verbergen, und wohl ein Weniges an eine naheliegende Stelle fegt, um seine Hände und Kleider nicht zu besudeln, und um von niemand gesehen zu werden. So handelt der freie Mann. Aber der Sklave freut sich darüber, wenn er sieht, daß man ihm keine allzu große Mühe auferlegt hat, er wirft sich ganz in diesen Unrat, besudelt sein Angesicht und seine Hände und fegt öffentlich mit Lachen und Vergnügen.[6]

Viele unserer Themen finden sich in dieser Parabel wieder. Der beschmutzte Sklave ist überhaupt nicht in der Lage, sich gedemütigt zu fühlen, auch wenn er guten Grund dazu hätte. Der freie Mann überwindet den Körper, indem er ihn versteckt oder ignoriert, um Raum für intellektuelles Leben zu schaffen: für »die Erkenntnis der wahren Überzeugung in jeder Sache« (Kapitel 8). Unsere körperliche Existenz ist demnach an sich eine Demütigung, aber der freie Mann kann diese unglückliche Tatsache überwinden und beschmutzender Arbeit aus dem Weg gehen. Der Sklave dagegen – also eine Person, die ein Leben des Körpers lebt – verleugnet die Berufung des Menschen zum vernunftbegabten Lebewesen und lebt wie ein Tier.

In Gesellschaften, in denen das geistige und intellektuelle Leben den höchsten Wert darstellt, spiegeln diese Vorstellungen, die den Körper mit Unreinheit und Demütigung verbinden, sich in der Haltung von Menschen gegenüber körperlicher Arbeit wider, ins-

6 Mose Ben Maimon, *Führer der Unschlüssigen*, Buch III, Kap. 8, übers. v. A. Weiss, Leipzig 1924.

besondere jener Form der Arbeit, bei der der Arbeiter sich schmutzig macht. Diese Ungleichheit im spirituellen Status ist wahrscheinlich demütigender, als es materielle Ungleichheit im ökonomischen Status ist.

Falsche Gleichheit

Wie lässt sich eine respektvolle Haltung gegenüber allen Menschen qua Menschsein begründen? Diese Frage ist für meine Konzeption der anständigen Gesellschaft von zentraler Bedeutung. Eine Begründung, die ich bereits in meinem Buch erwähnt habe (die »positive« Begründung), verweist auf die prinzipielle Fähigkeit aller Menschen, selbst der schlechtesten, zu Reue und Umkehr. Aus diesem Grund halte ich es für falsch, auch wenn es zu Strafzwecken geschieht, irgendeinen Menschen zu demütigen – das heißt, seine Würde zu verletzen.

Diese Ansicht über die Bedeutung der Reue für menschlichen Respekt ist weit entfernt von der religiösen Vorstellung, nach der die reumütige Person nicht nur Respekt als Mensch verdient, sondern besondere Ehre. Der Talmud drückt das in dem Traktat *Berachot* (34) folgendermaßen aus: »Dort, wo der Reumütige steht, kann der vollkommen Gerechte nicht stehen.« Dieser Vorstellung nach sind reumütige Menschen Gott näher und stehen daher über den vollkommen rechtschaffenen. Ein Inbegriff dieser Vorstellung ist die Parabel über den verlorenen Sohn (Lukas 15). Der verlorene Sohn, der das Vermögen seines Vaters mit Dirnen vertan hat, erhält bei seiner Rückkehr viele Zeichen der Anerkennung (ein Kleid, einen Ring und ein gemästetes Kalb), die der Vater seinem treuen Sohn niemals gewährt hat. Der gekränkte Aufschrei des treuen Sohnes ist herzzerreißend (Verse 29-30).

Im Neuen Testament gibt es eine andere, gemäßigtere Version dieser Vorstellung, die offensichtlich egalitärer ist, aber zeigt, wie auch Gleichheit verletzend sein kann. Ich meine die Parabel über den Weinberg bei Matthäus (20:1-16). Diese Parabel handelt vom Eintritt in das Himmelreich und der Buße in letzter Minute, die ihn noch ermöglicht.

In dieser Parabel geht der Besitzer eines Weinbergs am frühen Morgen aus, um Arbeiter anzustellen. Er vereinbart mit ihnen einen Denar für den Tag. Die Arbeiter beginnen sofort mit ihrer

Arbeit, im Verlauf des Tages stellt der Gutsherr aber zu unterschiedlichen Zeiten mehr und mehr Arbeiter an. Die letzten beginnen ihre Arbeit um die »elfte Stunde« (also eine Stunde vor Sonnenuntergang, dem Ende des Arbeitstages). Bei Sonnenuntergang gibt der Gutsherr allen Arbeitern einen Denar – es erhalten also alle den gleichen Lohn für ihre unterschiedlich langen Arbeitszeiten. Die Arbeiter, die schon seit dem frühen Morgen beschäftigt waren, beschweren sich, dass dies ungerecht sei: »Diese letzten haben nur eine Stunde gearbeitet und du hast sie uns gleich gehalten, die wir die Last und Hitze des Tages getragen haben« (20:12). Die Antwort des Gutsherrn ist nicht sehr überzeugend: »Freund, ich tue dir nicht Unrecht; hast du nicht einen Denar mit mir vereinbart? [...] Oder ist es mir nicht erlaubt, mit dem Meinen zu tun, was ich will?« (20:13-15).

Der Gutsherr sagt, dass er mit seinem Geld machen kann, was er will, solange er sich an die Vereinbarungen hält. Wenn aber das einzige Zeichen der Anerkennung einer Leistung Entlohnung ist – und das ist in dieser Geschichte der Fall –, dann zeugt die gleiche Entlohnung von einem Mangel an Anerkennung für die größere Leistung und Anstrengung der Arbeiter, die den ganzen Tag lang gearbeitet haben. Die gleiche Entlohnung aller Arbeiter ist deshalb kränkend. Die Antwort des Gutsherrn, die nicht einmal das kleinste Zeichen der Anerkennung für die Leistung der Arbeiter erkennen lässt, verschärft die Kränkung sogar noch und ist vergleichbar mit Gottes unbegründeter Ablehnung von Kains, aber nicht Abels Opfergabe: »Der Herr blickte auf Abel und seine Opfergabe, aber auf Kain und seine Opfer sah er nicht« (Genesis 4:4-5).

Kränkend an der Haltung des Gutsherrn ist nicht, dass er allen Arbeitern ungeachtet ihrer Leistung den gleichen Lohn gegeben hat. In dem Kibbuz, in dem ich einmal gelebt habe, erhielt jeder die gleichen Kleider, die gleiche Unterbringung und das gleiche Essen – das galt für die Schwerarbeiter wie für die Müßiggänger. Aber die Anerkennung der Leistungen der Arbeiter durch die Angehörigen des Kibbuz war ungleich – die Schwerarbeiter bekamen viel mehr Anerkennung. Gleiche Entlohnung (sei es in Form von Reichtum, Einkommen oder Lebensstandard) kann also durch Ungleichheit in der sozialen Ehre (Ansehen und Anerkennung) ausgeglichen werden. In der Parabel vom Weinberg gibt es jedoch außer der Entlohnung keine andere Form der Anerkennung für die schwere Arbeit. Ich behaupte, dass falsche Gleichheit ein Gefühl der Zurücksetzung vermitteln kann. Nichtsdestotrotz habe ich mich auf demütigende Ungleichheit konzentriert, weil Demütigung viel öfter mit Ungleichheit als mit Gleichheit einhergeht.

Zusammenfassung

Eine anständige Gesellschaft erfordert die Beseitigung der Form von Ungleichheit, die zu Demütigung führt. Ich behaupte, dass die Demütigung, die Ungleichheit mit sich bringt, zum Teil von dem kommunikativen und symbolischen Charakter der entsprechenden Handlungen abhängt. Ich habe einen bestimmten Aspekt solcher Handlungen hervorgehoben, nämlich den Aspekt der mit Ungleichheit assoziierten Unberührbarkeit oder Verschmutzung.

Aus dem Amerikanischen von Katja van de Rakt

Elizabeth S. Anderson
Warum eigentlich Gleichheit?*

Man stelle sich vor, ein Großteil der neueren wissenschaftlichen Publikationen zur Verteidigung der Gleichheit wäre insgeheim von Konservativen verfasst worden. Das Ergebnis könnte für Egalitaristen auch dann kaum unvorteilhafter aussehen, als es zur Zeit der Fall ist. Machen wir uns klar, dass viele dieser Arbeiten den üblichen und vernichtenden konservativen Kritiken wenig entgegenzusetzen haben. Ronald Dworkin definiert Gleichheit als »neidfreie« Ressourcenverteilung.[1] Das bekräftigt den Verdacht, Neid sei das einzige Motiv egalitaristischer Politik. Philippe Van Parijs ist der Überzeugung, dass Gleichheit in Kombination mit einer liberalen Neutralität gegenüber Konzeptionen des Guten den Staat dazu zwinge, für den Unterhalt von Surfern aufzukommen, die zwar im Besitz ihrer körperlichen Kräfte, aber faul und arbeitsunwillig seien.[2] Dies provoziert den Vorwurf, Egalitaristen unterstützten Verantwortungslosigkeit und ermunterten die Faulen, von den Produktiven zu schmarotzen. Richard Arneson behauptet, unter bestimmten Bedingungen führe Gleichheit dazu, dass der Staat extrem kostspielige religiöse Zeremonien subventionieren müsse, zu denen sich seine Bürger aufgerufen sähen.[3] G. A. Cohen ist der Ansicht, dass uns Gleichheit verpflichte, Menschen zu entschädigen, weil sie ein düsteres Gemüt hätten oder von erschwinglichen Hobbys so heillos gelangweilt seien, dass nur ein teurer Zeitvertreib ihnen eine befriedigende Erholung verschaffen

* Ich danke Louise Antony, Stephen Everson, Allan Gibbard, Mark Hansen, Don Herzog, David Hills, Louis Loeb, Martha Nussbaum, David Velleman und den Teilnehmern der öffentlichen Diskussionen an der University of North Carolina und der University of Chicago, wo ich frühere Versionen dieses Artikels vorgetragen habe. Mein besonderer Dank gilt Amy Gutman für ihre scharfsinnigen Bemerkungen während des 31. jährlichen Philosophischen Kolloquiums in Chapel Hill, N.C.

1 Ronald Dworkin, »What is Equality? II. Equality of Resources«, in: *Philosophy and Public Affairs* 10 (1981), S. 285.

2 Philippe Van Parijs, »Why Surfers Should Be Fed: The Liberal Case for an Unconditional Basic Income«, in: *Philosophy and Public Affairs* 20 (1991), S. 101-31.

3 Richard Arneson, »Gleichheit und gleiche Chancen zur Erlangung von Wohlergehen«, in: *Pathologien des Sozialen. Die Aufgaben der Sozialphilosophie*, hg. v. Axel Honneth, Frankfurt/Main: Fischer 1994.

könnte.[4] All diese Vorschläge bestärken den Einwand, Egalitaristen würden die Grenzen der Staatsmacht aus den Augen verlieren und staatlichen Zwang im Dienste rein privater Zielsetzungen befürworten. Damit im Fall eines Männermangels das gleiche Recht zu heiraten fair durchgesetzt werden könnte, schlägt Van Parijs vor, dass jede Frau einen gleichen, frei verkäuflichen Anteil am Fonds wählbarer Junggesellen erhalten sollte. Um in den Genuss der vollständigen Partnerschaftsrechte zu kommen, müsste sie diese ersteigern. So käme es zu einem Geldtransfer, im Zuge dessen die erfolgreichen Ehefrauen die Verliererinnen der Liebe kompensieren würden.[5] Dies scheint den Vorwurf zu bestätigen, der Egalitarismus dringe mit seinem Vorsatz, jede wahrgenommene Unfairness zu korrigieren, in unsere Privatsphäre ein und belaste die von Liebe und Zuneigung getragenen persönlichen Beziehungen, die den Kern des Familienlebens bilden.

Doch Linke haben nicht weniger Gründe als Konservative und Liberale, von den jüngsten Trends des wissenschaftlichen Egalitarismus beunruhigt zu sein. Man muss sich zunächst vor Augen halten, wem Egalitaristen neuerdings ihre besondere Aufmerksamkeit widmen: Strandfaulenzern, Arbeitsscheuen und Verantwortungslosen, Menschen, die einfache Dinge nicht genießen können, und religiösen Fanatikern. Thomas Nagel[6] und Gerald Cohen haben uns etwas sympathischere, aber nichtsdestoweniger bemitleidenswerte Charaktere anzubieten. Die typischen Nutznießer egalitaristischer Fürsorge sind bei ihnen dumme, untalentierte und verbitterte Menschen. Was ist aus den Belangen der politisch Unterdrückten geworden? Was ist mit den Ungleichheiten der Rasse, des Geschlechts, der Klasse oder der Kaste geschehen? Wo sind die Opfer der nationalistischen Völkermorde, der Sklaverei und der ethnischen Diskriminierung?

Die von vielen neueren egalitaristischen Theorien aufgestellten Forderungskataloge sind außerdem zu eng auf die Verteilung privater, teilbarer Güter wie Einkommen und Ressourcen zugeschnitten oder handeln vor allem von den Möglichkeiten persönlichen Wohlergehens. Dadurch geraten die wesentlich umfassenderen For-

4 G.A. Cohen, »On the Currency of Egalitarian Justice«, in: *Ethics* 99 (1989), S. 922f., 930f.

5 Philippe Van Parijs, *Real Freedom for All*, Oxford: Clarendon 1995, S. 127.

6 Thomas Nagel, »Bevorzugung gegen Benachteiligung?«, in: ders., *Über das Leben, die Seele und den Tod*, Königstein: Hain 1984.

derungen existierender politischer Gleichheitsbewegungen aus dem Blick. Schwule und Lesben beispielsweise möchten die Freiheit haben, ohne Scham und Angst vor Gewalt öffentlich als diejenigen in Erscheinung zu treten, die sie sind. Sie kämpfen um das Recht zu heiraten, um von den Vorteilen der Ehe profitieren zu können. Sie wollen Kinder adoptieren und das Sorgerecht für sie ausüben. Behinderte haben darauf aufmerksam gemacht, wie die Gestaltung des öffentlichen Raums sie ausschließt und marginalisiert. Sie haben sich politisch gegen erniedrigende Stereotype gewehrt, die sie als dumm, inkompetent oder bemitleidenswert erscheinen lassen. Die neueren egalitaristischen Veröffentlichungen scheinen also auf merkwürdige Weise von den Zielen und Forderungen existierender politischer Gleichheitsbewegungen losgelöst zu sein.

Was ist hier schief gegangen? Ich werde die Position vertreten, dass diese Probleme von einem fehlerhaften Verständnis des Gleichheitsgesichtspunktes herrühren. Die egalitaristische Literatur wird in letzter Zeit mehr und mehr von einem Ansatz beherrscht, der die Entschädigung für unverdientes Pech – wenige angeborene Talente, schlechte Eltern oder eine unangenehme Persönlichkeit zu besitzen, unter Unfällen oder Krankheiten zu leiden usw. – zur wesentlichen Aufgabe einer Gleichheitstheorie erklärt. Ich werde zu zeigen versuchen, dass die neueren Veröffentlichungen zur Gleichheit durch ihr ausschließliches Interesse an der Kompensation angeblich kosmischer Ungerechtigkeit die spezifisch politischen Ziele des Egalitarismus aus den Augen verloren haben. Das eigentliche negative Ziel egalitaristischer Gerechtigkeit ist es nicht, den Einfluss des Zufalls auf die menschlichen Verhältnisse zu eliminieren, sondern der Unterdrückung, die definitionsgemäß ein soziales Phänomen ist, ein Ende zu bereiten. Sein eigentliches positives Ziel ist es nicht, sicherzustellen, dass jeder bekommt, was ihm moralisch zusteht, sondern eine Gemeinschaft zu schaffen, in der sich Menschen als Gleiche begegnen.

In diesem Artikel werde ich die Implikationen beider Auffassungen des Gleichheitsstandpunktes miteinander vergleichen. Die erste Auffassung, die die natürliche Ungleichheit bei der Verteilung des Glücks für die grundlegende Ungerechtigkeit hält, kann man als »Glücksegalitarismus« oder als »Theorie der Schicksalsgleichheit« bezeichnen. Ich werde argumentieren, dass die Theorie der Schicksalsgleichheit nicht einmal der einfachsten Anforderung gerecht wird, die an eine Gleichheitstheorie zu stellen ist: Ihre Prinzipien sollten die gleiche Achtung und die gleiche Rücksicht für alle Bürger zum Ausdruck bringen. Sie genügt dieser Anforderung in dreierlei Hinsicht nicht: Erstens schließt sie einige Bürger mit der fadenscheinigen Begründung, sie hätten ihren Verlust selbst verschuldet, von den sozialen Bedingungen der Freiheit aus. Dieser Schwierigkeit kann sie nur um den Preis eines Paternalismus entgehen. Zweitens macht die Theorie der Schicksalsgleichheit die Tatsache, dass einige hinsichtlich der Güte ihres Lebens, ihrer Talente und ihrer persönlichen Qualitäten anderen unterlegen sind, zur Grundlage für Ansprüche, die Bürger gegeneinander erheben können. Ihre Prinzipien sind demnach Ausdruck eines abschätzigen Mitleids mit denen, die der Staat als minderwertig brandmarkt. Und sie sanktionieren Neid als Basis für eine Güterumverteilung von den Glücklichen an die Glücklosen. Solche Prinzipien stigmatisieren die Glücklosen, erweisen aber auch den Glücklichen keinerlei Achtung, weil sie ihnen nicht erklären können, warum sie der Neid der anderen überhaupt zu etwas verpflichten sollte. Um sicherzustellen, dass Menschen die Verantwortung für ihre Entscheidungen übernehmen, fällt die Theorie der Schicksalsgleichheit drittens herabwürdigende und anmaßende Urteile über die Fähigkeit zu verantwortlichem Handeln und schreibt den Menschen in Wirklichkeit vor, wie ein angemessener Gebrauch ihrer Freiheit auszusehen hat.

Die Theorie, die ich verteidigen werde, kann man als »Theorie demokratischer Gleichheit« bezeichnen. Ihr Anliegen ist die Schaffung einer Gemeinschaft von Gleichen. Sie vereinigt dadurch Prinzipien der Verteilung mit der Forderung nach gleicher Anerkennung. Die Theorie demokratischer Gleichheit garantiert allen gesetzestreuen Bürgern jederzeit einen effektiven Zugang zu den sozialen Bedingungen ihrer Freiheit. Indem sie sich auf die Pflichten der Bürger in einem demokratischen Staat beruft, rechtfertigt sie die Umverteilungen, die nötig sind, um diese Garantie geben zu können. In einem solchen Staat haben Bürger keinen Anspruch auf etwas, weil sie minderwertig sind, sondern weil sie gleich sind. Da die Sicherung der Freiheit jedes Einzelnen das grundlegende Ziel der Bürger beim Aufbau eines Staates ist, maßen sich die Umverteilungsprinzipien des demokratischen Egalitarismus weder an, Menschen vorzuschreiben, wie sie ihre Chancen zu nutzen haben, noch versuchen sie zu beurteilen, in welchem Umfang Menschen für Entscheidungen verantwortlich sind, die ungünstige Folgen haben. Sie beugen lediglich einem Bankrott durch die Unvorsichtigen vor, indem sie die Anzahl der kollektiv zur Verfügung gestellten Güter begrenzen und von den Individuen erwarten, dass sie persönlich Verantwortung für die in ihrem Besitz befindlichen Güter übernehmen.

Gerechtigkeit als Schicksalsgleichheit

Das folgende Zitat von Richard Arneson beschreibt die Gerechtigkeitsauffassung, die ich kritisieren möchte, treffend:

> Der Verteilungsgerechtigkeit geht es darum, Individuen für ihr Unglück zu entschädigen. Manche Menschen sind mit Glück gesegnet, andere vom Pech verfolgt. Es liegt in der Verantwortung der Gesellschaft – von uns allen als Kollektiv –, das Ergebnis jenes Gewirrs von Lotterien, aus denen das menschliche Leben bekanntermaßen besteht, d. h. die Verteilung von glücklichen Zufällen und Schicksalsschlägen, zu verändern. Für eine gerechte Verteilung ist es erforderlich, dass die Glücklichen einen Teil oder die Gesamtheit der Vorteile, die sie ihrem Glück verdanken, an die Glücklosen abtreten.[7]

Die Theorie der Schicksalsgleichheit ist heute eine der beherrschenden theoretischen Positionen unter Egalitaristen, wie man der Liste ihrer Fürstreiter entnehmen kann, auf der u. a. Richard Arneson, Gerald Cohen, Ronald Dworkin, Thomas Nagel, Eric Rakowski und John Roemer stehen.[8] Auch Philippe Van Parijs nimmt dieses Prinzip in seine Theorie der Ressourcen- oder Vermögensgleichheit auf. Der Glücksegalitarismus stützt sich auf zwei moralische Prämissen: Menschen sollten für unverdientes Unglück entschädigt werden; die Kompensation sollte nur aus dem unverdienten Teil des Reichtums der anderen genommen werden.

Der Glücksegalitarismus verdankt seine Attraktivität zum Teil einer scheinbar humanitären Absicht. Wenn anständige Menschen

7 Richard Arneson, »Rawls, Responsibility, and Distributive Justice«, in: *Justice, Political Liberalism, and Utilitarianism: Themes from Harsanyi*, hg. v. Maurice Salles und John A. Weymark, Cambridge: Cambridge University Press, im Erscheinen.

8 Thomas Nagel, *Gleichheit und Parteilichkeit*, Paderborn: Ferdinand Schöningh 1994; Eric Rakowski, *Equal Justice*, New York: Oxford University Press 1991; John Roemer, »A Pragmatic Theory of Responsibility for the Egalitarian Planner«, in: ders., *Egalitarian Perspectives*, Cambridge: Cambridge University Press 1994, S. 179 f.

andere grundlos leiden sehen – wenn z.B. Kinder verhungern –, dann halten sie es normalerweise für die Pflicht der Wohlhabenderen, hier Abhilfe zu schaffen. Unabhängig von diesem unmittelbaren Appeal des Glücksegalitarismus, haben seine Anhänger versucht, die in der Vergangenheit von Konservativen und Liberalen vorgetragenen gewichtigen Einwände zu entkräften und ihn so stark zu machen.

Es gibt eine ganze Liste von Argumenten gegen die Gleichheit. Einige Kritiker sind der Ansicht, es sei aussichtslos, Gleichheit verwirklichen zu wollen, weil keine zwei Menschen wirklich gleich seien. Da Individuen so unterschiedliche Talente, Ziele, soziale Identitäten und Lebensumstände hätten, riefe die Verwirklichung von Gleichheit in einem Bereich notwendigerweise Ungleichheit in anderen hervor.[9] Gäbe man verschiedenen Menschen die gleiche Menge Geld, so würden die Vorsichtigen daraus einen größeren Glücksgewinn ziehen als die Unvorsichtigen. Egalitaristen haben in jüngster Zeit dem Problem einer angemessenen Definition des Raums, innerhalb dessen Gleichheit wünschenswert ist, verstärkt ihre Aufmerksamkeit gewidmet und konnten die genannten Vorwürfe dadurch erfolgreich entkräften. Sobald der Raum egalitärer Berücksichtigung definiert ist und Ungleichheiten auf anderen Gebieten toleriert werden können, wird Gleichheit zu einem realistischen Ziel. Andere Kritiker werfen dem Egalitarismus vor, sein Bemühen um Gleichheit sei eine Verschwendung, da er Güter, die nicht gerecht zu verteilen sind, eher wegwerfen würde als einigen mehr zu geben.[10] Dies könne dann zu einer Unterdrückung von Talenten führen, falls nicht alle auf ein gleichmäßig hohes Niveau zu bringen seien.[11] Heutige Egalitaristen vertreten ein Leximin-Kriterium der Gleichheit, das Ungleichheiten so lange erlaubt, wie sie den am schlechtesten Gestellten zugute kommen bzw. ihnen keinen Schaden zufügen.[12] Sie sorgen sich also nicht besonders um Einkommensunterschiede zwischen den sehr Reichen. Viele Ver-

9 Friedrich August von Hayek, *Die Verfassung der Freiheit*, Tübingen: Mohr 1971.

10 Joseph Raz, *The Morality of Freedom*, Oxford: Clarendon 1986, S. 227, deutsch in diesem Band, S. 61.

11 Robert Nozick, *Anarchie, Staat, Utopia*, München: Moderne Verlags-GmbH 1979.

12 G.A. Cohen, »Incentives, Inequality, and Community«, in: *Equal Freedom*, hg. v. Stephen Darwall, Ann Arbor: University of Michigan Press 1995, S. 335; Van Parijs, *Real Freedom for All*, a.a.O., S. 5.

treter des Glücksegalitarismus befürworten auch ein starkes Selbstbestimmungsprinzip; sie missbilligen demzufolge jede Einmischung bei der Entscheidung, wie Menschen ihre Talente entwickeln wollen, ebenso wie eine erzwungene Aneignung der Produktivität dieser Talente.[13]

Glücksegalitaristen haben insbesondere auf Kritik reagiert, die Gleichheit aus der Perspektive von Idealen wie Verdienst, Verantwortung und Marktwirtschaftlichkeit in Frage stellt. Kritiker der Gleichheit bemängeln, dass Egalitaristen denen Güter wegnehmen, die sie verdienen.[14] Die Vertreter der Glücksgleichheit halten dem entgegen, dass sie den Erfolgreichen nur den Teil ihres Vorteils nehmen, von dem alle übereinstimmend der Ansicht sind, dass sie ihn nicht verdienen. Im Hinblick auf die Empfänger wird von Kritikern beanstandet, dass der Egalitarismus persönliche Verantwortung unterminiert, indem er Resultate unabhängig von persönlichen Entscheidungen garantiert.[15] Infolge dieser Einwände sind Glücksegalitaristen von einer Gerechtigkeitskonzeption der Ergebnisgleichheit zu einer der Chancengleichheit übergegangen: Sie fordern jetzt nur noch, dass Menschen zu Beginn die gleichen Chancen haben sollen, zu Wohlstand oder in den Genuss von Vorteilen zu kommen, bzw. dass ihnen am Anfang die gleiche Menge von Ressourcen zur Verfügung stehen muss.[16] Doch sie betrachten jegliche Ungleichheit als gerecht, sofern diese das Ergebnis von bewussten Entscheidungen Erwachsener ist. Sie alle legen großen Wert auf die Unterscheidung zwischen Resultaten, für die der Einzelne verantwortlich ist – die Ergebnisse willentlicher Entscheidungen –, und solchen, für die er nicht verantwortlich ist – gute oder schlechte Ergebnisse, die unabhängig von seiner Wahl oder seiner möglichen Voraussicht zustande kamen. Glücksegalitaristen nennen dies den Unterschied zwischen »kalkuliertem Zufall« (»option luck«) und »reinem Zufall« (»brute luck«).[17]

13 Arneson, »Gleichheit und gleiche Chancen zur Erlangung von Wohlergehen«, a. a. O.; Dworkin, »Equality of Resources«, a. a. O., S. 311 f.; Rakowski, *Equal Justice*, a. a. O., S. 2; Van Parijs, *Real Freedom for All*, a. a. O., S. 25.

14 P. T. Bauer, *Equality, the Third World, and Economic Delusion*, Cambridge, Mass.: Harvard University Press 1981.

15 Lawrence Mead, *Beyond Entitlement: The Social Obligations of Citizenship*, New York: Free Press 1986.

16 Arneson, »Gleichheit und gleiche Chancen zur Erlangung von Wohlergehen«, a. a. O.

17 Dworkin, »Equality of Resources«, a. a. O., S. 293.

Theorien der Schicksalsgleichheit, die sich auf diese Unterscheidung berufen, haben deshalb einen gemeinsamen Kern: nämlich eine spezielle Mischung aus Kapitalismus und Wohlfahrtsstaat. Für die Ergebnisse, die in der Verantwortung des Einzelnen liegen, verordnen Glücksegalitaristen einen hemmungslosen Individualismus: Die Güterverteilung soll von kapitalistischen Märkten und anderen willentlichen Vereinbarungen geregelt werden.[18] Dieses Vertrauen auf Märkte ist eine Reaktion auf den Vorwurf, der Egalitarismus wisse die Qualitäten des Marktes nicht zu schätzen, der sowohl ein effizienter Verteilungsmechanismus als auch ein Raum zur Entfaltung der Freiheit sei.[19] Die Theorie der Schicksalsgleichheit schreibt vor, dass aller infolge reinen Zufalls erworbene Reichtum und alle rein zufällig auftretenden Risiken gleichmäßig zu verteilen seien. Als »Reichtum« bezeichnet man hier in erster Linie nicht-produziertes Vermögen wie unkultiviertes Land, natürliche Ressourcen und Einkommen, insofern sie angeborenen Talenten zugerechnet werden können. Einige Theoretiker würden auch die Chancen zur Erlangung von Wohlergehen dazu zählen, die der Besitz nicht selbstgewählter, vorteilhafter geistiger und körperlicher Eigenschaften verspricht. Unter »Risiken« ist hier alles zu verstehen, was voraussichtlich jemandes Wohlergehen oder Ressourcen verringert. Glücksegalitaristen betrachten deshalb den Wohlfahrtsstaat als gigantische Versicherungsgesellschaft, die ihre Bürger gegen jede Form reinen Pechs versichert. Ronald Dworkin hat diese Analogie zum Versicherungswesen am ausgefeiltesten entwickelt.[20] Seiner Ansicht nach ist es ein Gebot der Gerechtigkeit, dass der Staat den Einzelnen für jedes reine Risiko entschädigt, gegen das er sich versichert hätte: Vorausgesetzt wird hierbei, dass es für alle gleich wahrscheinlich ist, durch das betreffende Risiko Schaden zu nehmen. Der Staat springt in Form einer Sozialversicherung ein,

18 Cohen ist der einzige prominente Glücksegalitarist, der die Abhängigkeit der Gesellschaft von kapitalistischen Märkten als einen misslichen, in absehbarer Zukunft notwendigen Kompromiss mit der Gerechtigkeit, nicht aber als generell unverzichtbares Instrument einer gerechten Verteilung ansieht. Vgl. Cohen, »Incentives, Inequalities, and Community«, a. a. O., S. 395. John Roemer (*Egalitarian Perspectives*, Cambridge: Cambridge University Press 1994) vertritt eine komplexe Variante eines umverteilungsbasierten Marktsozialismus, doch scheint diese Basis nicht zu genügen, um die Überlegenheit des Marktsozialismus gegenüber beispielsweise Van Parijs' Version des Kapitalismus zu zeigen.

19 Vgl. Hayek.

20 Dworkin, »Equality of Resources«, a. a. O.

wenn eine private Risikoversicherung nicht für alle gleichermaßen erhältlich und bezahlbar ist.

Glücksegalitaristen sind sich in erster Linie nur uneinig hinsichtlich der Frage, in welchem Raum Gleichheit zu verwirklichen sei. Sollten Egalitaristen eine Ressourcen- oder Vermögensgleichheit (Dworkin, Rakowski, Roemer), wirkliche Freiheit – d.h. Rechte plus Mittel, die eigenen Ziele zu erreichen (Van Parijs), gleiche Chancen zur Erlangung von Wohlergehen (Arneson) oder gleicher Zugang zu Vorteilen – oder eine Mischung aus inneren Fähigkeiten, Ressourcen und Chancen zur Erlangung von Wohlergehen (Cohen, Nagel) anstreben? Eine grundsätzliche Meinungsverschiedenheit unterteilt die Glücksegalitaristen in zwei Lager: Das eine befürwortet gleiches Wohlergehen als legitimes Ziel egalitaristischen Strebens (Arneson, Cohen, Roemer, wahrscheinlich auch Nagel); dem anderen ist lediglich an einer Ressourcengleichheit gelegen (Dworkin, Rakowski, Van Parijs). Beide Parteien beschreiben das Wohlergehen des Einzelnen im Sinne der Befriedigung aufgeklärter Präferenzen. Da die Rolle, die individuelle Präferenzen für die Theorie der Schicksalsgleichheit spielen, im Zentrum meiner Kritik stehen wird, lohnt es sich, diese Unterschiede genauer zu beleuchten.

Sollte Egalitaristen daran gelegen sein, dass Menschen die gleichen Chancen zur Erlangung von Wohlergehen haben, oder nur daran, dass sie über den gleichen Anteil an Ressourcen verfügen? Wegen des Problems der teuren Vorlieben (»expensive tastes«) wehren sich Ressourcenegalitaristen dagegen, Wohlfahrt als zu egalisierende Größe zu akzeptieren.[21] Die Befriedigung der Vorlieben mancher Menschen – von Luxuskindern, Snobs oder Genusssüchtigen – ist äußerst kostspielig. Wäre die Gleichheit des Wohlergehens oder der Chancen zur Erlangung von Wohlergehen Ziel des Egalitarismus, so würde die Befriedigung selbstgenügsamer Menschen von der Genusssüchtiger abhängig gemacht. Das scheint unfair zu sein. Ressourcenegalitaristen stehen deshalb auf dem Standpunkt, dass Menschen zwar ein Recht auf gleiche Ressourcen haben sollten, andererseits aber selbst dafür verantwortlich sind, ihre Vorlieben so zu entwickeln, dass sie erfolgreich mit ihren Mitteln auskommen können.

21 Ronald Dworkin, »What Is Equality? I. Equality of Welfare«, in: *Philosophy and Public Affairs* 10 (1981), S. 228-40.

Gegen diese Sichtweise haben Egalitaristen, für die Wohlergehen ein legitimes Feld egalitaristischer Bemühungen ist, drei Argumente vorgetragen. Zunächst gehen sie davon aus, dass man Ressourcen wegen des mit ihnen verbundenen Wohlergehens wertschätzt. Sollte Egalitaristen deshalb nicht besser an dem gelegen sein, was Menschen in letzter Instanz etwas bedeutet, als ausschließlich an instrumentellen Gütern?[22] Sie argumentieren zweitens, dass Ressourcenegalitaristen die Menschen in unfairer Weise für alle ihre Präferenzen und die Kosten, die zu deren Befriedigung aufgewandt werden müssen, verantwortlich machen. Obwohl einige Präferenzen sicher willentlich kultiviert werden, sind viele andere genetisch oder umweltbedingt und der Kontrolle des Einzelnen entzogen. Außerdem ist ein Individuum möglicherweise gar nicht dafür verantwortlich, dass die Befriedigung seiner Präferenzen so teuer ist. Wegen eines unvorhersehbaren Ereignisses kommt es vielleicht bei dem, was der Befriedigung einer bestimmten Vorliebe diente und was es ehemals in großer Fülle gab, zu einer dramatischen Knappheit – wodurch sein Preis in die Höhe getrieben wird. Wohlfahrtsegalitaristen machen in diesem Zusammenhang geltend, dass es unfair und mit der Grundprämisse des Glücksegalitarismus unvereinbar ist, Menschen für ihre unwillkürlichen oder unwillentlich teuren Vorlieben verantwortlich zu machen.[23] Sie weisen drittens darauf hin, dass behinderte Menschen aufgrund ihrer Behinderung ein Anrecht auf mehr Ressourcen haben als andere (ärztliche Behandlung, Blindenhunde etc.) und dass Ressourcenegalitaristen dieser Intuition nicht gerecht werden. Als Grund hierfür geben sie die analytische Ununterscheidbarkeit von Behindertsein und dem Haben unfreiwillig teurer Vorlieben an: Ein Gesunder und ein Querschnittsgelähmter haben möglicherweise die gleiche Vorliebe für Mobilität, doch sind die Kosten, um den Wunsch des Letzteren zu erfüllen, wesentlich höher. Der Querschnittsgelähmte hat eine unabsichtlich teure Vorliebe für Mobilität. Wenn Ressourcenegalitaristen die liberale Voraussetzung akzeptieren, dass eine Gerechtigkeitstheorie gegenüber konkurrierenden Vorstellungen des Guten neutral sein muss, so können sie nicht zwischen der unabsichtlich teuren Vorliebe des

22 Arneson, »Gleichheit und gleiche Chancen zur Erlangung von Wohlergehen«, a. a. O.

23 Arneson, ebd.; Cohen, »On the Currency of Egalitarian Justice«, a. a. O., S. 922 f.

Behinderten für Mobilität und der unabsichtlich teuren Vorliebe des Gourmets für exklusiven Champagner unterscheiden.[24]

Ich werde auf das erste und das dritte Argument zur Verteidigung des Wohlfahrtsegalitarismus im Verlauf dieses Artikels eingehen. Die zweite Strategie setzt sich folgendem Einwand der Ressourcenegalitaristen aus: Gerechtigkeit verlangt, dass die Ansprüche, die Menschen berechtigterweise stellen können, nicht nur die Vorteile der Anspruchsteller, sondern auch die damit einhergehenden Belastungen für andere im Auge haben müssen. Diese Belastungen ergeben sich aus den Opportunitätskosten der Ressourcen, die zur Deckung dieser Ansprüche aufgewandt werden müssten. Die Opportunitätskosten sind eine Funktion der Vorlieben anderer für diese Ressourcen. Aus egalitaristischen Gründen sollte der Wert eines Bündels externer Ressourcen deshalb nicht vom Wohlergehen bestimmt werden, das es seinem Besitzer verspricht, sondern vom Preis, den es in einem vollkommen unverzerrten marktwirtschaftlichen Wettbewerb erzielen würde, falls jeder über die gleiche Finanzkraft verfügte und mitbieten könnte.[25]

Diese Antwort zeigt bemerkenswerterweise, dass selbst Ressourcenegalitaristen subjektiven Präferenzen eine wesentliche Rolle bei der Bemessung von Gleichheit zuschreiben. Denn der Wert einer Ressource ist durch den Marktpreis festgelegt, den diese in einer hypothetischen Auktion erzielen würde, und dieser Preis ist eine Funktion der subjektiven Präferenzen aller für jene Ressource. Man sagt, jeder habe ein gleiches Bündel von Ressourcen, sofern deren Verteilung neidfrei sei: Niemand ziehe das Ressourcenbündel eines anderen seinem eigenen vor. Es besteht Einigkeit unter Ressourcenegalitaristen, dass nicht-produzierte externe Ressourcen im Sinne der Neidfreiheit gleich zu verteilen sind. Gleichverteilung bedeutet hier, dass die Verteilung dem Ergebnis einer vollkommen wettbewerbsbestimmten Auktion entsprechen würde, an der sich jeder mit der gleichen Menge von Informationen, Talenten und Geld und derselben Geschicklichkeit beim Steigern beteiligt hätte.[26] Ressourcenegalitaristen und Wohlfahrtsegalitaristen unterscheiden sich also nicht im Hinblick auf die Frage, ob subjektive

24 Richard Arneson, »Liberalism, Distributive Subjectivism, and Equal Opportunity for Welfare«, in: *Philosophy and Public Affairs* 19 (1990), S. 185 ff., 190 f.

25 Dworkin, »Equality of Resources«, a. a. O., S. 285-89.

26 Ebd., S. 285-89; Rakowski, a. a. O., S. 69; Van Parijs, *Real Freedom for All*, a. a. O., S. 51.

Präferenzen den Maßstab für Gleichheit mitbestimmen. Sie unterscheiden sich lediglich dadurch, dass für Wohlfahrtsegalitaristen die Ansprüche einer Person von ihren Vorlieben abhängen, während sie für Ressourcenegalitaristen eine Funktion der Vorlieben aller sind.

Die verschiedenen Konzeptionen der Schicksalsgleichheit variieren in vielen Details. Mein Anliegen war es aber, die Gemeinsamkeiten dieser Konzeptionen zu bestimmen, denn ich möchte zeigen, dass diese Gemeinsamkeiten Ausdruck einer fehlerhaften Gerechtigkeitsvorstellung sind.

Die Opfer kalkulierten Pechs

Nach Ronald Dworkins Ansicht sollte der Staat jeden seiner Bürger mit gleicher Achtung und gleicher Rücksicht behandeln.[27] Fast alle Egalitaristen würden dieser Formulierung zustimmen, doch haben sie sie kaum einmal analysiert. Stattdessen zitieren sie diese Formel erst und geben dann ihr Lieblingsprinzip der gleichen Verteilung als deren Interpretation aus, ohne ein einziges Argument vorzubringen, dass aus ihrem Prinzip tatsächlich die gleiche Achtung und Rücksicht für alle Bürger spricht. In diesem Abschnitt werde ich die Auffassung vertreten, dass glücksegalitaristische Begründungen, warum man den Opfern kalkulierten Pechs nicht zu Hilfe kommen müsse, eine Missachtung des Gebots darstellen, diese Unglücklichen mit gleicher Achtung und gleicher Rücksicht zu behandeln.

Dem Glücksegalitarismus zufolge hat ein Akteur, unter der Voraussetzung, dass das betreffende Risiko für alle gleich groß ist, Konsequenzen einer frei gewählten Entscheidung selbst zu tragen. Die daraus entstehenden Ungleichheiten können weder der Anlass für Umverteilungsansprüche sein, falls das Ergebnis negativ ausfällt, noch können sie zum Zweck der Umverteilung besteuert werden, falls das Ergebnis ein positives ist.[28] So wenigstens lautet die Doktrin in ihrer Hardliner-Version. Betrachten wir deshalb zunächst Rakowskis Variante der Gleichheit des Schicksals, die dieser am nächsten kommt.

Stellen wir uns einen nicht versicherten Autofahrer vor, der fahr-

27 Ronald Dworkin, *Bürgerrechte ernstgenommen*, Frankfurt/Main: Suhrkamp 1984.

28 Rakowski, a. a. O., S. 74 f.

lässig illegal wendet und dadurch einen Unfall verschuldet. Der nicht versicherte Fahrer hängt nach dem Unfall an einem Beatmungsgerät und kämpft um sein Leben. Im Zuge einer gerichtlichen Anhörung wird er für schuldig befunden, den Unfall verursacht zu haben. Aus Rakowskis Sicht hat der schuldige Autofahrer keinen Rechtsanspruch auf eine Fortsetzung der medizinischen Versorgung. Nennen wir dies das Problem der *Vernachlässigung fahrlässiger Opfer*.

Wenn der schuldige Fahrer überlebt, infolge des Unfalls aber behindert ist, so hat die Gesellschaft keine Verpflichtung, sich um seine Behinderung zu kümmern. Arneson stimmt Rakowski in diesem Punkt zu.[29] Daraus folgt beispielsweise, dass die Post Blindenhunde der von Geburt an Blinden in ihr Gebäude hineinlassen muss, Blindenhunde derjenigen Autofahrer, die ihr Augenlicht bei einem selbstverschuldeten Autounfall verloren haben, aber von Rechts wegen des Gebäudes verweisen kann. Es käme den Staat zweifellos zu teuer, ein derart diskriminierendes System zu verwalten. (Doch zeigt ein solcher, rein praktischer Einwand natürlich noch nicht, dass der Glücksegalitarismus das, was Gerechtigkeit eigentlich verlangt, richtig bestimmt hätte.) Nennen wir dies das Problem der *Diskriminierung zwischen Behinderten*.

Glücksegalitaristen überlassen selbst vorsichtige Menschen ihrem Schicksal, wenn sich das Risiko, das sie eingegangen sind, gegen sie wendet.

> Wenn ein Bürger einer großen Nation mit vielen geographischen Unterschieden wie die Vereinigten Staaten sein Haus in einer überschwemmungsgefährdeten Ebene, in der Nähe des Andreasgrabens oder im Zentrum eines Tornadogebietes errichtet, so hat er die Risiken einer Flut, eines Erdbebens oder eines verheerenden Sturms selbst gewählt, denn er könnte diese Risiken ausschließen, würde er woanders leben.[30]

Rakowskis Entwurf beschränkt Katastrophenhilfe letztlich auf Bürger, die in bestimmten Teilen des Landes wohnen. Nennen wir

29 Arneson, »Liberalism, Distributive Subjectivism, and Equal Opportunity for Welfare«, a. a. O., S. 187.

30 Rakowski, a. a. O., S. 79. Rakowski räumt ein, dass in Gegenden, in denen es nur ein durchschnittliches Risiko für Naturkatastrophen gibt, »alle Verluste infolge der notwendig an Besitz geknüpften Risiken – wobei Besitz wiederum zu den Voraussetzungen eines durchschnittlich befriedigenden Lebens gehört – als Vorkommnisse reinen Unglücks« vollständig auszugleichen wären. Sobald aber private Versicherungen erhältlich sind, wird aus reinem Pech kalkuliertes Pech, und die Parteien sind wieder auf sich gestellt (S. 80).

dies das Problem der *geographischen Diskriminierung zwischen Bürgern*.

Wenden wir uns als nächstes Arbeitern mit gefährlichen Berufen zu. Polizisten, Feuerwehrleute, Angehörige der Armee, Bauern, Fischer und Bergarbeiter haben ein deutlich höheres Risiko, bei der Arbeit verletzt oder getötet zu werden. Nun sind dies aber »typische Beispiele für kalkulierten Zufall«, und somit lassen sich daraus keine Ansprüche auf öffentlich subventionierte medizinische Versorgung oder auf die Unterstützung der Angehörigen ableiten, wenn es zu einem Unfall kommt.[31] Nennen wir dies das Problem der *Berufsdiskriminierung*.

Menschen, die für Angehörige sorgen, und deren Kinder sind unter den Bedingungen der Schicksalsgleichheit speziellen Problemen ausgesetzt. Viele Menschen, die für abhängige Angehörige – d. h. für Kinder, Kranke und Behinderte – sorgen, beanspruchen keinen marktgerechten Lohn dafür, dass sie ihren Verpflichtungen denen gegenüber nachkommen, die nicht für sich selbst sorgen können. Dadurch fehlt ihnen die Zeit und die Flexibilität, um ein ausreichendes Einkommen zu erwirtschaften. Aus diesem Grund sind Menschen, die für Angehörige sorgen – in der Regel sind es Frauen –, normalerweise abhängig von einem Verdiener, von Sozialhilfe, oder sie sind extrem arm. Die finanzielle Abhängigkeit der Frauen von männlichen Verdienern hat zur Folge, dass sie systematisch Gefahr laufen, Opfer von Ausbeutung, Gewalt und Unterdrückung zu werden.[32] Rakowskis Doktrin behauptet aber, dass diese Armut und die daraus entstehende Unterdrückung selbstgewählt seien und sich deshalb keine rechtmäßigen Ansprüche gegen andere daraus ableiten ließen. Es sei eine vielleicht aus tiefer Überzeugung gewählte »Lebensform«, die aber gerade deshalb nicht auf Kosten derer gelebt werden könne, die nicht den »Eifer« oder den »Glauben« teilten, dass man Familienmitgliedern gegenüber Sorgepflichten habe.[33] Wenn sich Frauen dieser Armut und Schutzlosigkeit nicht ausliefern wollten, so dürften sie sich nicht für Kinder entscheiden.

Nach Rakowskis Modell haben Kinder darüber hinaus ausschließlich ihren Eltern gegenüber einen Anspruch auf Hilfeleis-

31 Ebd., S. 79.

32 Susan Moller Okin, *Justice, Gender, and the Familiy*, New York: Basic Books 1989, S. 134-69.

33 Rakowski, a. a. O., 109.

tung. Aus der Sicht aller anderen sind sie störende Eindringlinge. Denn könnten sie ihren Anteil an den natürlichen Ressourcen unabhängig von ihrem Anspruch auf die Anteile ihrer Eltern geltend machen, so würden sie den Anteil reduzieren, der den zuerst Gekommenen fairerweise zusteht.

> Es ist […] ungerecht, die Forderung zu erheben […], dass, nur weil zwei Menschen ein Kind bekommen wollen, […] jeder verpflichtet sei, seine Ressourcen mit den Neuankömmlingen in gleichem Maß zu teilen wie deren Eltern. Mit welchem Recht können zwei Menschen, die nicht Opfer reinen Pechs sind, sondern vorsätzlich handeln, alle anderen dazu zwingen, sich mit weniger als dem ihnen nach einer gerechten Verteilung der Ressourcen zustehenden Anteil zufrieden zu geben?[34]

Der Wunsch nach Kindern ist eben wiederum nur eine kostspielige Vorliebe, die Ressourcenegalitaristen nicht unterstützen müssen.

Rakowskis Sicht ist unter Ressourcenegalitaristen sicherlich eine der radikalsten. Die meisten Glücksegalitaristen würden den Zeitpunkt, zu dem ein Mensch Mitglied der Gesellschaft wird, im Hinblick auf den ihm fairerweise zustehenden Anteil an den Reichtümern der Natur als bedeutungslos betrachten. Kinder sind weder für die Armut ihrer Eltern verantwortlich noch für deren Wunsch, Kinder zu bekommen. Es ist deshalb ein Fall reinen Pechs, der Entschädigung erfordert, wenn Eltern die Mittel fehlen, ihren Kindern den ihnen zustehenden Anteil zur Verfügung zu stellen. Bei Frauen, die für Kinder sorgen, liegen die Dinge aber anders. Da Frauen im Durchschnitt nicht untalentierter sind als Männer, sondern freiwillig einen bestimmten Gebrauch von ihren Talenten machen, der nur einen geringen oder gar keinen Marktwert erzielt, können die Ungerechtigkeiten, die aus ihrer Abhängigkeit von männlichen Verdienern folgen, wahrscheinlich auf der theoretischen Grundlage des Glücksegalitarismus nicht behoben werden. Nennen wir dies das Problem der *Schutzlosigkeit von Menschen, die für Angehörige sorgen*.

In Rakowskis Hardliner-Version der Schicksalsgleichheit haben Menschen, sobald sie ihren gerechten Anteil am natürlichen Reichtum aufs Spiel gesetzt und verloren haben, keinen Anspruch mehr darauf, dass andere ihren Absturz in Elend und bittere Not verhindern. Die Theorie der Schicksalsgleichheit erlegt der Chancenstruktur des freien Marktes keine Beschränkungen auf. Nichts würde Menschen – auch diejenigen nicht, deren Ressourcen trotz

34 Ebd., S. 153.

vorsichtigen Einsatzes verloren gingen – davor schützen, Opfer von Schuldenfrondienst, Menschenschinderei oder anderen Formen der Ausbeutung zu werden. Nennen wir dies die Probleme der *Ausbeutung* und des *mangelnden Sicherheitsnetzes*.

Rakowski könnte argumentieren, dass private oder öffentliche Versicherungen allen zur Verfügung stehen müssten, damit solche Umstände verhindert würden. Dann wären diejenigen, die es versäumt hätten, sich zu versichern, selbst schuld, dass sie so arm dran wären und ausgebeutet werden könnten. Aus Gründen der Gerechtigkeit sind aber Ausbeutung und Vernachlässigung ganz generell verboten. Das gilt auch für Unvorsichtige. Außerdem ist eine Person, die die zu ihrem Selbstschutz notwendigen Versicherungsbeiträge nicht mehr aufbringen kann, nicht unbedingt unvorsichtig. Sollte sie besonders viel kalkuliertes Pech gehabt haben, so wird sie möglicherweise nicht mehr in der Lage sein, weiterhin die Grundbedürfnisse ihrer Familie befriedigen und gleichzeitig alle Versicherungen bezahlen zu können. Nennen wir dies das Problem der *Vernachlässigung der Vorsichtigen*.

Rakowskis Version der Gleichheit des Schicksals behandelt die Opfer kalkulierten Pechs besonders grausam. Seine Umverteilungsregeln sind sogar noch wesentlich grausamer als die in den Vereinigten Staaten geltenden, wo die Gesundheitsfürsorge nicht auf der Grundlage von Selbstverschulden rationiert wird. Denn in den USA werden immer noch alle Behinderten vor Diskriminierung geschützt, alle Bewohner des Landes können bundesstaatliche Katastrophenhilfe in Anspruch nehmen, und verarmte Familien mit minderjährigen Kindern erhalten wenigstens übergangsweise Sozialhilfe. Es sind Minimallöhne vorgeschrieben, Sklaverei, Schuldenfrondienst und – zumindest bestimmte Formen der – Menschenschinderei verboten. Gelingt es anderen Glücksegalitaristen besser als Rakowski, die Opfer kalkulierten Pechs vor dem schlimmsten Schicksal zu bewahren? Auch Dworkins Theorie hat für den Fall, dass jemand den ihm gerechtermaßen zugesprochenen Anteil an Ressourcen durch kalkuliertes Pech verloren hat, keinen besseren Schutz vor den darwinistischen Praktiken des freien Marktes zu bieten. Sie würde auch den Menschen, die für Angehörige sorgen, oder denen, die infolge eigener Entscheidungen zu Behinderten wurden, nicht zu Hilfe kommen.

Van Parijs will jedem das in einer Gesellschaft maximal finanzierbare Mindesteinkommen garantieren. Wäre dieses Einkommen ausreichend, würde es Angehörigenbetreuern, Behinderten, unfreiwillig Arbeitslosen und allen anderen Pechvögeln sicherlich helfen.[35] Er räumt aber die Möglichkeit ein, dass dieses Einkommen sehr gering, um nicht zu sagen: verschwindend gering, ausfallen könnte.[36] Die Hauptschwierigkeit seines Vorschlags ist, dass dieses Grundeinkommen allen bedingungslos zustehen soll, egal, ob sie zu sozial nützlicher Arbeit in der Lage sind oder nicht. Faule, gesunde Surfer hätten den gleichen Anspruch darauf wie Angehörigenbetreuer oder Behinderte. Damit aber überhaupt die Steuereinnahmen aufgebracht werden können, die das Grundeinkommen finanzieren sollen, müssen Menschen einen Anreiz haben, arbeiten zu gehen. Zu diesem Zweck müsste es ein nicht unwesentliches Gefälle zwischen dem Grundeinkommen und den am schlechtesten bezahlten, ungelernten Arbeiten geben. Ein so niedriges Grundeinkommen würde dann vielleicht den Ansprüchen ungebundener Strandfaulenzer genügen. Es wäre wohl kaum ausreichend für sich aufopfernde Eltern, unfreiwillig Arbeitslose oder Behinderte, die außergewöhnliche Ausgaben haben. Würde man das garantierte Grundeinkommen an die Bedingung knüpfen, dass körperlich gesunde Menschen eine sozial nützliche Arbeit übernehmen müssen, könnte es auf ein viel höheres Niveau angehoben werden. Van Parijs' Vorschlag bedient in Wirklichkeit die Vorlieben der Faulen und Verantwortungslosen auf Kosten der wirklich Bedürftigen.[37]

Arneson schlägt vor, jedem die gleichen Chancen zur Erlangung von Wohlergehen zu garantieren. Jedem Erwachsenen sollte ein Spektrum von Wahlmöglichkeiten offen stehen, so dass die Summe aller zu erwartenden Vorteile jeder gleichermaßen wählbaren Lebensgeschichte genauso groß ist wie die Summe der Vorteile, der jede beliebige andere Person bei ihren möglichen Lebensgeschichten gegenübersteht. Sobald diese Wahlmöglichkeiten sichergestellt sind, hängt das Schicksal einer Person nur noch von ihren Entscheidungen und dem kalkulierten Zufall ab.[38] Wie die Theorien von Dworkin und Rakowski garantiert auch Arnesons Theorie

35 Van Parijs, »Why Surfers Should Be Fed?«, a. a. O., S. 131.

36 Van Parijs, *Real Freedom for All*, a. a. O., S. 76.

37 Brian M. Barry, »Equality, Yes, Basic Income, No«, in: *Arguing for Basic Income*, hg. v. Philippe Van Parijs, New York: Verso 1992, S. 138.

38 Arneson, »Gleichheit und gleiche Chancen zur Erlangung von Wohlergehen«, a. a. O.

Gleichheit oder eine im minimalen Sinn lebenswerte Existenz nur *ex ante*, vor allen Entscheidungen des Erwachsenen. Das ist nur ein geringer Trost für Menschen, die ein umsichtiges und kluges Leben geführt haben, aber dennoch besonders viel kalkuliertes Pech hatten.[39] Außerdem würde Arneson, wie wir gesehen haben, keine Hilfe für Menschen fordern, die ihre Behinderung selbst verschuldet haben. Auch Angehörigenbetreuer hätten von Arneson nicht viel zu erwarten. In seiner Zusammenfassung der Positionen Arnesons und Cohens erläutert Roemer dies wie folgt: »Die Gesellschaft sollte Menschen nicht für ihre Wahl eines [altruistischen und selbstaufopferungsvollen] Weges entschädigen, denn sie schuldet ihnen keine Kompensation für ihre moralischen Ansichten.«[40] Menschen, die die Schutzlosigkeit vermeiden wollen, die mit der Betreuung Angehöriger verbunden ist, müssen daher entscheiden, nur für sich selbst zu sorgen. Das ist ein Egalitarismus für Egoisten.

Die Theorien von Cohen und Roemer stellen als Einzige die Chancenstruktur, die der Markt aufgrund persönlicher Entscheidungen eröffnet, in Frage. Nach Cohens Ansicht ist der gleiche Zugang zu Vorteilen eine Bedingung von Gleichheit. Und er definiert Vorteile nicht nur als Wohlergehen, sondern auch als Schutz vor Ausbeutung oder unfairen Handelsbedingungen.[41] Auch Roemers Version des Marktsozialismus, der zufolge alle Haushalte gleichermaßen an den Kapitalerträgen zu beteiligen wären, würde die schlimmsten Folgen eines *Laissez-faire*-Kapitalismus, wie Schuldenfrondienst und Menschenschinderei, vermeiden. Doch als marxistische Theoretiker thematisieren sie ausschließlich die Ausbeutung der Lohnarbeiter, womit Angehörigenbetreuer, die keinen Lohn erhalten, aus dem theoretischen Rahmen fallen.[42]

Wie gehen Glücksegalitaristen mit diesen Problemen um? Keiner von ihnen ist sich über die sexistischen Folgen im Klaren, die es hat, wenn man die Wahrnehmung der moralischen Verpflichtung, für Angehörige zu sorgen, an das Kultivieren teurer Vorlieben assimiliert. Die meisten sind sich bewusst, dass eine egalitaristische

39 John Roemer, *Theories of Distributive Justice*, Cambridge, Mass.: Harvard University Press 1996, S. 270.

40 Ebd., S. 270.

41 Cohen, »On the Currency of Egalitarian Justice«, S. 908.

42 John Roemer, »The Morality and Efficiency of Market Socialism«, in: *Ethics* 102 (1992).

Position, die Gleichheit nur *ex ante* garantiert, in Wirklichkeit zu so wesentlichen Ungleichheiten im Leben der Menschen führen wird, dass es den Schlechtestgestellten am Ende extrem schlecht gehen wird. Sie gehen davon aus, dass die Vorsichtigen einem solchen Schicksal zuvorkommen werden, indem sie das Angebot privater (oder, wenn nötig, öffentlicher) Versicherungen wahrnehmen. Alle sind sich dementsprechend einig, dass die Hauptschwierigkeit für Glücksegalitaristen darin besteht, dem Elend der Unvorsichtigen vorzubeugen.

Arneson vertritt die Position, dass es unter Umständen unfair ist, Menschen in vollem Ausmaß für ihre Handlungen verantwortlich zu machen. Die für eine verantwortungsbewusste Entscheidung notwendigen Fähigkeiten – Voraussicht, Standhaftigkeit, Kalkulationsvermögen, Willensstärke, Selbstvertrauen – sind zum Teil abhängig von Erbanlagen oder vom Glück, gute Eltern zu haben. Die Unvorsichtigen haben deshalb ein Anrecht auf einen speziellen paternalistischen Schutz der Gesellschaft vor ihren schlechten Entscheidungen. Dies könnte zum Beispiel Pflichtabgaben an eine Rentenversicherung einschließen.[43] Andere Glücksegalitaristen sind der Ansicht, dass ein reiner Glücksausgleich möglicherweise durch eine nicht unbeträchtliche Dosis paternalistischer Intervention zu modifizieren ist.[44] Nach ihrer Einschätzung sind es aber *ausschließlich* paternalistische Gründe, die die verschiedenen, für moderne Wohlfahrtsstaaten charakteristischen Sozialversicherungsprogramme allgemein verbindlich machen können: Sozialfürsorge, Kranken- und Invalidenversicherung, Katastrophenhilfe usw. *Nur* paternalistische Gründe können rechtfertigen, dass man dem Einzelnen sein Grundeinkommen monatlich zuteilt, statt es durch eine Einmalzahlung bei Eintritt in die Volljährigkeit abzugelten.[45] Nennen wir dies das Problem des *Paternalismus*.

Überlegen wir uns unterdessen, ob eine solche Politik Achtung vor den Bürgern zum Ausdruck bringt. Glücksegalitaristen sagen den Opfern schweren kalkulierten Pechs, dass sie ihr Pech verdie-

43 Arneson, »Gleichheit und gleiche Chancen zur Erlangung von Wohlergehen«, a. a. O.

44 Dworkin, »Equality of Resources«, a. a. O., S. 295; Rakowski, a. a. O., S. 76.

45 Van Parijs, *Real Freedom for All*, a. a. O., S. 47; Richard Arneson, »Is Socialism Dead? A Comment on Market Socialism and Basic Income Capitalism«, in: *Ethics* 102 (1992), S. 510.

nen, da sie sich ja für ihre Risiken selbst entschieden haben. Doch eine Gesellschaft, die es zulässt, dass ihre Mitglieder aufgrund vollkommen vernünftiger Entscheidungen so tief sinken, bringt ihnen wohl kaum Achtung entgegen. Nicht einmal die Unvorsichtigen verdienen ein solches Schicksal. Glücksegalitaristen haben zwar in ihrem strengen System einige Modifikationen vorgesehen, doch nur aus paternalistischen Überlegungen. Die Gründe, die Glücksegalitaristen für allgemein verpflichtende Sozialversicherungsprogramme anführen, bedeuten den Bürgern letztlich, dass sie zu dumm sind, ihr Leben selbst in die Hand zu nehmen. Es ist schwer verständlich, wie man von Bürgern erwarten kann, diese Begründungen ohne die Aufgabe ihrer Selbstachtung zu akzeptieren.

Auf diese Vorhaltungen kann man wie folgt reagieren:[46] Erstens sollten Glücksegalitaristen, ausgehend von ihrer Sorge um die Opfer unverdienten Unglücks, auch argumentieren können, einige Ergebnisse seien so schrecklich, dass niemand, nicht einmal die Unvorsichtigen, sie verdienten. Nachlässige Autofahrer hätten nicht verdient zu sterben, nur weil man ihnen die medizinische Versorgung verwehre. Zweitens kann Paternalismus durchaus ein ehrenwertes und zwingendes Prinzip der Gesetzgebung sein. Denn es ist beispielsweise nicht beschämend für einen Staat, Gesetze zu erlassen, die den Gebrauch eines Sicherheitsgurts vorschreiben, sofern die Gesetze demokratisch zustande kommen.

Ich teile die Intention dieser Argumente. Die Ziele, die sie für eine egalitaristische Theorie formulieren, entfernen sich aber von der Position des Glücksegalitarismus. Das erste Argument betont die Notwendigkeit, zwischen Gütern zu unterscheiden, die die Gesellschaft allen Bürgern garantiert, und Gütern, die man ohne den geringsten Kompensationsanspruch verlieren kann. Hier geht es nicht nur darum, ein garantiertes, minimales Gesamtniveau der Wohlergehens- oder Eigentumsausstattung zu definieren. Eine nachlässige Autofahrerin leidet vielleicht viel mehr unter dem Tod ihres Sohnes, der durch einen von ihr verursachten Unfall ums Leben kam, als daran, dass man ihr die Operation ihres gebrochenen Beines verweigert. Die Gesellschaft schuldet ihr keine Kompensation für das größere Leid, doch sie sollte ihr die medizinische Versorgung nicht vorenthalten. Egalitaristen müssten also versu-

46 Amy Gutmann hat die folgenden Argumente in ihrer öffentlichen Stellungnahme zu einer früheren Version dieses Artikels während des 31. jährlichen Philosophischen Kolloquiums in Chapel Hill, N.C., geäußert.

chen, Menschen bestimmte *Arten* von Gütern zu garantieren. Dieser Gedanke widerspricht dem Geist des Glücksegalitarismus, der eine umfassende Entschädigung der Menschen für unverdiente Verluste aller Art innerhalb eines von Glücksegalitaristen zwar unterschiedlich definierten (Wohlfahrt oder Ressourcen), aber allgemeinen Gleichheitsrahmens anstrebt. Arnesons Argument für die Ununterscheidbarkeit der Bedürfnisse Behinderter und der unwillkürlich teuren Vorlieben Gesunder illustriert dies sehr gut.

Das zweite Argument wirft die Frage auf, wie freiheitsbeschränkende Gesetze zu rechtfertigen sind, die denen Vorteile verschaffen sollen, deren Freiheit selbst eingeschränkt wird. Gegen eine gesetzliche Gurtpflicht ist zwar nichts einzuwenden, sie ist aber kein gutes Beispiel, denn sie schränkt die Freiheit nur in einem minimalen Sinn ein. Ist die Einschränkung der Freiheit aber erheblich, wie im Fall der Zwangsbeteiligung an einem Sozialversicherungsprogramm, so ist man den Bürgern eine ernsthaftere Erklärung schuldig als die, Big Brother kenne ihre Interessen besser als sie selbst. Eine egalitaristische Theorie sollte in der Lage sein, eine solche ernsthaftere Erklärung zu geben.

Die Opfer reinen Pechs

Wenden wir uns nun den Opfern reinen Pechs zu – denen, die mit schlimmen genetischen oder angeborenen Behinderungen zur Welt kommen oder die durch Vernachlässigung in der Kindheit, durch Krankheit oder Unfälle in erheblichem Maß zu Behinderten geworden sind. Glücksegalitaristen subsumieren auch Menschen mit geringen natürlichen Talenten oder solchen Talenten, die keinen Marktwert besitzen, unter diese Kategorie. Van Parijs würde auch jeden zu dieser Gruppe zählen, der mit seiner natürlichen Ausstattung unzufrieden ist, egal ob es ihm hierbei um Talente, Schönheit, andere körperliche Eigenschaften oder liebenswerte Charakterzüge geht.[47] Cohen und Arneson würden selbst die Menschen mit unwillkürlich teuren Vorlieben oder chronisch schlechter Laune hinzurechnen.[48] Für die Vertreter der Gleichheit des Schicksals ha-

47 Van Parijs, *Real Freedom for All*, a. a. O., S. 68.

48 Arneson, »Liberalism, Distributive Subjectivism, and Equal Opportunity for Welfare«, a. a. O.; Cohen, »On the Currency of Egalitarian Justice«, a. a. O., S. 930f.

ben diese Opfer reinen Pechs einen Anspruch auf Entschädigung ihrer unzulänglichen inneren Vermögen oder Zustände.

Während Glücksegalitaristen den Opfern kalkulierten Pechs gegenüber eher hartherzig oder paternalistisch auftreten, scheinen sie gegen die Opfer reinen Pechs voller Mitgefühl zu sein. Die Hauptattraktivität des Glücksegalitarismus liegt für egalitaristisch Gesinnte in dieser scheinbaren Menschlichkeit. Die Theorie der Schicksalsgleichheit bestimmt, dass diejenigen, die ohne eigenes Verschulden am schlechtesten dran sind, bei der Verteilung den Vorzug erhalten sollten. Ich werde dafür plädieren, dass die Doktrin der Gleichheit des Schicksals diese scheinbare Menschlichkeit auf zweifache Weise Lügen straft. Zunächst drückt sich in den Regeln, die festlegen, wer zu den schuldlos Schlechtestgestellten zu zählen ist, keinesfalls die Sorge um alle Schlechtestgestellten aus. Und zweitens sind die Gründe, die für eine Unterstützung der Schlechtestgestellten angeführt werden, in höchstem Maße diskriminierend für die Hilfsempfänger.

Wann ist ein inneres Defizit gravierend genug, um Kompensation zu erfordern? Man möchte ja vermeiden, dass jeder mit irgendeiner trivialen persönlichen Unzufriedenheit, wie zum Beispiel unattraktivem Haar, ein Anrecht auf Entschädigung hat. Dworkin ist der Überzeugung, dass jene Menschen für einen inneren Defekt kompensiert werden müssen, die sich dagegen versichert hätten, wenn sie gewusst hätten, ob sie diesen Defekt haben würden. Daraus folgt unbarmherzigerweise, dass Menschen mit extrem seltenen, aber schweren Behinderungen für spezielle Hilfe nicht in Betracht kommen. Denn die Wahrscheinlichkeit, diese Behinderungen zu bekommen, wäre so minimal, dass es *ex ante* rational wäre, sich nicht dagegen zu versichern. Dieser Vorschlag macht einen Unterschied zwischen Menschen mit seltenen und solchen mit gewöhnlichen Behinderungen.[49]

Dworkins Kriterium der kompensationswürdigen Behinderung handelt sich auch das Problem der teuren Vorlieben ein, da es von den individuellen Präferenzen für eine Versicherung abhängt.[50] Nehmen wir an, eine eitle Person würde furchtbar unter der Aussicht leiden, genetisch bedingt eine Hakennase zu bekommen. Ihre Angst vor dieser Möglichkeit könnte groß genug sein, dass es für sie vernünftig wäre, eine Versicherung für Schönheitsoperationen ab-

49 Rakowski, a. a. O., S. 99.
50 Van Parijs, *Real Freedom for All*, a. a. O.

zuschließen, noch bevor sie wüsste, wie ihre Nase am Ende aussähe. Es ist aber nicht einzusehen, warum eine solche Präferenz die Gesellschaft dazu verpflichten sollte, diese Schönheitsoperation zu bezahlen. Abgesehen davon betrachten viele Menschen Hakennasen gar nicht als etwas Schlimmes, und viele dieser Menschen haben selbst Hakennasen. Sie würden sich zu Recht verletzt fühlen, wenn die Gesellschaft Hakennasen als einen so schmerzlichen Defekt ansähe, dass er einen Anspruch auf Kompensation hervorbrächte.

Um sich nicht von teuren, idiosynkratischen und frivolen Vorlieben abhängig zu machen, hat Van Parijs im Anschluss an Ackerman vorgeschlagen, die Klasse von Menschen, die ihr defizitäres inneres Vermögen zu einer Kompensation berechtigt, durch das Prinzip der *nicht-dominanten Vielfalt* (»undominated diversity«) zu bestimmen. Betrachten wir die Gesamtheit der inneren Vermögen einer Person A. Gäbe es eine Person B, für die gälte, dass *jeder* die Gesamtheit der inneren Vermögen Bs derjenigen As vorziehen würde, dann wäre die Vielfalt der Vermögen Bs dominant gegenüber derjenigen As. A wird dann als so armselig angesehen, dass niemand glaubt, irgendeines seiner inneren Vermögen sei wertvoll genug, um seine inneren Defekte so weit auszugleichen, dass seine Vermögen wenigstens denen von B entsprechen. Dieser Zustand scheint dann aus der Perspektive aller schlimm genug zu sein, um eine Kompensation zu rechtfertigen. Die Höhe der Kompensation wird durch den Punkt festgelegt, an dem für jede beliebige Person B gilt, dass wenigstens ein Mensch die Summe der inneren und äußeren Vermögen von A gegenüber der von B bevorzugt.

Gegen das Kriterium der nicht-dominanten Vielfalt ließe sich einwenden, dass die meisten Gehörlosen, die sich als Mitglieder der Gehörlosengemeinschaft verstehen, nicht der Ansicht sind, Taubheit sei ein so schreckliches Gebrechen, dass die Fähigkeiten irgendeines Menschen mit Gehör ihren eigenen vorzuziehen wären. Die Antwort, die Van Parijs darauf gibt, setzt der ganzen Sache die Krone auf: Wenn das soeben Gesagte zutrifft, so haben Gehörlose seiner Einschätzung nach keinen Anspruch auf spezielle Hilfeleistungen, egal ob sie sich als Teil der Gehörlosengemeinschaft betrachten oder nicht. Sie selbst beurteilen ihre Fähigkeiten auch ohne Hilfeleistungen als zufriedenstellend. Warum sollte man ihnen also Hilfe gewähren?[51]

51 Van Parijs, *Real Freedom for All*, S. 77.

Theorien des Wohlfahrtsegalitarismus, wie die Arnesons, kranken an ähnlichen Problemen. Cohen hat gegen Arneson folgenden Einwand vorgebracht: Wenn der kleine Tim auch ohne seinen Rollstuhl glücklich wäre und der griesgrämige Scrooge durch das Geld, das dieser Rollstuhl kostet, getröstet werden könnte, dann sollte Tim dazu verpflichtet werden, Scrooge seinen Rollstuhl zu überlassen.[52] Eine Schwierigkeit der Theorien, die sich auf subjektive Werturteile verlassen und verschiedene Dimensionen des Wohlergehens gegeneinander aufrechnen, ist aber, dass sie private Bedürfnisbefriedigung als Kompensation für gesellschaftlich verursachte Benachteiligungen zulassen. Wenn Menschen ihr Leben als glücklich empfinden, obwohl sie von anderen unterdrückt werden, so rechtfertigt das wohl kaum eine Fortsetzung der Unterdrückung. Nennen wir dies das Problem, *private Bedürfnisbefriedigung zur Rechtfertigung gesellschaftlicher Unterdrückung zu benutzen*. Es verweist auf ein weiteres Ziel für jede egalitaristische Theorie: Die Abhilfe, die sie schafft, muss zum Typ von Ungerechtigkeit passen, gegen den sie sich richtet.

Wenden wir uns jetzt denen zu, die der Glücksegalitarismus als typische Hilfsempfänger betrachtet. Hierzu schreibt Thomas Nagel:

> Wenn eines Tages die rassistischen und sexistischen Ungerechtigkeiten zurückgegangen sein werden, dann werden wir immer noch mit der gewaltigen Ungerechtigkeit gegenüber den Dummen konfrontiert sein, die für vergleichbare Anstrengungen ungleich schlechter entlohnt werden als die Schlauen. [...] Vielleicht findet eines Tages jemand einen Weg, [...] die gesellschaftlich verursachten Ungleichheiten (insbesondere die ökonomischen) zwischen Intelligenten und nicht Intelligenten, zwischen Talentierten und Unbegabten, ja sogar zwischen Schönen und Hässlichen zu vermindern [...].[53]

Was können Glücksegalitaristen denen sagen, die mit solchen inneren Defiziten gestraft sind? Nehmen wir an, die Kompensationszahlungen würden per Post verschickt. Dem Scheck läge dann ein vom Gleichheitsministerium unterzeichneter Brief bei, der die Gründe für die Kompensation erläutert. Stellen wir uns vor, was in diesen Briefen stehen könnte:

> An die Behinderten: Wegen Ihrer mangelhaften natürlichen Ausstattung oder Ihrer gegenwärtigen Behinderungen ist Ihr Leben weniger lebenswert

52 Cohen, »On the Currency of Egalitarian Justice«, a.a.O., S. 917f.

53 Nagel, »Bevorzugung gegen Benachteiligung?«, a.a.O, S. 119.

als das Leben normaler Menschen. Um Sie für dieses Unglück zu entschädigen, werden wir, die wir uns im Vollbesitz unserer körperlichen und geistigen Kräfte befinden, Ihnen zusätzliche Ressourcen zur Verfügung stellen, und zwar gerade genug, um den Wert ihres Lebens so weit anzuheben, dass es wenigstens *einen* Menschen gibt, der der Ansicht ist, es hält dem Vergleich mit dem Leben irgendeines anderen stand.

An die Dummen und Untalentierten: Unglücklicherweise wissen andere Menschen das wenige, was Sie beizutragen haben, nicht zu schätzen. Ihre Talente sind zu spärlich, um einen Marktwert zu erzielen. Da Sie das Pech hatten, mit so wenigen Talenten geboren zu werden, möchten wir Leistungsfähigen Sie dafür entschädigen: Wir werden Sie am Reichtum teilhaben lassen, den wir mit unseren weit überlegenen und hoch geschätzten Fähigkeiten geschaffen haben.

An die Hässlichen und sozial Ungeschickten: Wie schade, dass Sie die Menschen in Ihrer Nähe so sehr abstoßen, dass niemand Ihr Freund oder Lebensgefährte sein möchte. Wir können das nicht wieder gutmachen, indem wir Ihr Freund oder Ehepartner werden – wir müssen selbst frei entscheiden, welche Bindungen wir eingehen wollen –, aber Sie können sich in Ihrer traurigen Einsamkeit mit dem Konsum dieser materiellen Güter trösten, die wir, die Schönen und Charmanten, Ihnen geben. Und wer weiß? Vielleicht werden Sie in Liebesdingen nicht mehr so ein Verlierer sein, wenn Ihre potentiellen Liebhaber sehen, wie reich Sie sind.

Wie könnten Bürger mit Selbstachtung nicht von einer solchen Botschaft beleidigt sein? Was fällt dem Staat ein, Urteile über den Wert seiner Bürger als Arbeiter und Liebhaber zu fällen? Und wenn er von Bürgern verlangt, dass sie erst ihre persönliche Minderwertigkeit beweisen müssen, bevor sie staatliche Unterstützung erhalten, so degradiert er sie auch noch zu Sozialhilfe-Bettlern. Ebenso wenig ist es die Aufgabe des Staates, den Wert der Eigenschaften zu beurteilen, die Bürger in ihrem Privatleben an den Tag legen. Es ist demütigend, von seinen Bekannten weitgehend als sozialer Trampel angesehen zu werden. Wieviel entwürdigender wäre es, wenn der Staat solche privaten Urteile in den Rang öffentlich anerkannter Meinungen erhöbe, die zum Zwecke des Gerechtigkeitsmanagements zu Wahrheiten erklärt würden. Die Gleichheit des Glücks *verunglimpft die von Natur aus Benachteiligten* und *erhebt private Verachtung in den Rang offiziell anerkannter Wahrheit*.

Wir sollten allerdings nicht glauben, dass die beleidigenden Briefe, die den Kompensationsschecks beigelegt würden, hier das einzige Problem darstellen. Das tatsächliche Verschicken solcher

Briefe würde der Verletzung natürlich nur noch eine weitere Beleidigung hinzufügen. Doch ganz egal, ob der Glücksegalitarismus die Gründe für seine Hilfeleistungen mitteilt oder nicht, basieren seine Distributionsprinzipien in jedem Fall auf Erwägungen, die nichts als Mitleid für die angeblichen Nutznießer zum Ausdruck bringen. Menschen können nur aufgrund ihrer Minderwertigkeit, nicht wegen ihrer Gleichheit mit anderen, einen Anspruch auf die Ressourcen egalitaristischer Umverteilung geltend machen. Mitleid aber ist mit der Achtung der Menschenwürde unvereinbar. Vergibt man Gratifikationen nach Mitleidsgesichtspunkten, so verletzt man die Prinzipien der Verteilungsgerechtigkeit, die eine gleiche Achtung aller Bürger fordern. Der Glücksegalitarismus missachtet also die fundamentalen Anforderungen, die an jede kohärente Gleichheitstheorie zu stellen sind.[54]

Man könnte sich auf den Standpunkt stellen, dass die von der Theorie der Glücksgleichheit zum Ausdruck gebrachte Rücksicht einfach menschliches Mitgefühl und nicht abschätziges Mitleid sei. Wir müssen uns den Unterschied klar vor Augen führen. Mitgefühl entwickelt sich aus einem Wissen um das Leiden – den intrinsischen Zustand – einer Person. Im Gegensatz dazu wird Mitleid durch den Vergleich zwischen den Umständen des Beobachters und den Umständen des von ihm Bemitleideten erweckt. Das hierfür typische Urteil ist nicht: »Es geht ihr schlecht«, sondern: »Es geht ihr schlechter als mir«. Werden innere Zustände verglichen, auf die Menschen stolz sind, so denkt der Mitleidige: »Sie ist mir auf traurige Weise unterlegen«. Sowohl Mitgefühl als auch Mitleid können einen Menschen dazu bringen, wohltätig zu handeln, doch nur Mitleid ist herablassend.

Mitgefühl bringt keine egalitaristischen Verteilungsprinzipien

54 Meine Bedenken richten sich hier gegen die Einstellung, die eine Theorie zum Ausdruck bringt, nicht gegen die Folgen der Äußerung dieser Einstellung. Bürger mit Selbstachtung würden eine Gesellschaft, deren Prinzipien sie als minderwertig einstufen, ablehnen, selbst wenn diese Prinzipien geheim gehalten würden. Ein Gouverneurs-Utilitarismus ist deshalb keine Lösung. Auch der Vorschlag, die Gesellschaft solle eine großzügigere Verteilungspolitik betreiben, um Menschen möglichst nicht zu beleidigen, ist keine zufriedenstellende Verteidigung des Glücksegalitarismus. Es geht nicht darum, ob man zur Vermeidung nachteiliger Folgen von dem abweichen sollte, was aus Gründen der Gerechtigkeit geboten ist. Die Frage ist vielmehr, ob eine Theorie der Gerechtigkeit, die auf abschätzigem Mitleid für ihre angeblichen Nutznießer basiert, der egalitaristischen Forderung genügt, dass die gleiche Achtung jedes Menschen die Grundlage der Gerechtigkeit sein muss.

hervor: Es möchte das Leiden verringern, nicht gleich verteilen. Wenn Menschen einmal von ihrem Leid und ihrer Bedürftigkeit befreit sind, entsteht aus Mitgefühl nicht das Bedürfnis, für eine weitergehende Gleichheit der Lebensumstände zu sorgen.[55] Im Gegensatz hierzu möchte die Theorie der Schicksalsgleichheit innere Vermögen egalisieren, selbst wenn Menschen gar keine inneren Defizite haben, sondern nur geringere Vorteile aus ihren Vermögen ziehen als andere. Die Theorie der Schicksalsgleichheit beruht nicht auf Mitgefühl. Es geht ihr nicht um die absolute Not eines Menschen, sondern um die Kluft zwischen den Reichsten und den Ärmsten. So kommt bei den Reicheren, die sich von den Überlegungen des Glücksegalitarismus leiten lassen, ein Gefühl von Distanz auf, ein Bewusstsein der Überlegenheit gegenüber denen, die ihr Mitgefühl erwecken. Und eben das ist Mitleid.

Wenn die Haltung der Reicheren, die den Glücksegalitarismus zu ihrem Handlungsprinzip machen, gegenüber den Ärmeren Mitleid ist, welche Haltung nehmen dann die Ärmeren den Reicheren gegenüber ein, wenn sie aufgrund dieser Theorie Ansprüche erheben? Die Ressourcenvariante des Glücksegalitarismus gibt in diesem Punkt eindeutig Auskunft: Es ist Neid. Ihr Kriterium für gleiche Ressourcenverteilung ist Neidfreiheit. Eine Verteilung muss so sein, dass niemand das Ressourcenbündel irgendeines anderen haben möchte.[56] Der Neid denkt: »Ich will, was Du hast«. Es ist schwer einzusehen, wie solche Bedürfnisse Pflichten auf Seiten der Beneideten hervorbringen können. Den eigenen Neid als Grund dafür anzugeben, dass die Beneideten einen bestimmten Wunsch zu erfüllen hätten, ist für diese äußerst beleidigend.

Der Glücksegalitarismus nimmt also weder auf die von der Hilfe Ausgeschlossenen Rücksicht, noch erweist er den Hilfsempfängern oder denen, die für die Hilfe aufkommen sollen, Achtung. Er scheitert an den grundlegendsten Anforderungen, die jede egalitaristische Theorie erfüllen muss.

55 Raz, *The Morality of Freedom*, a. a. O., S. 242, in diesem Band, S. 77/78.
56 Dworkin, »Equality of Resources«, a. a. O., S. 285; Rakowski, a. a. O., S. 65 f.; Van Parijs, *Real Freedom for All*, a. a. O., S. 51.

Die Defizite des Glücksegalitarismus: eine Diagnose

Wir haben gesehen, dass die Theorie der Schicksalsgleichheit auf einen gemischten institutionellen Rahmen angewiesen ist: Freie Märkte sollen die Verteilung der Güter regeln, die der Verantwortlichkeit des Einzelnen zurechenbar sind; der Wohlfahrtsstaat soll die Verteilung jener Gütern übernehmen, die abhängig von Faktoren außerhalb der Verantwortung des Einzelnen sind. Man könnte vermuten, dass Sozialisten dieser Doktrin automatisch zustimmen müssten, sobald sie den Irrsinn einer totalisierenden staatlichen Planwirtschaft und die beträchtlichen Vorteile einer Allokation durch Märkte eingesehen hätten. Dass Marktentscheidungen eine so große Rolle im Institutionensystem des Glücksegalitarismus spielen, könnte den Anschein erwecken, als hätten seine Vertreter die bekannten konservativen und liberalen Kritiken am Egalitarismus entkräftet.

Doch die kontraintuitiven Urteile, zu denen Glücksegalitaristen in den oben diskutierten Fällen kommen, legen eine weniger schmeichelhafte Beurteilung nahe: Die Theorie der Glücksgleichheit scheint einige der schlimmsten Aspekte von Kapitalismus und Sozialismus zu vereinen. Der Egalitarismus sollte ein großzügiges, humanes und kosmopolitisches Bild der Gesellschaft entwerfen, in der Individuen trotz ihrer Verschiedenheit als Gleiche anerkannt werden. Er sollte ein Institutionensystem wählen, das es allen ermöglicht, von der Vielfalt der Talente, Zielsetzungen, Rollen und Kulturen der Menschen zu profitieren und diese Vielfalt als wertvoll anzusehen. Stattdessen zeichnet der Glücksegalitarismus, dieses Zwitterwesen aus Kapitalismus und Sozialismus, das Bild einer bösartigen, entwürdigenden und hartherzigen Gesellschaft, die die Unterschiede der Menschen einer Hierarchie unterwirft, Verantwortliche und Unverantwortliche, von Natur aus Überlegene und von Natur aus Minderwertige, Unabhängige und Abhängige einander moralisierend gegenüberstellt. Er gewährt denen, die er als verantwortungslos abstempelt, keine und denen, die er als von Natur aus minderwertig brandmarkt, nur eine demütigende Hilfe. Die Perspektive, die er eröffnet, erinnert auf beklemmende Weise an das elisabethanische Armenrecht, unter dem die Glücklosen um Hilfe zu flehen hatten und sich den demütigenden moralischen Urteilen des Staates unterwerfen mussten.

Wie konnte der Glücksegalitarismus auf solche Abwege geraten?

Betrachten wir zunächst, welche Probleme sich der Glücksegalitarismus durch die Art und Weise, wie er auf Marktentscheidungen vertraut, einhandelt. Er hat für die Opfer kalkulierten Pechs nur ein sehr unzureichendes Sicherheitsnetz vorgesehen. Das liegt daran, dass der Glücksegalitarismus im Wesentlichen eine »Wettlauftheorie« (»starting-gate theory«) ist: Solange Menschen zu Beginn des Lebens ihren gerechten Anteil erhalten, schert er sich nicht besonders um das Leid und die Abhängigkeit, die die Folgen freiwilliger Übereinkünfte auf freien Märkten sind.[57] Doch nur weil diese Übel das Ergebnis freiwilliger Entscheidungen sind, sind sie noch lange nicht gerechtfertigt: Dass man zwischen verschiedenen Möglichkeiten frei auswählen kann, rechtfertigt nicht diese Möglichkeiten selbst. Ihre fixe Idee, die angeblichen Ungerechtigkeiten der Natur zu korrigieren, hat Glücksegalitaristen vergessen lassen, dass die Institutionensysteme, die im Verlauf der Geschichte Handlungsspielräume hervorgebracht haben, die ersten Adressaten für Gerechtigkeitsforderungen sind.

Einige Glücksegalitaristen, vor allem Dworkin, möchten auch die Bestimmung der angemessenen staatlichen Zuteilungen zu Beginn des Lebens an Marktentscheidungen ausrichten. Das Motiv hierfür ist, die Autonomie des Individuums durch die »Souveränität des Konsumenten« zu schützen. Dworkin schlägt deshalb vor, die Marktpreise, die tatsächlich für Versicherungen gegen körperliche Verletzungen gezahlt werden, zum Anhaltspunkt dafür zu nehmen, in welchem Umfang der Staat Menschen für entsprechende nicht selbst verschuldete Verletzungen zu entschädigen hat.[58]

Hinter Dworkins Vorschlag verbirgt sich aber folgendes Problem: Marktentscheidungen von Individuen sind abhängig von ihrem Geschmack. Wozu einer aber anderen gegenüber verpflichtet ist, darüber entscheidet in der Regel weder sein eigener Geschmack noch gar der des Nutznießers. Wir haben bereits gesehen, dass eine solche Abhängigkeit von Geschmacksurteilen zur Diskriminierung von Bürgern mit seltenen Behinderungen führen kann. Doch selbst wenn sich jeder gegen ein bestimmtes Risiko versichern würde – damit beispielsweise die Kosten für die Operation kleine-

57 Dworkin widerspricht der Behauptung, dass seine Theorie eine »Wettlauftheorie« sei, mit der Begründung, sie habe Kompensationszahlungen für ungleiche Talente während des ganzen Lebens vorgesehen (»Equality of Resources«, a. a. O., S. 309 ff.).

58 Ebd., S. 299.

rer Schönheitsfehler abgedeckt wären –, so könnte diese Tatsache kaum zu einer *Verpflichtung* der Gesellschaft führen, dafür zu zahlen. Es ist nicht dasselbe, ob allen ein Gut so viel wert ist, dass sie es für ihren privaten Konsum erwerben möchten, oder ob die Bürger als Kollektiv verpflichtet sind, die Kosten für eine allgemeine Versorgung mit diesem Gut zu übernehmen. Ich schließe daraus, dass *sich aus den wirklichen oder hypothetischen Marktentscheidungen der Menschen nicht ableiten lässt, was Bürger einander als Kollektiv zur Verfügung stellen sollen.* Dies deutet auf ein weiteres Desiderat jeder egalitaristischen Theorie hin: Sie muss Prinzipien der kollektiven Willensbildung begründen können – also bestimmen, was Bürger zusammen wollen sollten, und nicht nur, was jeder für sich wollen kann.

Betrachten wir jetzt, welche Probleme sich der Glücksegalitarismus schafft durch die Art und Weise, wie er sozialistischen Prinzipien vertraut. Die Theorie der Schicksalsgleichheit sagt uns, dass keiner unter den Folgen unverdienten Missgeschicks leiden soll. Um ihre Prinzipien zur Anwendung zu bringen, muss der Staat Urteile über moralisches Verdienst oder moralische Verantwortung fällen, die gegenwärtige Zustände als Folge reinen oder kalkulierten Zufalls interpretieren. Um festzustellen, ob ein Raucher, der diese Gewohnheit als Soldat angenommen hat, auf Staatskosten eine Lungenkrebsbehandlung bekommen soll, müssen andere Menschen beurteilen, ob er in Anbetracht des sozialen Drucks, dem er von Seiten seiner Kameraden und Vorgesetzten in der Armee ausgesetzt war, in Anbetracht der angstmindernden Wirkung des Rauchens in extrem belastenden Kampfsituationen und unter Berücksichtigung der Möglichkeiten, die ihm angeboten wurden, seine Gewohnheit nach dem Krieg aufzugeben usw., eine größere Entschiedenheit gegen das Rauchen hätte an den Tag legen müssen.[59]

59 Wie ist es zu beurteilen, wenn sich eine Person einem gesundheitlichen Risiko aussetzt, das ihre ohnehin schon beträchtliche Krankheitswahrscheinlichkeit nur erhöht? Wissenschaftliche Untersuchungen müssen dann gewichten, welcher Teil des Krankheitsrisikos auf unwillkürliche Ursachen (z. B. defekte Gene) und welcher auf willkürliche (z. B. zu fettes Essen) zurückzuführen ist. Dann werden diejenigen zur Behandlung der Kranken aufgewandten Kosten abgezogen, die dem Teil entsprechen, der auf das freiwillig eingegangene Risiko entfällt (Rakowski, S. 75). Roemer schließt sich dieser Logik an, besteht aber darauf, dass sich die Verantwortung der Menschen für ihre Lebensumstände in dem Maß verringert, wie sie nicht-gewählten sozialen und genetischen Einflüssen ausge-

Friedrich von Hayek hat die wesentliche Schwierigkeit solcher verdienstbestimmter Gratifikationssysteme identifiziert: Um Anspruch auf eine bestimmte wichtige Leistung zu erheben, müssen sich Menschen der Beurteilung anderer unterwerfen, wie sie ihre Chancen hätten nutzen sollen, statt ihrem eigenen Urteil zu vertrauen.[60] Ein solches System zwingt den Staat, anmaßende, moralisierende Urteile über individuelle Entscheidungen zu fällen. Die Theorie der Schicksalsgleichheit *gerät* deshalb *mit der Privatsphäre und der Freiheit der Bürger in Konflikt*. Woran Arneson und Roemer darüber hinaus keinen Zweifel lassen, ist, dass solche Urteile den Staat nötigen, genau herauszufinden, wieviel Verantwortung jeder Bürger in jedem einzelnen Fall trägt. Doch eine Beurteilung von Staats wegen, in welchem Ausmaß Menschen für ihre teuren Vorlieben oder ihre unvorsichtigen Entscheidungen verantwortlich sind, ist entwürdigend.[61]

Außerdem würde die Theorie der Schicksalsgleichheit keinesfalls, wie sie behauptet, zu mehr persönlicher Verantwortungsbereitschaft führen. Natürlich verweigert sie Menschen, die für ihr Unglück verantwortlich gemacht werden können, kompensatorische Leistungen. Das ist aber bestenfalls ein *Anreiz, die persönliche Verantwortung für Probleme abzustreiten* und die eigene Situation so darzustellen, als wäre man übermächtigen Kräften hilflos ausgesetzt gewesen. Auch ist es leichter, eine Leidensgeschichte zu konstruieren, die das eigene unverdiente Missgeschick nacherzählt, als produktive Arbeit zu leisten, die von anderen honoriert wird. Der Anreiz, den die Theorie der Schicksalsgleichheit damit schafft, dass

setzt waren. Wenn also zwei Menschen mit Lungenkrebs eine für ihren soziologischen Typ (der durch Geschlecht, Rasse, Klasse, Beruf, Rauchgewohnheiten der Eltern usw. festgelegt ist) durchschnittliche Anzahl von Jahren geraucht haben, so haben sie, bei sonstiger Gleichheit der Umstände, einen Anspruch auf gleiche Entschädigung für die Kosten ihres Krebses, selbst wenn eine von ihnen nur acht, die andere aber fünfundzwanzig Jahre geraucht hat (Roemer, »A Pragmatic Theory of Responsibility for the Egalitarian Planner«, S. 183). Roemers Intuition ist, dass Menschen, die hinsichtlich der Neutralisierung der unterschiedlichen sozialen Einflüsse auf ihr Verhalten ein vergleichbares Maß an Verantwortung an den Tag legen, zu einem gleichen Maß an Kompensation für die Kosten ihres Verhaltens berechtigt sind. Doch Roemer zieht die politischen Implikationen der staatlichen Maxime nicht in Betracht, verschiedene Klassen von Bürgern nach unterschiedlichen Standards zu beurteilen.

60 Hayek, a. a. O.

61 Christine Korsgaard, »Commentary on G. A. Cohen and Amartya Sen«, in: *The Quality of Life*, hg. v. Martha Nussbaum und Amartya Sen, Oxford: Clarendon 1993, S. 61.

Menschen ihre Selbsterhaltungsenergien in die erstere Richtung statt in die letztere lenken, fügt der Gesellschaft einen enormen *Schaden* zu.

Diese ungünstige Kombination von kapitalistischen und sozialistischen Institutionen ist schuld daran, dass die Theorie der Schicksalsgleichheit keine Möglichkeit hat, eine Gesellschaft Gleicher zu schaffen, sondern lediglich das stigmatisierende Armenrecht zu reproduzieren vermag. Unter seiner Ägide können Bürger nur dann staatliche Hilfe in Anspruch nehmen, wenn sie ihren minderwertigen Status anerkennen. Die Logik des Armenrechts beherrscht das Denken der Glücksegalitaristen. Dies wird bei ihrer Unterscheidung zwischen den entschädigungswürdigen und -unwürdigen Benachteiligten – zwischen denen, die für ihr Unglück nicht selbst verantwortlich sind, und denen, die es sind – besonders deutlich. Wie das Armenrecht überlassen sie die durch eigene Entscheidung Benachteiligten ihrem schweren Schicksal und definieren die entschädigungsberechtigten Benachteiligten durch die angeborene Minderwertigkeit ihrer Talente, ihrer Intelligenz, ihrer Fähigkeiten oder ihres Charmes.

Die Theorie der Schicksalsgleichheit erklärt außerdem *den atomistischen Egoismus und die monadische Selbstgenügsamkeit zur menschlichen Norm*, wenn sie diejenigen, die einen Großteil ihrer Energien der Betreuung Angehöriger widmen, als Menschen mit einer willkürlich teuren Vorliebe für Mildtätigkeit kategorisiert. Sie verspricht nur denen Gleichheit, die nichts als ihr Eigeninteresse im Sinn haben: Menschen, die sich nicht auf Beziehungen einlassen, die möglicherweise mit Fürsorgepflichten gegenüber Angehörigen verbunden sind, und die deshalb über ein eigenes Einkommen verfügen, mit dem sie für sich selbst sorgen können, ohne auf den Lohn eines anderen angewiesen zu sein. Eine solche Norm kann aber für Menschen keine allgemeine Geltung haben. Lange Perioden der Abhängigkeit von der Fürsorge anderer sind ein normaler und unvermeidlicher Bestandteil eines jeden Lebenszyklus. Deshalb ist es eine unabdingbare Voraussetzung für den Fortbestand der menschlichen Gesellschaft, dass viele Erwachsene einen Großteil ihrer Zeit für Betreuungsarbeit aufwenden, obwohl diese Arbeit am Markt nur sehr schlecht honoriert wird. Das macht Betreuer wiederum auf die eine oder andere Weise vom Einkommen anderer abhängig. Die Theorie der Schicksalsgleichheit stellt die Abhängigkeit der Betreuer als freiwillige Abweichung von einer (zu Unrecht verallgemeinerten) androzentrischen Norm dar und rechtfertigt dadurch letzten Endes sowohl die Abhängigkeit der Frauen von männlichen Verdienern als auch die Abwertung der Angehörigenbetreuung gegenüber der wirtschaftlichen Unabhängigkeit von Lohnarbeit. Man kann sich nur schwerlich ein besseres Beispiel für ein am Vorbild des Armenrechts orientiertes Denken ausmalen, einschließlich seines Sexismus und seiner Gleichsetzung von verantwortungsbewusster Arbeit und Lohnarbeit.[62]

Warum eigentlich Gleichheit?

Es muss doch möglich sein, den Standpunkt der Gleichheit angemessener zu bestimmen. Zu diesem Zweck ist es hilfreich, sich die Ziele historischer politischer Gleichheitsbewegungen in Erinnerung zu rufen. Welche anti-egalitären Systeme haben sie bekämpft? Der Anti-Egalitarismus sieht es als rechtmäßig oder notwendig an, die soziale Ordnung auf der Basis einer Hierarchie zu errichten, die die Menschen nach ihrem inneren Wert klassifiziert. Ungleichheit war in der Vergangenheit nicht so sehr eine Folge der Güterverteilung als der Beziehungen zwischen übergeordneten und untergeordneten Personen. Die Höherrangigen hatten das Recht, den Untergeordneten Gewalt anzutun, sie vom sozialen Leben auszuschließen oder zu ghettoisieren, sie mit Verachtung zu strafen, sie zum Gehorsam zu zwingen, sie Arbeiten ohne Gegenleistung erbringen zu lassen und von ihnen das Aufgeben ihrer eigenen Kultur zu verlangen. Iris Young hat Marginalisierung, Statushie-

62 Iris Marion Young (»Mothers, Citizenship, and Independence: A Critique of Pure Family Values«, in: *Ethics* 105 (1995)) trägt ohne Bezug auf den Glücksegalitarismus eine ähnliche Kritik an zeitgenössischen Reformbewegungen des Wohlfahrtsstaats vor. Van Parijs' Version des Glücksegalitarismus scheint das Denkschema des Armenrechts teilweise zu durchbrechen, da sie jedem, egal ob er einer Lohnarbeit nachgeht oder nicht, ohne weitere Bedingungen ein Einkommen verspricht. Doch wie wir bereits gesehen haben, nimmt selbst sein Ansatz die Vorlieben des egoistischen Erwachsenen ohne Fürsorgepflichten unter der Hand als Norm an. Denn die Kluft zwischen Mindestlohn und bedingungslosem Einkommen wird von den Anreizen bestimmt werden, die erforderlich sind, um die Randexistenz des ungebundenen Egoisten in den Arbeitsmarkt bringen zu können. Das Schicksal von Angehörigenbetreuern, die kein eigenes Einkommen haben, wird deshalb eher vom Lustprinzip der Strandfaulenzer abhängen als von ihren eigenen Bedürfnissen. Je mehr der Strandfaulenzer an seiner Freizeit hängt, umso niedriger muss das bedingungslos gezahlte Einkommen sein.

rarchie, Vorherrschaft, Ausbeutung und Kulturimperialismus als die Gesichter der Unterdrückung beschrieben.[63] Derartig ungleiche soziale Beziehungen führen zu einer Ungleichverteilung der Freiheit, der Ressourcen und des Wohlergehens und sollen diese rechtfertigen. Das gerade ist der Kern anti-egalitaristischer Theorien wie beispielsweise des Rassismus, des Sexismus, des Nationalismus, des Kastenwesens, des Klassendenkens und der Eugenik.

Politische Gleichheitsbewegungen lehnen solche Hierarchien ab. Sie gehen davon aus, dass jede Person den gleichen moralischen Wert hat. Diese Position unterstellt keinesfalls, dass alle die gleichen Tugenden oder Talente besäßen. Negativ ausgedrückt weist sie Unterschiede des moralischen Wertes zurück, die sich auf Geburt oder soziale Identität gründen – auf Familienzugehörigkeit, geerbten sozialen Status, Rasse, Ethnizität, Geschlecht oder genetische Ausstattung. Es gibt von Natur aus keine Sklaven, Plebejer oder Aristokraten. Positiv ausgedrückt betont diese Position, dass alle kompetenten Erwachsenen gleichwertige moralische Akteure sind: Jeder hat die gleiche Fähigkeit, moralische Verantwortung zu erkennen und zu übernehmen, mit anderen auf der Grundlage gerechter Prinzipien zu kooperieren, seine eigene Konzeption des Guten zu entwickeln und in die Tat umzusetzen.[64]

Egalitaristen stützen ihre Forderung nach sozialer und politischer Gleichheit auf die Tatsache der universalen moralischen Gleichheit. Auch diese Forderung hat einen negativen und einen positiven Aspekt. Negativ gesprochen versuchen Egalitaristen, Unterdrückung abzuschaffen – also eine Form der sozialen Beziehung, durch die einige Menschen andere beherrschen, ausbeuten, marginalisieren, erniedrigen und ihnen Gewalt antun. Unterschiede der sozial zugeschriebenen Identitäten, verschiedene Rollen im Rahmen der Arbeitsteilung oder unterschiedliche per-

63 Iris Marion Young, *Justice and the Politics of Difference*, Princeton, N.J.: Princeton University Press 1990.

64 John Rawls, »Kantischer Konstruktivismus in der Moraltheorie«, in: John Rawls, *Die Idee des politischen Liberalismus*, Frankfurt/Main: Suhrkamp 1992, S. 93 f. Den »moralischen Akteuren« ein »gleichwertig« hinzuzufügen mag überflüssig scheinen: Warum sagt man nicht einfach, dass alle kompetenten Erwachsenen moralische Akteure sind? Egalitaristen lehnen eine Hierarchisierung der moralischen Handlungsfähigkeit ab – so zum Beispiel jede Theorie, die davon ausgeht, dass es einen niederen Typ Mensch gibt, der nur die von anderen angeordneten moralischen Befehle ausführen kann, und einen höheren Typ Mensch, der in der Lage ist, moralische Regeln für sich selbst zu entdecken und zu befolgen.

sönliche Eigenschaften – seien dies neutrale biologische und psychologische Unterschiede, wertvolle Talente und Tugenden oder Behinderungen und Gebrechen – können die oben aufgeführten ungleichen sozialen Beziehungen niemals rechtfertigen. Nichts berechtigt dazu, Menschen auf diese Weise zu behandeln, außer die gerechte Bestrafung von Verbrechen oder Abwehrmaßnahmen gegen Gewalt. Positiv ausgedrückt streben Egalitaristen eine soziale Ordnung an, in der sich Menschen als Gleiche fühlen können. Sie wollen in einer demokratischen, nicht in einer hierarchischen Gemeinschaft zusammenleben. Demokratie wird hier als kollektive Selbstbestimmung verstanden, die sich in Form offener Diskussionen unter Gleichen vollzieht, nach Regeln, die alle akzeptieren. Damit man an Diskussionen als Gleicher teilnehmen kann, müssen bestimmte Voraussetzungen erfüllt sein: Neben einer allgemeinen Teilnahmeberechtigung sind alle dazu verpflichtet, die Argumente der anderen anzuhören und auf sie einzugehen. Niemand soll sich vor anderen erniedrigen oder als minderwertig darstellen müssen, damit seinen Ansprüchen genügt wird.[65]

Lassen Sie uns diese demokratische Gleichheitskonzeption der Theorie der Schicksalsgleichheit gegenüberstellen. Zuallererst versucht die Theorie der demokratischen Gleichheit sozial bedingte Unterdrückung abzuschaffen, während die Theorie der Schicksalsgleichheit dort korrigierend eingreifen will, wo sie naturgegebene Ungerechtigkeiten vermutet. Die Theorie demokratischer Gleichheit ist zweitens eine »relationale Theorie« der Gleichheit: Sie versteht Gleichheit als soziales Verhältnis. Die Theorie der Schicksalsgleichheit dagegen ist eine distributive Gleichheitstheorie: Sie betrachtet Gleichheit als Verteilungsstruktur. Ihr zufolge sind Menschen dann gleich, wenn sie in den Genuss der gleichen Menge eines bestimmten teilbaren Gutes kommen – Einkommen,

65 Elizabeth Anderson, »The Democratic Universe: The Role of Justice in the Production of Knowledge«, in: *Social Philosophy and Policy* 12 (1995). Ist damit gemeint, dass wir denen immer geduldig zuhören müssen, die sich als dumm, launisch oder unehrlich herausgestellt haben? Keinesfalls. Es bedeutet lediglich, dass (1.) für jeden zunächst die Unschulds- und Zurechnungsfähigkeitsvermutung gilt, dass eine Person (2.) nur ignoriert und aus der Diskussion ausgeschlossen werden darf, wenn ihre kommunikative Inkompetenz oder ihr unfaires Diskussionsverhalten bewiesen sind, und dass den Ausgeschlossenen (3.) ausreichend Gelegenheit gegeben werden muss, ihre kommunikative Kompetenz unter Beweis zu stellen und auf diesem Weg ihren Platz in dem Gespräch wiederzugewinnen.

Ressourcen, Chancen zur Erlangung von Wohlergehen usw. Soziale Beziehungen werden weitgehend als Mittel betrachtet, um ein solches Verteilungssystem einzurichten. Im Gegensatz dazu sieht die Theorie der demokratischen Gleichheit zwei Menschen als gleich an, wenn beide die Verpflichtung anerkennen, ihre Handlungen nach Prinzipien zu rechtfertigen, die sie beide akzeptieren. Dabei wird vorausgesetzt, dass sie sich gegenseitig zuhören und einander Antwort und Anerkennung schulden. Bestimmte Muster der Güterverteilung können vielleicht dazu dienen, solche Beziehungen aufrechtzuerhalten; möglicherweise sind sie eine Folge dieser Beziehungen, oder sie sind sogar für diese konstitutiv. Doch es geht demokratischen Egalitaristen in erster Linie um die Beziehungen selbst, innerhalb deren Güter verteilt werden, nicht nur um die Verteilung der Güter. Daraus folgt drittens, dass die Theorie der demokratischen Gleichheit einkalkuliert, dass Forderungen nach gleicher Verteilung mit den Ansprüchen auf gleiche Anerkennung vereinbar sein müssen.[66] Denn Güter sind nach Prinzipien und Verfahren zu verteilen, die die Würde jedes Menschen respektieren. Niemand darf dazu gezwungen werden, vor anderen zu kriechen oder sich zu erniedrigen, um seinen Anteil an Gütern zu bekommen. Die Grundlage für die Forderung nach teilbaren Gütern ist die Gleichheit der Menschen, nicht ihre Minderwertigkeit.

Damit haben wir eine Gleichheitskonzeption in groben Zügen umrissen. Wie lassen sich daraus Gerechtigkeitsprinzipien ableiten? Unsere Untersuchung des Glücksegalitarismus ist nicht ganz ergebnislos geblieben: Seinen Fehlern konnten wir einige Bedingungen für egalitaristische Prinzipien entnehmen. Solche Prinzipien sollten zunächst bestimmte Güter auszeichnen, die Bürgern während ihres gesamten Lebens effektiv zur Verfügung stehen müssen. Aus egalitaristischer Perspektive sind einige Güter wichtiger als andere, wie auch immer man genau den Raum der Gleichheit bestimmt. »Wettlauftheorien« oder andere Prinzipien, die es zulassen, dass gesetzestreue Bürger eine ausreichende Versorgung mit diesen Gütern verwirken, sind nicht akzeptabel. Egalitaristen sollten zweitens imstande sein, diese Garantie einer lebenslangen Versorgung ohne paternalistische Argumente zu rechtfertigen. Egali-

66 Nancy Fraser, »From Redistribution to Recognition? Dilemmas of Justice in a ›Postsocialist‹ Age«, in: dies., *Justice Interruptus*, New York: Routledge and Kegan Paul 1997; Axel Honneth, *Kampf um Anerkennung. Zur moralischen Grammatik sozialer Konflikte*, Frankfurt/Main: Suhrkamp 1992.

taristische Prinzipien sollten drittens Kompensationen vorsehen, die dem Typ von Ungerechtigkeit entsprechen, der zu korrigieren ist. Private Bedürfnisbefriedigung kann nicht für soziale Unterdrückung entschädigen. Viertens müssen egalitaristische Prinzipien berücksichtigen, dass jeder für sein Leben selbst verantwortlich ist, ohne herabwürdigende oder anmaßende Urteile über seine Fähigkeit zu fällen, diese Verantwortung auch wirklich zu übernehmen. Als Letztes müssen solche Prinzipien auch Gegenstand kollektiver Willensbildung werden können. Sie sollten gemeinsam handelnden Bürgern eine hinreichende Begründung geben, warum sie die Versorgung mit Gütern, die aus Sicht der Egalitaristen von besonderer Bedeutung sind, kollektiv zu garantieren haben.

Lassen Sie uns die letztgenannte Forderung als Erstes aufgreifen. Die Bestimmung dessen, was die Gemeinschaft wollen kann oder muss, war immer die traditionelle Aufgabe von Sozialvertragstheorien. In liberaldemokratischen Versionen der Sozialvertragstheorie ist das oberste Ziel des Staates, die Freiheit seiner Bürger zu sichern. Da der demokratische Staat nichts anderes als das gemeinsame Handeln seiner Bürger ist, wird die oberste Pflicht der Bürger gegeneinander als die Sicherung der sozialen Bedingungen der Freiheit eines jeden bestimmt.[67] Dass auch Libertäre diese Formel für sich in Anspruch nehmen, könnte den Verdacht inegalitärer Konsequenzen aufkommen lassen. Doch statt sie einfach zurückzuweisen, interpretiert die Theorie demokratischer Gleichheit diese Formel. Nach ihrer Interpretation ist die Herstellung gleicher Beziehungen die soziale Bedingung für ein freies Leben.

Angesichts der vorherrschenden Meinung, dass Gleichheit und Freiheit zwei konkurrierende Ideale seien, mag diese Behauptung paradox erscheinen. Doch ein Blick auf die Unterdrückungsverhältnisse, die der soziale Egalitarismus bekämpft, erweist ihre Richtigkeit. Gleiche sind nicht der willkürlichen Gewalt oder dem physischen Zwang anderer ausgesetzt. Unabhängig von willkürlichem physischem Zwang entscheiden zu können ist eine der wesentlichen Bedingungen für Freiheit. Gleiche werden nicht von anderen marginalisiert. Sie haben deshalb die Freiheit, sich politisch zu engagieren; die wichtigsten zivilgesellschaftlichen Institutionen stehen ihnen offen. Gleiche sind nicht der Herrschaft anderer unterworfen: Sie sind nicht von deren Wohlwollen abhän-

67 Korsgaard, a. a. O.

gig. Ihr eigener Wille bestimmt ihr Leben – und genau das ist Freiheit. Gleiche werden nicht von anderen ausgebeutet. Sie haben also die Freiheit, einen gerechten Preis für ihre Arbeit zu verlangen. Gleiche sind nicht Opfer des Kulturimperialismus: Sofern sie alle anderen respektieren, können sie nach ihren kulturellen Gewohnheiten leben. In einer Gemeinschaft Gleicher zu leben heißt deshalb, frei von Unterdrückung am Reichtum einer Gesellschaft teilhaben und an demokratischer Selbstbestimmung mitwirken zu können.

Egalitaristen unterscheiden sich also von Libertären durch ihr umfassenderes Verständnis der sozialen Bedingungen der Freiheit. Entscheidend dabei ist, dass sie private Unterdrückungsverhältnisse, selbst wenn sie freiwillig und vertraglich vereinbart wurden, als Verletzung der individuellen Freiheit ansehen. Libertäre bestimmen Freiheit in der Regel als formale, negative Freiheit: als die rechtliche Absicherung, ohne Erlaubnis oder Einmischung eines anderen tun zu können, was man möchte. Diese Freiheitsdefinition blendet aus, wie wichtig es ist, über die dafür notwendigen Mittel zu verfügen. Außerdem unterstellt sie stillschweigend, dass, sofern die materiellen Mittel und die inneren Fähigkeiten vorhanden sind, die Nicht-Einmischung anderer zur Erreichung der eigenen Ziele genüge. Sie übersieht dabei, dass Menschen meistens Dinge wollen, die eine Teilnahme an sozialen Aktivitäten, also die Kommunikation und die Interaktion mit anderen, einschließt. All das kann einer nicht tun, der zum Außenseiter gestempelt wird. Ein Libertärer könnte argumentieren, dass die Versammlungsfreiheit auch das Recht beinhaltet, eine Verbindung mit anderen aus beliebigem Grund abzulehnen. Doch eine Gesellschaft, in der ein solches Recht bedingungslos gilt, wird kaum physische Gewalt anwenden müssen, um Menschen zur Befolgung der Wünsche derer zu bewegen, die die Macht haben, andere von der Teilnahme am sozialen Leben auszuschließen. Das Gleiche gilt für eine Gesellschaft, in der Eigentum so ungleich verteilt ist, dass einige Erwachsene in völliger Abhängigkeit von anderen, d. h. von deren Wohlwollen, leben. Gesellschaften, die die Existenz von Außenseitern und unterdrückten Klassen billigen, können genauso repressiv sein wie ein despotisches Regime.

Gleichheit im Raum der Freiheit: ein fähigkeitsorientierter Ansatz

Amartya Sen hat einen besseren Vorschlag gemacht, wie man Freiheit verstehen sollte. Er geht von den Existenz- und Handlungsweisen aus, die für das Wohlergehen eines Menschen konstitutiv sind: Ein Mensch kann gesund, wohlgenährt, körperlich leistungsfähig, gebildet, ein aktiver Teilnehmer am Gesellschaftsleben, mobil, glücklich, angesehen, zuversichtlich usw. sein. Diese Zustände nennt Sen *Funktionen* (»functionings«). Die *Fähigkeiten* (»capabilities«) eines Menschen bestehen nach Sen aus der Anzahl von Funktionen, die er in Anbetracht der ihm verfügbaren persönlichen, materiellen und sozialen Ressourcen zu verwirklichen in der Lage ist. Fähigkeiten bemessen sich aber nicht an den tatsächlich realisierten Funktionen, sondern an der Freiheit, die jemand hat, wertgeschätzte Funktionen zu verwirklichen. Ein Mensch genießt umso größere Freiheit, je umfassender das Spektrum effektiv realisierbarer und hinreichend voneinander zu unterscheidender Möglichkeiten ist, über das er verfügt, um das Leben führen zu können, das ihm am meisten wert ist.[68] Das egalitaristische Anliegen, so wie es Sen formuliert, nämlich die sozialen Bedingungen der Freiheit eines jeden im Sinne seiner Fähigkeiten zu sichern, ist gut nachvollziehbar. Im Anschluss an Sen vertrete ich deshalb die Position, dass Egalitaristen für die Gleichheit aller im Raum der Fähigkeiten eintreten sollten.

Sens Egalitarismus der Fähigkeiten lässt dennoch eine wichtige Frage unbeantwortet: Für die Gleichheit *welcher* Fähigkeiten muss eine Gesellschaft sorgen? Manch einem ist viel daran gelegen, ein guter Kartenspieler zu sein, anderen daran, einen Luxusurlaub auf Tahiti zu verbringen. Müssen Egalitaristen im Namen gleicher Freiheit Unterricht im Kartenspielen oder Ferien in exotischen Ländern staatlich subventionieren? Es gibt sicherlich Grenzen hinsichtlich der Fähigkeiten, zu denen sich Bürger gegenseitig verhelfen müssen. Wir sollten uns zunächst bemühen, bestimmte Güter innerhalb des Raums der Gleichheit auszuzeichnen, die für Egalitaristen von besonderem Interesse sind.

Eine Besinnung auf die negativen und positiven Ziele des Egalitarismus ist bei diesem Vorhaben von Vorteil. Negativ gesprochen

68 Amartya Sen, *Inequality Reexamined*, Cambridge, Mass.: Harvard University Press 1992, S. 39-42, 49.

haben Menschen ein Recht auf alle Fähigkeiten, die notwendig sind, um sozialen Unterdrückungsverhältnissen zu entkommen. Positiv gesehen haben sie ein Recht auf die Fähigkeiten, die für ein Leben als gleicher Bürger in einem demokratischen Staat notwendig sind. Während sich die negativen und die positiven Ziele des Egalitarismus weitgehend überschneiden, sind sie doch nicht identisch. Wäre ein Leben als gleicher Bürger das Einzige, worum sich Egalitaristen sorgten, so könnten sie nichts gegen die zwangsweise Klitorisbeschneidung einwenden, durch die Männer die Sexualität von Frauen in privaten Beziehungen kontrollieren. Weil aber Egalitaristen auch das Ziel haben, private Unterdrückungsverhältnisse abzuschaffen, unterstützen sie jene Funktionen, die für die sexuelle Autonomie des Einzelnen notwendig sind. Wenn andererseits nur die Fähigkeiten zur Vermeidung von Unterdrückung zählen würden, so hätten Egalitaristen nichts gegen eine Diskriminierung unter den relativ Privilegierten einzuwenden – die unsichtbare Karrieregrenze für weibliche Manager zum Beispiel. Egalitaristen haben aber auch das Ziel, allen Bürgern den Status als Gleiche in der Zivilgesellschaft zu sichern, womit sicherlich die Forderung verbunden ist, dass sich Karrieren an Talenten zu orientieren haben.

Die Theorie der demokratischen Gleichheit setzt sich deshalb auf breiter Front für die Gleichheit von Fähigkeiten ein. Sie ist aber nicht für eine allumfassende Gleichheit im Raum der Fähigkeiten. Niemand wird durch sein schlechtes Kartenspielen zum Unterdrückten. Genauer gesagt, die soziale Ordnung kann und muss so eingerichtet sein, dass jemandes Kartenspielertalent nicht über seinen Status in der Zivilgesellschaft entscheidet. Gutes Kartenspielen kann auch keine Voraussetzung für die Funktion des Bürgers sein. Die Gesellschaft ist demzufolge nicht verpflichtet, allen Bürgern kostenlos das Kartenspielen beibringen zu lassen. Demokratischer Egalitarismus erfüllt somit die erste Bedingung für eine egalitaristische Theorie.

Wenden wir uns nun den Fähigkeiten zu, die Bürgern im Sinne demokratischer Gleichheit zu garantieren sind. Konzentrieren wir uns auf Fähigkeiten, die für die Funktion als gleicher Bürger notwendig sind. Bürgersein heißt nicht nur, als politisch Handelnder aufzutreten – zur Wahl zu gehen, politische Reden zu halten, Petitionen an die Regierung zu richten usw. –, sondern auch, sich als Gleicher in der Zivilgesellschaft zu engagieren. Die Zivilgesellschaft ist ein der allgemeinen Öffentlichkeit zugänglicher Bereich des sozialen Lebens und nicht Teil der staatlichen Bürokratie, die die Gesetze verwaltet. Zu ihren Institutionen gehören öffentliche Straßen und Parks, öffentliche Räume wie Restaurants, Geschäfte, Theater, Busse und Fluglinien, Kommunikationssysteme wie Radio und Fernsehen, Telefon und Internet, öffentliche Bibliotheken, Krankenhäuser, Schulen usw. Auch Unternehmen, die für den Markt produzieren, sind Teil der Zivilgesellschaft, weil sie ihre Produkte an jeden Kunden verkaufen und ihre Beschäftigten aus der allgemeinen Öffentlichkeit rekrutieren. Eine wichtige Errungenschaft der Bürgerrechtsbewegung war es, einen Begriff von Staatsbürgerschaft zu rehabilitieren, der sowohl das Recht auf gleiche Partizipation in der Zivilgesellschaft als auch an staatlichen Belangen einschloss. Wenn eine Gruppe von den Institutionen der Zivilgesellschaft entweder ausgeschlossen ist oder innerhalb dieser Institutionen isoliert oder aufgrund der ihr von diesen Institutionen zugeschriebenen sozialen Identität diskriminiert wird, so behandelt man ihre Mitglieder als Bürger zweiter Klasse, selbst wenn sie im Besitz all ihrer politischen Rechte sind.

Um also seine Funktion als gleicher Bürger wahrnehmen zu können, muss man nicht nur in der Lage sein, spezifisch politische Rechte effektiv auszuüben. Man muss auch an den unterschiedlichen Bereichen der Zivilgesellschaft, wie beispielsweise dem Wirtschaftsleben, in einem umfassenden Sinne teilhaben können. All diese Funktionen setzen die Funktion als Mensch voraus. Betrachten wir deshalb drei Funktionsweisen der Person: als Mensch, als Teilnehmer an einem System kooperativer Produktion und als Bürger eines demokratischen Staates. Die effektive Verfügung über die Mittel, die für den Erhalt der eigenen biologischen Existenz notwendig sind – Ernährung, Unterkunft, Kleidung, medizinische Versorgung –, und das Erfülltsein der Grundvoraussetzungen menschlicher Handlungsfähigkeit – das Wissen um die eigenen Umstände und Wahlmöglichkeiten, die Fähigkeit, Mittel und Zwecke abzuwägen, die psychologischen Bedingungen für Autonomie, einschließlich des Muts zu selbständigem Denken und Urteilen, die Freiheit des Denkens und die freie Ortswahl – sind Bedingungen für eine Funktionsfähigkeit als Mensch. Um im System kooperativer Produktion als gleichberechtigter Teilnehmer funktionsfähig zu sein, müssen Produktionsmittel effektiv zur Verfügung stehen; es muss eine Ausbildung erhältlich sein, um die eigenen Talente entwickeln zu können; freie Berufswahl, das Recht, Verträge und Kooperationsabkommen mit anderen abzuschließen, das Recht, einen fairen Lohn für die eigene Arbeit und die Anerkennung anderer für produktive Leistungen verlangen zu können, müssen gewährleistet sein. Die Voraussetzungen für eine Funktionsfähigkeit als Bürger sind einerseits politische Teilnahmerechte, wie beispielsweise Redefreiheit und Wahlrecht, andererseits die effektive Verfügbarkeit der zivilgesellschaftlichen Güter und Beziehungen. Hierunter fallen zumal die Versammlungsfreiheit und der Zugang zu öffentlichen Orten wie Straßen oder Parks und zu öffentlichen Leistungen wie öffentlichen Transportmitteln, Post und Telekommunikation. Zu den sozialen Bedingungen zählt auch die Akzeptanz der anderen. Man muss öffentlich auftreten können, ohne sich schämen zu müssen oder als Außenseiter gebrandmarkt zu werden. Die Freiheit, Beziehungen in der Zivilgesellschaft eingehen zu können, setzt u.a. eine intakte Privatsphäre voraus, weil viele dieser Beziehungen sich nur dann aufrechterhalten lassen, wenn sie vor der Neugier und dem Eindringen anderer geschützt werden können. Obdachlosigkeit – nur eine öffentliche Unterkunft zu haben – ist ein Zustand größter Unfreiheit.

Drei Dinge sollten im Hinblick auf die Struktur egalitaristischer Garantien im Raum der Freiheit bzw. der Fähigkeiten hervorgehoben werden. Erstens gewährleistet die Theorie demokratischer Gleichheit kein Funktionsniveau an sich, sondern nur die effektive Erreichbarkeit dieses Niveaus. Individuen können sich frei entscheiden, auf einem niedrigeren als dem garantierten Niveau zu leben. Sie können sich beispielsweise entscheiden, Mitglied einer Religionsgemeinschaft zu werden, die von politischer Partizipation abrät. Die Theorie demokratischer Gleichheit kann den Zugang zu bestimmten Funktionen – z.B. zu solchen, die von einem Einkommen abhängig sind – außerdem an die Bedingung knüpfen, dass dafür gearbeitet werden muss, falls Bürger körperlich zu arbeiten in der Lage sind, diese Arbeit nicht mit ihren anderen Pflichten kollidiert, sie einen Arbeitsplatz finden können usw. Die effektive Erreichbarkeit eines bestimmten Funktionsniveaus bedeutet, dass Menschen fähig sind, diese Funktion zu verwirklichen, sobald sie die ihnen zur Verfügung stehenden Mittel einsetzen. Es heißt aber nicht, dass diese Funktion ohne eigenes Zutun bedingungslos garantiert würde. Die Theorie demokratischer Gleichheit ist deshalb mit einem Leistungssystems vereinbar, auf dessen Basis eine moderne Wirtschaft allererst das Produktionsniveau erreichen kann, von dem aus sich egalitaristische Garantien geben lassen.

Die Theorie demokratischer Gleichheit garantiert zweitens auch nicht den effektiven Zugang zu gleichen Funktionsniveaus, sondern nur den effektiven Zugang zu Funktionsniveaus, die hinreichen, damit sich jeder in der Gesellschaft als Gleicher betrachten kann. Bei bestimmten Funktionen setzt die Gleichheit der Bürger ein gleiches Niveau voraus. Jeder Bürger hat beispielsweise ein Anrecht auf die gleiche Stimmzahl bei einer Wahl. Hinsichtlich anderer Funktionen erfordert das Gleichheitsgebot kein einheitliches Funktionsniveau. Eine Bedingung für das Auftreten als Gleicher in der Zivilgesellschaft ist es, lesen und schreiben zu können. Für einen Bürger der USA setzt dies aber weder die Beherrschung einer anderen Sprache als Englisch voraus noch die Fähigkeit, obskure literaturtheoretische Arbeiten interpretieren zu können. Die Theorie demokratischer Gleichheit hat nichts dagegen einzuwenden, dass nicht jeder eine Fremdsprache beherrscht und nur wenige einen literaturwissenschaftlichen Doktorgrad besitzen. In anderen Ländern ist das Beherrschen mehrerer Sprachen möglicherweise die Voraussetzung für Bürgergleichheit.

Drittens garantiert die Theorie demokratischer Gleichheit jedem den effektiven Zugang zu einem Bündel von Fähigkeiten, das ihm den Status eines Gleichen sichert, für die Dauer seines gesamten Lebens. Sie ist keine »Wettlauftheorie«, die es zuließe, dass Menschen ihren Status als Gleiche durch kalkuliertes Pech verspielten. Die Verfügbarkeit egalitaristisch ausgezeichneter Fähigkeiten ist deshalb auch nicht durch marktwirtschaftliche Vereinbarungen zu veräußern: Verträge, die die unwiderrufliche Übertragung persönlicher Grundfreiheiten zum Gegenstand haben, sind null und nichtig.[69] Das solchen unveräußerbaren Rechten zugrunde liegende Prinzip ist vielleicht aus Sicht der Rechteinhaberin schwer nachzuvollziehen. Warum sollte sie nicht einige der Freiheiten, die ihr Egalitaristen garantieren wollen, gegen andere, von ihr bevorzugte Güter eintauschen dürfen? Ist das Verbot eines solchen Handels nicht paternalistisch?

Diese Folgerung erweist sich als ungerechtfertigt, sobald man den Standpunkt der Pflichteninhaberin berücksichtigt. Das Pen-

69 Margaret Radin, »Market Inalienability«, in: *Harvard Law Review* 100 (1987). Ein Mensch verwirkt aber möglicherweise einige seiner unveräußerlichen Freiheiten, wenn er eines schlimmen Verbrechens überführt wird.

dant zu dem unveräußerlichen Recht der Einzelnen auf die sozialen Bedingungen ihrer Freiheit ist die bedingungslose Pflicht anderer, ihre Würde und moralische Gleichheit zu achten. Kant würde dies folgendermaßen formulieren: Jede Person hat einen Wert oder eine Würde, die nicht von irgendjemandes Wünschen oder Vorlieben abhängt, nicht einmal von den Wünschen der Person selbst. Daraus folgt, dass es manches gibt, was man anderen Menschen niemals antun darf, wie z.B. sie zu versklaven, selbst wenn man ihre Erlaubnis oder Zustimmung dafür hätte. Verträge, die zu Knechtschaft oder Sklaverei führen, sind deshalb ungültig. Indem die Theorie demokratischer Gleichheit unveräußerbare Rechte auf die Pflichten anderer und nicht auf die subjektiven Interessen der Rechteinhaber gründet, erfüllt sie auch die zweite Bedingung für eine egalitaristische Theorie: Sie kann lebenslange Garantien ohne paternalistische Begründung rechtfertigen.

Ein Vorteil des fähigkeitsorientierten Ansatzes der Gleichheit ist, dass er uns ermöglicht, Ungerechtigkeiten zu analysieren, die nicht nur die Verteilung von Ressourcen und anderen teilbaren Gütern betreffen. Die Fähigkeiten einer Person sind nicht nur eine Funktion ihrer unveränderlichen persönlichen Eigenschaften und Ressourcen, sondern auch ihrer variablen Eigenschaften und sozialen Beziehungen, der Normen, der Struktur von Möglichkeiten, öffentlichen Gütern und öffentlichen Räumen. Politische Gleichheitsbewegungen haben die Vielfalt egalitaristischer Themen niemals aus den Augen verloren. Feministinnen beispielsweise arbeiten daran, innere Barrieren – Selbstverleugnung, Mangel an Selbstvertrauen, geringes Selbstwertgefühl –, die Frauen wegen ihrer Internalisierung bestimmter Normen der Weiblichkeit bei Entscheidungen oft im Weg stehen, abzubauen. Schwule und Lesben kämpfen um die Freiheit, sich ohne Scham oder Angst öffentlich zu ihrer Identität bekennen zu können. Dazu bedarf es sowohl einer erheblichen Veränderung der sozialen Beziehungen, die immer noch von Verachtung und Feindseligkeit geprägt sind, als auch der Veränderung von Geschlechts- und Sexualitätsnormen. Behinderte haben das Ziel, öffentliche Räume so umzugestalten, dass sie ihnen auch tatsächlich zur Verfügung stehen, und die Arbeitsbedingungen so weit ihren Bedürfnissen anzupassen, dass sie am aktiven Leben teilnehmen können. Eine reine Umverteilung teilbarer Ressourcen kann die Freiheiten, die diese Gruppen für sich reklamieren, nicht gewährleisten.

Natürlich geht es der Theorie demokratischer Gleichheit auch um die Verteilung teilbarer Ressourcen. Eine ihrer Bedingungen ist, dass jeder effektiv über ausreichende Ressourcen verfügen muss, um nicht von anderen unterdrückt zu werden und in der Zivilgesellschaft als Gleicher auftreten zu können. Was als »ausreichend« gilt, ist abhängig von kulturellen Normen, der natürlichen Umwelt und den persönlichen Umständen. Die kulturellen Normen und das Klima beeinflussen beispielsweise, welche Art von Kleidung jemand braucht, um sich ohne Scham in der Öffentlichkeit bewegen zu können und um vor Wind und Wetter ausreichend geschützt zu sein. Die persönlichen Umstände, wie Behinderungen beispielsweise, bestimmen zum Teil, wie viele Ressourcen jemand braucht, um als Gleicher auftreten zu können. Menschen mit einer Gehbehinderung brauchen vielleicht mehr Ressourcen – Rollstühle, speziell ausgerüstete Transportmittel –, um ebenso mobil zu sein wie Gesunde. Gleichheit im Raum der Fähigkeiten erfordert aus diesem Grund möglicherweise eine ungleiche Ressourcenverteilung, um Behinderten gerecht zu werden.[70] Am Ende schulden Bürger einander die sozialen Bedingungen der Freiheiten, die Menschen haben müssen, um ihre Funktion als gleiche Bürger wahrnehmen zu können. Wegen ihrer unterschiedlichen Kompetenzen und sozialen Positionen sind Menschen nicht in gleicher Weise in der Lage, Ressourcen in Funktionsfähigkeiten umzuwandeln. Sie haben deshalb ein Recht auf unterschiedliche Ressourcenmengen, damit sie in den Genuss ihrer Freiheit als Gleiche kommen können.

Angenommen, wir abstrahierten von der Tatsache, dass Menschen von Natur aus verschiedene körperliche und geistige Fähigkeiten haben. Würde die Theorie demokratischer Gleichheit, so wie der Glücksegalitarismus, fordern, dass externe Ressourcen von Anfang an gleich zu verteilen seien? Es besteht kein Grund zu dieser Annahme. Die Fähigkeiten, die für die Funktionen als Mensch, als Teilnehmer an einem System der sozialen Kooperation und als gleicher Bürger ausschlaggebend sind, schließen nicht alle anderen Funktionen oder Funktionsniveaus ein. In seiner Funktion als Mensch braucht jemand die richtige Ernährung. Damit er essen kann, ohne in eine menschenunwürdige Lage zu geraten, darf er sich nicht nur von Tierfutter oder Abfällen ernähren müssen. Al-

70 Sen, *Inequality Reexamined*, a. a. O., S. 79-84.

lerdings ist es für ein würdevolles Leben nicht erforderlich, dass die Nahrungsmittel in Quantität und Qualität den Ansprüchen eines Gourmets genügen. Die Theorie demokratischer Gleichheit erhebt deshalb die Forderung, dass jeder effektiven Zugang zu angemessenen Nahrungsmitteln aus gesellschaftlich akzeptablen Nahrungsquellen haben soll – zu solchen also, die zum Verzehr bei sozialen Zusammenkünften geeignet sind. Die Theorie fordert nicht, dass jeder über die Ressourcen verfügen muss, um das Leben eines Gourmets führen zu können. Sie kann also auf Kriterien der Ressourcengleichheit verzichten, die von der moralisch fragwürdigen Vorstellung abhängen, dass die Ressourcenverteilung den Gesichtspunkt des Neids zu berücksichtigen habe.

Teilnahme als Gleicher an einem System kooperativer Produktion

Mithilfe des Pflichtbegriffs kann die Theorie demokratischer Gleichheit den Gedanken abweisen, dass jeder in einer egalitären Gesellschaft irgendwie das Recht hätte, Güter zu bekommen, ohne dass jemand verpflichtet wäre, sie zu produzieren. Die Theorie demokratischer Gleichheit strebt eine Gleichheit der Fähigkeiten oder der tatsächlichen Freiheit an, bestimmte Funktionen verwirklichen zu können, die zu einem erweiterten Begriff von Staatsbürgerschaft gehören. Für diejenigen, die arbeitsfähig sind und einen Arbeitsplatz haben, hängt die reale Ausübung dieser Funktionen normalerweise von ihrer Teilnahme am Produktionssystem ab.

Arbeiter, die über Prinzipien für eine gerechte Verteilung der Arbeit und der Früchte ihrer Arbeit entscheiden, sollten die Wirtschaft als kooperative, gemeinsame Produktion begreifen.[71] Unter

71 Wenn ich im Folgenden von »Arbeitern« statt von »Bürgern« spreche, so u. a. deshalb, weil eine Betrachtung der Wirtschaft als System kooperativer Produktion moralische Implikationen hat, die die nationalen Grenzen überschreiten. In dem Maß, wie die Wirtschaft global wird, werden wir alle Teil der internationalen Arbeitsteilung, die einer egalitaristischen Beurteilung zugänglich ist. Wir haben nicht nur Pflichten gegenüber den Bürgern unseres Landes, sondern auch gegenüber unseren Arbeitskollegen, die mittlerweile über den gesamten Erdball verteilt sind. Wir haben auch – allen menschlichen Wesen gegenüber – die globale humanitäre Pflicht, Hunger und Krankheit zu lindern, keine Form der aggressiven Kriegsführung zu ermöglichen oder zu erleichtern usw. Leider würde eine Betrachtung der internationalen Dimension demokratischer Gleichheit den Rahmen dieses Artikels sprengen.

»gemeinsamer Produktion« verstehe ich, dass Menschen jedes wirtschaftliche Gut als ein durch die Zusammenarbeit aller gemeinsam produziertes ansehen. In einer modernen Gesellschaft ist die Arbeitsteilung so umfassend, dass niemand irgendetwas von dem, was er selbst konsumiert, geschweige denn alles, aus eigener Kraft produzieren könnte. Wenn Arbeiter und Konsumenten die Arbeitsteilung als umfassendes System gemeinsamer Produktion betrachten, dann beauftragen sie ihrem Selbstverständnis nach kollektiv alle anderen, eine selbst gewählte Rolle im Wirtschaftsleben zu übernehmen. Durch diese Rolle im Rahmen einer effizienten Arbeitsteilung wird jeder Arbeiter als Vermittler angesehen, und zwar sowohl von den Menschen, die seine Produkte konsumieren, als auch von den anderen Arbeitern, die durch seinen Beitrag von dieser Rolle entbunden sind und ihre Talente auf produktivere Weise nutzen können.

Betrachten die Arbeiter die Wirtschaft als kooperatives Unternehmen, so erkennen sie die Forderung an, die G. A. Cohen als Prinzip der interpersonellen Rechtfertigung definiert hat:[72] Jede Überlegung, die als Grund für eine Politik angegeben wird, muss diese Politik zugleich rechtfertigen können, egal, welcher arbeitende oder konsumierende Teilnehmer am Wirtschaftsleben sie vorbringt, und egal, welchem Teilnehmer am Wirtschaftsleben gegenüber er sie vorbringt. Die Prinzipien, die die Arbeitsteilung und die Zuweisung bestimmter Gewinne an arbeitsteilig übernommene Rollen regeln, müssen in diesem Sinne für alle akzeptabel sein. Um zu sehen, wie interpersonelle Rechtfertigung in einer Wirtschaft, verstanden als System kooperativer, gemeinsamer Produktion, funktioniert, untersuchen wir drei der Fälle, die die Theorie der Schicksalsgleichheit falsch interpretiert: Invaliditätsentschädigung für Arbeiter in gefährlichen Berufen, bundesstaatliche Katastrophenhilfe und Angehörigenbetreuer mit ihren Kindern.

Rakowski ist der Ansicht, dass Arbeiter, die sich für besonders gefährliche Berufe entscheiden, wie beispielsweise für Landwirtschaft, Fischerei, Bergbau, Waldarbeit, Feuerwehr und Polizei, keinen Anspruch auf medizinische Versorgung, Rehabilitation oder Entschädigungen hätten, wenn sie sich bei ihrer Arbeit verletzten.[73] Da sie freiwillig in diesen Berufen arbeiteten, sei jedes Unglück, das sie träfe, eine Form kalkulierten Pechs, dessen Kon-

72 Cohen, »Incentives, Inequality, and Community«, a. a. O., S. 348.
73 Rakowski, a. a. O., S. 79.

sequenzen die Arbeiter alleine zu tragen hätten. Cohens Test macht deutlich, dass Konsumenten, die die Nahrungsmittel verzehren, das Metall und das Holz verwenden, den Schutz vor Bränden und Verbrechen genießen, nicht überzeugend in dieser Form gegenüber den Arbeitern argumentieren können, die jene Güter produzieren. Konsumenten können sich nicht von aller Verantwortung für das Pech freisprechen, das Arbeiter in gefährlichen Berufen trifft. Denn sie haben die Arbeiter beauftragt, diese gefährlichen Aufgaben in ihrem Namen auszuführen. Es kann nicht gerecht sein, im System der Arbeitsteilung einen Beruf zu definieren, der solche besonderen Risiken beinhaltet, und anschließend der Ausübung dieses Berufs eine Gewinnmenge zuzuteilen, die angesichts der Risiken nicht ausreicht, um die sozialen Bedingungen der Freiheit derer zu sichern, die ihn ausüben. Das Prinzip »Profitieren wir von Berufen, die so unangemessen entlohnt werden, dass den Menschen, die sie ausüben, angesichts der Risiken und Umstände ihrer Arbeit die notwendigen Mittel fehlen werden, um ihre Freiheit abzusichern!« kann den Test interpersoneller Rechtfertigung nicht bestehen.

Ähnliches gilt für Menschen, die wie die Anwohner des Andreasgrabens in Gegenden leben und arbeiten, die ein erhöhtes Risiko für bestimmte Naturkatastrophen haben. Rakowski zufolge sollten diese Bewohner von der bundesstaatlichen Katastrophenhilfe ausgenommen werden, weil sie freiwillig dort leben.[74] Sie leben aber dort, weil sie von anderen Bürgern durch deren Nachfrage nach kalifornischen Produkten beauftragt wurden, die natürlichen Ressourcen Kaliforniens auszubeuten. Ihnen die bundesstaatliche Katastrophenhilfe vorzuenthalten ist gleichbedeutend mit der Inanspruchnahme des oben zurückgewiesenen Prinzips.[75]

74 Ebd.

75 Was ist mit den Reichen, die ihre Ferienhäuser in potentiellen Katastrophengebieten bauen? Sie wurden weder von anderen beauftragt, dort zu leben, noch kann man wohl fairerweise Steuerzahler dazu zwingen, ihre luxuriösen Anwesen zu versichern. Die Theorie demokratischer Gleichheit kann zwar auch unproduktiven Bürgern nicht zumuten, alles zu verlieren, entschädigt sie aber nicht für all ihre Verluste. Sie garantiert ihnen nur eine ausreichende Unterstützung, damit sie wieder auf die Beine kommen können. Und sollte selbst diese Hilfe zu teuer erscheinen, so könnte ein egalitaristischer Staat den Menschen verbieten, sich in katastrophengefährdeten Gebieten niederzulassen, oder sie extra besteuern, um für die Zusatzkosten der Katastrophenhilfe aufkommen zu können. Er darf sie aber nicht auf eigene Verantwortung dort leben lassen und sie dann in der Stunde

Angehörigenbetreuer ohne eigenes Einkommen und deren Kinder scheinen aus dem Modell der Gesellschaft als Kooperationssystem herauszufallen. Das wäre aber nur der Fall, wenn man die Wirtschaft mit dem Markt verwechseln würde.[76] Angehörigenbetreuer ohne eigenes Einkommen steuern mindestens in dreifacher Hinsicht zur Produktion bei. Erstens verrichten die meisten Hausarbeit – sie putzen, kochen usw. Täten sie das nicht, so müssten diese Dienstleistungen von bezahlten Arbeitskräften erbracht werden. Zweitens ziehen sie die zukünftigen Arbeiter groß und pflegen die Kranken und Verletzten, damit sie wieder zur Arbeit gehen können. Drittens, indem sie anderen Pflichten abnehmen – die Pflichten aller gegenüber jedem abhängigen Menschen und die aller Familienmitglieder den von ihnen abhängigen Verwandten gegenüber –, entbinden sie sie von dieser Verantwortung und geben ihnen die Möglichkeit, sich am Arbeitsmarkt zu engagieren. Väter wären wirtschaftlich nicht so erfolgreich, wenn die Mütter ihrer Kinder, die selbst nichts verdienen oder nur Teilzeit arbeiten, ihnen nicht die Verantwortung für die Kinderbetreuung weitgehend abnehmen würden.[77] Auch das Prinzip »Ernennen wir andere, die unsere Fürsorgepflichten gegenüber Angehörigen übernehmen, und weisen wir dieser Rolle einen so geringen Lohn zu, dass diejenigen, die sie ausüben, auf unser Wohlwollen angewiesen sind!« kann der interpersonellen Rechtfertigung nicht standhalten. Angehörigenbetreuer haben Anspruch auf einen ausreichenden Teil des Einkommens ihres Partners, damit sie in dieser Beziehung nicht unterdrückt und ausgebeutet werden. Dieses Prinzip unterstützt Okins Vorschlag, dass Gehälter zwischen Ehemann und Ehefrau geteilt werden sollten.[78] Und sollte auch das nicht ausreichen, um der Schutzlosigkeit von Angehörigenbetreuern in ihren häuslichen Partnerschaften vorzubeugen, so könnte man dafür plädieren, dass ein Teil der Kosten für die Betreuung Angehöriger, wie in Westeuropa üblich, durch ein Kinder- (oder Altenpflege-) Geld zu sozialisieren wäre. Vielleicht ist vollständige Gleichheit durch die Umverteilung materieller Ressourcen alleine nicht zu verwirklichen.

der Not aufgeben. Ein solches Vorgehen straft selbst die Unvorsichtigen in unzulässiger Weise mit Verachtung.

76 Marilyn Waring, *If Women Counted*, San Francisco: Harper Collins 1990.

77 Joan Williams, »Is Coverture Dead?«, in: *Georgetown Law Journal* 82 (1994), S. 2227.

78 Okin, a. a. O., S. 180ff.

Dafür wäre wahrscheinlich auch eine Veränderung der gesellschaftlichen Normen notwendig, so dass von Männern und Frauen gleichermaßen erwartet werden könnte, dass sie Fürsorgepflichten übernähmen.[79]

Indem die Theorie der demokratischen Gleichheit die Gesellschaft als Kooperationssystem versteht, das den gesamten wirtschaftlichen Output gemeinschaftlich produziert, trägt sie der starken gegenseitigen Abhängigkeit aller Mitglieder einer modernen Gesellschaft Rechnung. Sie verwirft das atomistische Modell individueller Selbstgenügsamkeit mit dem Argument, dass es der Abhängigkeit der Lohnarbeiter von der freiwilligen und unbezahlten Arbeit anderer nicht gerecht wird. Sie lehnt auch die Reduktion moralischer Pflichten auf teure Vorlieben und eine Gleichheitsgarantie nur für Egoisten ab, wie sie die Theorie der Schicksalsgleichheit vorsieht. Durch eine Modifikation der Rechte versucht sie stattdessen, die moralischen Pflichten Erwachsener gegenüber ihren Angehörigen angemessener zu berücksichtigen. Ihr zufolge muss niemand eine untergeordnete Position einnehmen, nur weil er Fürsorgepflichten erfüllt.

Die Konzeption der Gesellschaft als Kooperationssystem verfügt über ein Sicherheitsnetz, das selbst Unvorsichtige auffängt. Sie setzt voraus, dass keiner Rolle im Produktionsprozess so unzureichende Gewinne zugeteilt werden, dass Menschen Gefahr laufen, wegen der Risiken und Anforderungen ihres Berufs die sozialen Bedingungen ihrer Freiheit zu verwirken. Die Gesellschaft darf keine Arbeitsrollen definieren, die zu Leibeigenschaft oder Sklaverei führen. Und falls sie es vermeiden kann, darf sie sie auch nicht so schlecht bezahlen, dass ein gesunder, ganztags arbeitender Mensch trotzdem auf wesentliche Fähigkeiten zu verzichten hätte.[80] Die Theorie demokratischer Gleichheit spricht sich außerdem für ein Recht auf Arbeit für arbeitswillige, gesunde Erwachsene aus. Da die Teilnahme am Arbeitsleben für ein Leben als Gleicher in der

79 Nancy Fraser, »Die Gleichheit der Geschlechter und das Wohlfahrtssystem: Ein postindustrielles Gedankenexperiment«, in: *Pathologien des Sozialen*, a. a. O.

80 Man könnte glauben, arme Gesellschaften seien finanziell nicht in der Lage, für die Grundfähigkeiten aller Arbeiter aufzukommen. Sens Untersuchungen zum Lebensstandard in Indien und China zeigen hingegen, dass selbst besonders arme Gesellschaften alle ihre Mitglieder mit einer ansehnlichen Menge von Grundfähigkeiten versorgen können – anständiger Ernährung, Gesundheit, Alphabetisierung und Ähnlichem –, wenn sie sich dieses Ziel setzen. Vgl. z. B. Amartya Sen, *Commodities and Capabilities*, Amsterdam: North-Holland 1985.

Zivilgesellschaft eine so hohe Bedeutung hat, kann Arbeitslosenversicherung nur ein schlechter Ersatz für Arbeit sein.

Würde die Theorie demokratischer Gleichheit eine so kompromisslose Lohndrücker-Politik unterstützen, wie sie sich aus dem Rawls'schen Differenzprinzip ergäbe? Dieses Prinzip verbietet alle Einkommensungleichheiten, die den Einkommen der Schlechtestgestellten nicht zugute kommen.[81] Die absolute Priorität, die das Differenzprinzip den Schlechtestgestellten zubilligt, hätte zur Folge, dass erhebliche Einbußen bei den unteren Mittelschichten nur geringfügigen Gewinnen am unteren Ende der Einkommensskala gegenüberstünden. Die Theorie demokratischer Gleichheit ist für eine weniger anspruchsvolle Form der Gegenseitigkeit. Sofern alle Bürger die ausreichende Freiheit genießen, um in der Gesellschaft als Gleiche auftreten zu können, betrachtet sie darüber hinausgehende Einkommensunterschiede im Prinzip als unproblematisch. Die Höhe akzeptabler Einkommensungleichheiten wäre teilweise davon abhängig, wie leicht diese zu Statusvorteilen umfunktioniert werden könnten – eine Verbesserung der sozialen Grundlagen der Selbstachtung, größerer Einfluss auf Wahlen und Ähnliches. Je unüberwindlicher wiederum die Hürden gegen eine Verdinglichung des sozialen Status, des politischen Einflusses etc. sind, desto annehmbarer werden signifikante Einkommensungleichheiten.[82] Der moralische Status einer Allokation durch Märkte ist umso weniger fragwürdig, je genauer der Bereich definiert wird, für den dieses Allokationsprinzip uneingeschränkt gilt.

Demokratische Gleichheit, persönliche Verantwortung und Paternalismus

Die Theorie demokratischer Gleichheit garantiert allen Bürgern einen effektiven Zugang zu den sozialen Bedingungen ihrer Freiheit, egal wie unvorsichtig sie ihr Leben führen. Sie verweigert nachlässigen oder selbstzerstörerischen Bürgern nicht die nötige medizinische Versorgung. Sie diskriminiert nicht zwischen Behinderten

81 Rawls, *Eine Theorie der Gerechtigkeit*, Frankfurt/Main: Suhrkamp 1975.

82 Michael Walzer, *Sphären der Gerechtigkeit. Ein Plädoyer für Pluralität und Gerechtigkeit*, Frankfurt, New York: Campus 1992, Kapitel 1, in diesem Band; Mickey Kaus, *The End of Equality*, New York: Basic Books 1992.

je nachdem, in welchem Umfang sie ihre Behinderung selbst zu verantworten haben. Unter Bedingungen demokratischer Gleichheit nehmen sich Bürger davor in Acht, anmaßende, moralisierende Urteile darüber zu fällen, wie Menschen ihre Chancen hätten nutzen sollen, oder ob sie in der Lage waren, persönliche Verantwortung zu übernehmen. Die einzige Ausnahme zu diesem Prinzip ist kriminelles Verhalten. Nur ein begangenes Verbrechen kann den Verlust der persönlichen Grundfreiheiten und des egalitären Status in der Zivilgesellschaft rechtfertigen. Doch selbst verurteilte Verbrecher behalten ihren Status als gleiche Menschen und haben deshalb auch weiterhin ein Anrecht auf die menschlichen Grundfunktionen wie angemessene Ernährung, Unterkunft und medizinische Versorgung.

Man könnte der Theorie demokratischer Gleichheit vorwerfen, all diese Garantien unterminierten, genau wie Kritiker der Gleichheit immer schon vermutet haben, die persönliche Verantwortungsbereitschaft. Wenn man Menschen in Situationen, die sie ihrer eigenen Unvorsichtigkeit verdanken, zu Hilfe eilt, warum sollten sie dann vorsichtig handeln? Egalitaristen müssen natürlich auf jeden Fall anerkennen, dass persönliche Verantwortungsbereitschaft unverzichtbar ist, und sei es nur, um dem Bankrott des Staates vorzubeugen. Doch hierfür gibt es zwei grundsätzlich verschiedene Strategien. Nach der einen werden lediglich bestimmte Ursachen für Verluste versichert: So lässt sich zwischen Verlusten unterscheiden, für die Menschen verantwortlich sind, und solchen, für die sie nichts können. Menschen werden dann nur für Letztere entschädigt. Nach diesem Prinzip verfährt der Glücksegalitarismus. Es führt zu Armenrechts-Denken und zu einer anmaßenden und respektlosen Beurteilung von Personen. Der zweiten Strategie zufolge werden nur die Verluste an bestimmten Arten von Gütern versichert: Man unterscheidet zwischen garantierten und nicht-garantierten Gütern im Raum egalitaristischer Berücksichtigung und versichert Individuen nur gegen den Verlust Ersterer. Dies ist der Ansatz des demokratischen Egalitarismus.

Der demokratische Egalitarismus entschädigt Menschen nicht für alle Verluste, die sie ihrem unvorsichtigen Verhalten zuzuschreiben haben. Er garantiert nur eine Menge von Fähigkeiten, die zur Voraussetzung der Funktion des freien und gleichen Bürgers und zur Vermeidung von Unterdrückung gehören. Egal, wie sehr sie für ihr Rauchen verantwortlich ist, hätte eine Raucherin beispielsweise das Recht, ihren Lungenkrebs ärztlich behandeln zu lassen. Sie hätte aber kein Anrecht auf eine Entschädigung für verlorenes Lebensglück wegen langer Krankenhausaufenthalte und eingeschränkter Lungenfunktionsfähigkeit oder wegen der Bedrohung, die sie angesichts ihrer Sterblichkeit empfindet, oder der Vorwürfe ihrer Verwandten, die ihre Lebensweise verurteilen. Menschen haben also durch verantwortungsloses Verhalten viel zu verlieren. Das ist durchaus ein Grund, vorsichtig zu sein. Der Glücksegalitarismus kann von dieser Motivationslage nicht profitieren, weil er Menschen innerhalb seines Raums egalitaristischer Berücksichtigung für Verluste aller Arten von Gütern (verschiedene Ressourcen oder Quellen des Wohlergehens) entschädigt. Er muss sich deshalb moralischen Urteilen über den Grund des Verlusts anvertrauen, um das Verantwortungsbewusstsein der Menschen zu befördern.

Die Theorie demokratischer Gleichheit verfügt über zwei weitere Strategien, um die persönliche Verantwortungsbereitschaft zu stärken. Erstens bietet sie Gleichheit im Raum der Fähigkeiten, also der Chancen oder Freiheiten. Menschen müssen immer noch verantwortungsbewusst handeln, um die meisten Funktionen, deren effektive Realisierbarkeit die Gesellschaft garantiert, tatsächlich zu verwirklichen. Für den typischen Fall eines gesunden Erwachsenen beispielsweise, sofern er einen Arbeitsplatz findet, wäre der Zugang zu angemessenem Einkommen abhängig von der verantwortungsvollen Erfüllung der Pflichten, die sein Beruf mit sich bringt.

Zweitens sind die meisten Freiheiten, die die Theorie demokratischer Gleichheit garantiert, Bedingungen für verantwortungsbewusstes Handeln. Ein solches Handeln setzt echte Alternativen, eine Kenntnis dieser Alternativen, Entscheidungskompetenzen und die nötige Selbstachtung voraus, um den eigenen Urteilen trauen zu können. Die Theorie demokratischer Gleichheit garantiert sowohl die notwendige Bildung, um die eigenen Wahlmöglichkeiten erkennen und zwischen ihnen entscheiden zu können, als auch die sozialen Grundlagen der Selbstachtung. Man darf nicht vergessen, dass Menschen für den Erhalt ihrer Existenz fast alles tun würden. Indem die Theorie der demokratischen Gleichheit die effektive und legale Verfügbarkeit der zum Überleben notwendigen Mittel gewährleistet, beugt sie kriminellem Verhalten vor. Eine Gesellschaft hingegen, die es zulässt, dass Menschen unter dem

Existenzminimum leben, und die sie der legitimen Mittel ihrer Existenzsicherung beraubt, wird ein solches Verhalten provozieren. Die Theorie demokratischer Gleichheit bietet auch keinen Anreiz, persönliche Verantwortung abzustreiten, den die Theorie der Schicksalsgleichheit zum Prinzip erhebt. Denn sie garantiert Menschen dauerhaft die legitimen Mittel zur Verwirklichung ihrer Grundfähigkeiten, ohne dass sie andere darüber täuschen müssten, wie weit sie für ihre schlimme Lage mitverantwortlich sind.

Demokratische Gleichheit und staatsbürgerliche Pflichten

Die Theorie demokratischer Gleichheit gibt dem egalitaristischen Denken in verschiedener Hinsicht eine neue Orientierung. Sie versteht Gerechtigkeit im Sinne von Pflichten, die nicht durch die Befriedigung subjektiver Präferenzen definiert sind. Dadurch kann sichergestellt werden, dass die Rechte der Menschen nicht von zufälligen Veränderungen des individuellen Geschmacks abhängen und dass Menschen keine Rechte einfordern können, ohne entsprechende Pflichten anzuerkennen. Die Theorie demokratischer Gleichheit bezieht Gerechtigkeitsurteile nicht auf die natürliche Ordnung, sondern auf zwischenmenschliche Vereinbarungen. Damit trägt sie der Tatsache Rechnung, dass nicht die Natur, sondern Menschen dafür verantwortlich sind, wenn sich die natürliche menschliche Vielfalt in Hierarchien niederschlägt und zu Unterdrückung führt. Sie attestiert der sozialen Ordnung, nicht der ungleichen Verteilung angeborener Begabungen, ein Gerechtigkeitsdefizit. Statt die Verschiedenheit menschlicher Talente zu beklagen und einen sogenannten angeborenen Mangel an Talent ausgleichen zu wollen eröffnet die Theorie demokratischer Gleichheit eine Perspektive, aus der die menschliche Vielfalt als Vorteil für alle betrachtet und zum Vorteil aller genutzt werden kann. Der demokratische Egalitarismus bestimmt Gleichheit als Beziehung zwischen Menschen, nicht nur als Muster der Verteilung teilbarer Güter. Daraus folgt, dass Egalitaristen neben der Güterverteilung auch andere gesellschaftliche Aspekte, wie z. B. soziale Normen, einer kritischen Betrachtung unterziehen können. Es ist leicht einzusehen, dass Ungerechtigkeiten wirksamer durch eine Veränderung der sozialen Normen und der Struktur öffentlicher Güter korrigiert werden können als durch eine Umverteilung von Ressourcen. Die Theorie demokratischer Gleichheit erlaubt, Forderungen nach gleicher Verteilung mit dem Anspruch auf gleiche Achtung zu verbinden. So ist gewährleistet, dass die Prinzipien der Güterverteilung – wie gleich die sich daraus ergebenden Verteilungsmuster auch sein mögen – nicht am Ende doch nur abschätziges Mitleid für die Nutznießer egalitaristischer Rücksicht widerspiegeln. Sie hat deshalb ein überlegenes Verständnis dessen, was aus Gründen der Gerechtigkeit geboten ist – nämlich nur nach Prinzipien zu handeln, die die gleiche Achtung vor jedem zum Ausdruck bringen. Durch die neuen Schwerpunkte, die sie setzt, berechtigt die Theorie demokratischer Gleichheit zu der Hoffnung, dass der wissenschaftliche Egalitarismus wieder Anschluss an real existierende Gleichheitsbewegungen finden könnte. Es ist moralisch gesehen kein Zufall, dass sich Strandfaulenzer und Menschen, die süchtig nach ihren teuren Hobbys sind, nicht politisch organisieren, um im Namen ihres Lifestyles Forderungen zu erheben. Ebenso wenig darf man übersehen, dass Behinderte Formen der Mildtätigkeit ablehnen, die an ein Mitleid für ihre Lebensumstände appellieren, und dass sie nicht um milde Gaben bitten, sondern Respekt fordern. Die Theorie demokratischer Gleichheit trägt dazu bei, die Forderungen existierender Gleichheitsbewegungen in einem Rahmen zu artikulieren, der Aussicht auf breitere Anerkennung hat.

Aus dem Amerikanischen von Bettina Engels

Michael Walzer
Komplexe Gleichheit

Pluralismus

Die Idee der distributiven Gerechtigkeit ist eine ausgreifende Idee. Sie zieht die gesamte Güter- und Wertewelt in den Bannkreis philosophischer Reflexion hinein. Nichts bleibt unbeachtet oder wird übergangen; kein Merkmal, keine Besonderheit unseres gemeinschaftlichen Lebens, die sich dem aufmerksam prüfenden Blick dessen entziehen könnten, der nach distributiver Gerechtigkeit strebt. Die menschliche Gesellschaft ist eine Distributions-, eine Verteilungsgemeinschaft. Damit ist zwar nicht alles über sie gesagt, aber doch das Wesentliche, denn es sind tatsächlich der gemeinsame Besitz, die Verteilung und der Tausch von Dingen, die uns zweckhaft zusammenführen. Und wiewohl es auch die Herstellung, die Produktion der von uns gemeinsam besessenen, unter uns verteilten und miteinander getauschten Dinge ist, die uns dazu veranlasst, uns zusammenzutun, ist doch just diese Produktion – i.e. die Arbeit selbst – durch die Praxis der Arbeitsteilung ihrerseits ebenfalls unter uns aufgeteilt. Mein Platz in der Wirtschaft, mein Rang in der politischen Ordnung, meine Reputation bei meinen Kollegen, meine materiellen Besitztümer, sie alle werden mir durch andere Männer und Frauen zuteil. Man kann sagen, dass ich das, was ich besitze, zu Recht oder zu Unrecht besitze, verdienter- oder unverdientermaßen; doch sind solche Feststellungen angesichts der Vieldimensionalität der Verteilung und der Zahl der an ihr beteiligten Personen ganz gewiss nicht leicht zu treffen.

Die Idee der distributiven Gerechtigkeit betrifft aber nicht nur das Haben, sondern ebenso sehr das Sein und das Tun. Sie ist mit der Produktion ebenso eng verknüpft wie mit der Konsumtion und mit Identität und Status nicht minder eng als mit Grundbesitz, Kapital oder persönlicher Habe. Unterschiedliche politische Ordnungen und unterschiedliche Ideologien erzwingen bzw. rechtfertigen unterschiedliche Verteilungen von Zugehörigkeit oder Mitgliedschaft, von ritueller Herausgehobenheit und göttlicher Gnade, von Verwandtschaft und Liebe, von Wissen, Reichtum, physischer Sicherheit, Arbeit und Muße, von Gratifikationen und

Sanktionen sowie von einer Vielzahl von Gütern, die wir uns sehr viel konkreter und materieller vorstellen dürfen – wie z. B. Nahrung, Wohnung, Kleidung, Beförderung, medizinische Versorgung, Waren aller Art nebst all den merkwürdigen Dingen (wie Bilder, seltene Bücher oder Briefmarken es sind), welche die Menschen zu sammeln belieben. Und dieser Vielfalt von Gütern entspricht eine Vielfalt von Distributionsverfahren, Distributionsagenten und Distributionskriterien. Zwar gibt es auch so etwas wie einfache Verteilungssysteme – zu denken ist z. B. an die Sklavengaleere, an Klöster, Heilanstalten oder auch Kindergärten (wiewohl auch diese, je einzeln und aus der Nähe betrachtet, sich als unerwartet komplex erweisen können) –, es lässt sich aber nirgendwo eine vollentwickelte menschliche Gesellschaft entdecken, die jemals um diese Multiplexität herumgekommen wäre. Wir müssen sie allesamt untersuchen, die Güter und ihre Verteilungsmodi, und zwar an ganz verschiedenen Orten und zu ganz verschiedenen Zeiten.

Dabei lässt sich allerdings kein singulärer Zugangspunkt zu dieser Welt der distributiven Arrangements und Ideologien ausmachen, denn es hat niemals ein universelles Tauschmittel gegeben. Seit dem Niedergang der Tauschwirtschaft, des Naturaltauschs, ist das Geld zwar das allgemeinste und gebräuchlichste Medium, aber die alte Maxime, der zufolge es Dinge gibt, die für Geld nicht zu haben sind, ist nicht nur normativ, sondern auch sachlich nach wie vor richtig. Was käuflich sein soll und was nicht, ist etwas, worüber stets und zu allen Zeiten die Menschen entscheiden und worüber sie bisher in vielerlei Weise entschieden haben. Gewiss, der Markt war die gesamte Geschichte hindurch einer der wichtigsten Mechanismen für die Verteilung von sozialen Gütern; aber er war niemals – und ist auch heute nirgendwo – ein allumfassendes Verteilungssystem.

Desgleichen hat es niemals einen singulären Ort der Entscheidung, eine Spezialinstanz gegeben, von der aus alle Verteilungsvorgänge kontrolliert worden wären; und zwar hat es diesen Ort ebenso wenig gegeben, wie es eine singuläre Gruppe von Entscheidungsträgern im Sinne von Bevollmächtigten gab, die diese Entscheidungen getroffen hätten. Kein Staat war jemals so allgegenwärtig und allbeherrschend, dass er die Verteilungs- und Tauschmuster, aus denen eine Gesellschaft ihre Gestalt gewinnt, in toto hätte reglementieren können. Viele Dinge entziehen sich der

Kontrolle des Staates; neue Strukturen bilden sich heraus – Verwandtschaftsgeflechte, Schwarzmärkte, Interessengemeinschaften, Bürokratiefilze, klandestine politische und religiöse Organisationen. Staatsvertreter können Steuern erheben, Einberufungen aussprechen, Zuweisungen festsetzen, Reglements aufstellen, Anstellungen vornehmen, Gratifikationen und Sanktionen verfügen; der umfassende Zugriff auf die Gesamtsphäre der Güter bleibt ihnen gleichwohl ebenso versagt wie die Möglichkeit, in und mit ihrer Person jeden anderen Verteilungsagenten zu substituieren. Aber nicht nur sie können dies nicht, es gibt auch sonst niemanden, der es vermöchte. Es finden zwar immer wieder Anschläge auf den Markt statt, Versuche, ihn aufzukaufen; eine allumfassende erfolgreiche »Distributionsverschwörung« hat es jedoch noch niemals gegeben.

Und schließlich hat es auch niemals ein singuläres Kriterium oder ein singuläres Set von miteinander verknüpften Kriterien gegeben, die für alle Verteilungsvorgänge gleichermaßen gegolten hätten. Verdienst, Eignung, Abstammung und Geblüt, Freundschaft, Bedürfnis und Bedarf, freier Austausch, politische Loyalität und demokratische Entscheidung, sie alle hatten und haben, miteinander verwechselt und vermengt und von konkurrierenden Gruppen ins Feld geführt, im schwierigen Nebeneinander mit zahllosen weiteren Einflusskomponenten ihren je speziellen Stellenwert im Gesamtgeschehen.

Die Vielfalt der Arrangements und Ideologien, welche die Geschichte in puncto distributiver Gerechtigkeit offenbart, ist riesig. Und dennoch geht der erste Impuls des Philosophen eher dahin, sich von dem, was die Geschichte herzeigt, d. h. von der Welt der Erscheinungen, nicht einnehmen zu lassen, sondern nach einer dem Ganzen zu Grunde liegenden Einheitlichkeit zu suchen: nach einem kurzen Katalog von Grundgütern, der sich schnell verdichten lässt auf ein singuläres Gut; nach einem singulären Verteilungskriterium oder einem kohärenten Set von miteinander verknüpften Kriterien; und nach einem Philosophen, der seinerseits, zumindest symbolisch, einen in sich konsistenten Standpunkt innehat, von dem aus er die Dinge beurteilt.[1] Ich werde zeigen, dass

1 Siehe John Rawls, *A Theory of Justice* (Cambridge, Mass., 1971); deutsch: *Eine Theorie der Gerechtigkeit* (Frankfurt, 1975). Jürgen Habermas, *Legitimationsprobleme im Spätkapitalismus* (Frankfurt, 1973); Bruce Ackerman, *Social Justice in the Liberal State* (New Haven, 1980).

die Suche nach Einheitlichkeit den Gegenstand der distributiven Gerechtigkeit missversteht und verfehlt. Und dennoch ist dieser philosophische Impuls in einem gewissen Sinne unabweisbar; denn selbst wenn man sich, wie ich es tun werde, für den Pluralismus entscheidet, dann erfordert auch diese Entscheidung immer noch eine kohärente, in sich stimmige Rechtfertigung und Erklärung. Es muss Prinzipien geben, die sie, diese Entscheidung, begründen und die ihren Geltungsrahmen abstecken, denn der Pluralismus verlangt nicht von uns, dass wir jedes denkbare Distributionskriterium gutheißen oder jeden Möchtegern-Verteilungsagenten akzeptieren. Möglicherweise gibt es sogar so etwas wie ein singuläres Pluralismusprinzip und eine einzig legitime Art von Pluralismus. Aber auch dieser Pluralismus wäre immer noch ein Pluralismus, der eine breite Skala von Verteilungsmustern und -verfahren umfasste. In einem klaren Gegensatz dazu steht die Basisannahme der meisten Philosophen, die über Gerechtigkeit nachgedacht haben, und zwar von Platon angefangen; für sie gibt es nur ein einziges philosophiefähiges bzw. philosophisch begründbares Verteilungssystem.

Dieses System wird heute gemeinhin als dasjenige beschrieben, für welches in einem abstrakten Sinne vernunftbegabte Männer und Frauen votieren würden, wenn sie genötigt wären, ohne Wissen und Kenntnis von ihrer eigenen Situation und ohne die Möglichkeit, partikularistische Ansprüche zu stellen, eine unparteiische und gerechte Entscheidung darüber zu treffen, nach welchen Prinzipien eine abstrakte Gütermenge zu verteilen sei. Die entsprechenden Wissens- und Anspruchsbeschränkungen einerseits und eine entsprechende Güterdefinition andererseits vorausgesetzt, dürfte es wohl in der Tat so sein, dass alle zu dem gleichen singulären Schluss gelangen würden, d.h., dass sie sich, solchermaßen genötigt und eingeengt, tatsächlich allesamt für ein und dasselbe Distributionssystem entschieden. Und dennoch sagt diese Einheitlichkeit nichts über Gewicht und Bestand des von ihnen gezogenen singulären Schlusses aus. Vielmehr muss nachhaltig bezweifelt werden, dass die gleichen Männer und Frauen im Stande von konkreten Normalbürgern, d.h. ausgestattet mit einem starken Identitätsgefühl und der Verfügungsgewalt über die eigenen Güter und verstrickt in die Nöte und Sorgen des Alltags, ihre hypothetische Entscheidung wiederholen oder sie auch nur als die ihre wiedererkennen würden. Das Problem liegt nicht in erster Linie im Interessenpartikularismus, von dem die Philosophen stets annahmen, sie könnten ihn zuverlässig und sozusagen betriebssicher – d.h. unstrittig – beiseite räumen. Das können Normalbürger auch; und sie tun es z.B. immer dann, wenn sie dem Gemeinwohl den Vorrang vor ihren persönlichen Interessen geben. Das größere Problem liegt ganz ohne Zweifel im Partikularismus der Geschichte, der Kulturen und der Zugehörigkeiten. Selbst wenn sie sich der Unparteilichkeit und der Gerechtigkeit verschrieben haben, werden die Mitglieder einer konkreten politischen Gemeinschaft aller Wahrscheinlichkeit nach sehr viel weniger von der Frage bewegt: Wofür werden vernunftbegabte Individuen unter abstrakten allgemeingültigen Bedingungen dieser oder jener Art votieren? als von der Frage: Was würden Individuen wie wir wollen, Individuen, die in etwa der gleichen Situation sind wie wir, die einer gemeinsamen Kultur angehören und gewillt sind, dieser Kultur auch weiterhin gemeinsam anzugehören? Diese Frage verwandelt sich sehr schnell in die Überlegung: Welche Entscheidungen haben wir im Lauf unseres gemeinsamen Lebens bereits getroffen? Welches gemeinsame Verständnis teilen wir (realiter) miteinander?

Gerechtigkeit ist ein menschliches Konstrukt; und es steht keineswegs fest, dass sie nur auf eine einzige Weise hergestellt werden kann. Jedenfalls möchte ich diese philosophische Standardbehauptung erst einmal in Zweifel ziehen. Die Fragen, die die Theorie der distributiven Gerechtigkeit aufwirft, lassen eine breite Skala von Antworten zu, in der auch Raum ist für kulturelle Diversität und politische Alternativen. Es geht nicht nur um die Erfüllung eines singulären Prinzips oder Prinzipiensystems in unterschiedlichen historischen Konstellationen. Niemand dürfte bestreiten, dass es eine Vielfalt moralisch statthafter Implementationen gibt. Um sichtbar zu machen, dass es um mehr geht, werde ich im Folgenden versuchen, den Nachweis dafür zu erbringen, dass die Prinzipien der Gerechtigkeit ihrerseits in ihrer Form selbst pluralistisch sind; dass die verschiedenen Sozialgüter aus unterschiedlichen Gründen von verschiedenen Agenten und Mittlern auf der Basis unterschiedlicher Verfahren verteilt werden sollten; und dass alle diese Unterschiede sich herleiten aus den unterschiedlichen Bedeutungen der Sozialgüter selbst – dem unvermeidbaren Resultat eines historischen und kulturellen Partikularismus.

Eine Theorie der Güter

Theorien der distributiven Gerechtigkeit handeln von einem sozialen Prozess, dem gemeinhin folgendes Erscheinungsbild nachgesagt wird:

Menschen verteilen Güter an (andere) Menschen.

»Verteilen« bedeutet in diesem Zusammenhang geben, zuweisen, tauschen usw. Im Mittelpunkt des Interesses stehen die Individuen, die am einen oder anderen Ende der entsprechenden Aktionen auf den Plan treten: nicht die Produzenten und die Konsumenten, sondern die Distributionsagenten und die Rezipienten, d.h. diejenigen, die die Güter verteilen, und diejenigen, die sie empfangen. Wie stets gilt unser Interesse uns selbst. Doch ist es in diesem Fall nicht der Mensch als Gesamtperson, der uns interessiert, sondern – eingeschränkt und speziell – der Mensch in seiner Eigenschaft als Gebender und Nehmender. Was ist unser Wesen? Welche Rechte haben wir? Was brauchen wir, was wollen wir, und worauf haben wir Anspruch? Wozu sind wir berechtigt? Was würde uns unter idealen Bedingungen gefallen, worauf würden wir uns gerne einlassen? Die Antworten auf diese Fragen verwandeln sich in Distributionsprinzipien, die die Bewegung der Güter steuern und kontrollieren sollen. Die theoretisch definierten Güter werden als Dinge angesehen, die in jede Richtung bewegt werden können, d.h., die ortsveränderlich sind.

Aber dies ist nicht nur eine zu schlichte Interpretation dessen, was wirklich vorgeht, sie zwingt uns auch allzu rasch zu allgemeinen Aussagen über die menschliche Natur, über das Wesen des Menschen und seine moralische Kraft – Aussagen, die kaum jemals auf allgemeine Zustimmung stoßen und einen generellen Konsens hervorrufen dürften. Ich möchte deshalb eine etwas genauere und zugleich komplexere Kennzeichnung des angesprochenen zentralen Prozesses vornehmen, indem ich sage:

Menschen ersinnen und erzeugen Güter, die sie alsdann unter sich verteilen.

Hier gehen Konzeption und Herstellung von Gütern ihrer Verteilung voraus, d.h., diese wird von jenen bestimmt. Güter tauchen nicht einfach irgendwann in den Händen von Distributionsagenten auf, die sie entweder nach Belieben oder nach einem Generalprinzip verteilen.[2] Es ist vielmehr gerade umgekehrt: die Güter sind es, die mit ihren und wegen ihrer Bedeutungen das entscheidende Medium von sozialen Beziehungen bilden; ihre Geburtsstätten sind die Köpfe der Menschen, dort nehmen sie die Gestalt an, in der sie hernach in deren Hände gelangen; die sich herausbildenden Verteilungsmuster richten sich an den gemeinsamen Vorstellungen davon aus, welche Bedeutung die Güter haben und wozu sie da sind. Die Distributeure unterliegen den Zwängen, die von den Gütern ausgehen, die sie in Händen halten; man könnte fast sagen, dass die Güter sich selbst unter die Menschen verteilen.

> »Die Dinge sind es, die im Sattel sitzen
> und der Menschheit die Sporen geben.«[3]

Zu bedenken ist dabei allerdings, dass es sich immer um spezielle Dinge und um spezielle Gruppen von Männern und Frauen handelt. Und natürlich sind wir es, die Menschen, die die Dinge hervorbringen – auch den Sattel, in dem diese hernach sitzen. Es geht mir keineswegs darum, die Bedeutung und das Gewicht der menschlichen Tatkraft zu leugnen, ich möchte nur die Aufmerksamkeit von der Verteilung von Gütern auf ihre Konzeption und Erzeugung umlenken, d.h. auf jenes Geschehen, in dessen Verlauf die Güter benamst, mit einer Bedeutung versehen und kollektiv hergestellt werden. Was wir brauchen, um den Pluralismus der Distributionsmöglichkeiten erklären und eingrenzen zu können, ist eine Theorie der Güter. Für unsere unmittelbaren Zwecke hier sei sie, diese Theorie, auf sechs Thesen zusammengedrängt:

2 Robert Nozick äußert ganz ähnliche Einwände in seiner Schrift *Anarchy, State, and Utopia*, New York, 1974, S. 149-150; deutsch: *Anarchie, Staat, Utopie*, München 1979. Die Schlussfolgerungen, zu denen er dabei gelangt, sind allerdings insofern sehr verschieden von den meinen, als sie radikal individualistisch sind und mir am gesellschaftlichen Charakter der Produktion vorbeizuzielen scheinen.

3 Ralph Waldo Emerson, »Ode«, in: *The Complete Essays and Other Writings*, hg. v. Brooks Atkinson, New York, 1940, S. 770.

1. Alle Güter, die in Bezug auf distributive Gerechtigkeit von Belang sind, sind soziale Güter, Güter, die nicht gemäß irgendwelcher privater Idiosynkrasien bewertet werden bzw. die sich einer solchen idiosynkratischen Bewertung entziehen. Die Frage, ob es andere Arten von Gütern überhaupt gibt, möchte ich offen lassen, da ich mich nicht in der Lage sehe, sie exakt zu beantworten. Gewiss, es gibt Privatgegenstände, die aus persönlichen und emotionalen Gründen heraus geschätzt und in Ehren gehalten werden, doch geschieht dies nur in Kulturen, in denen die entsprechenden Gefühle sich sozusagen normativ an solche Gegenstände heften. Ein schöner Sonnenuntergang, der Duft von frischem Heu, eine wundervolle Aussicht auf eine Stadt, sie können persönlich und privatim hoch geschätzte Güter sein, auch wenn sie zugleich, und dies sehr viel augenfälliger, Objekte einer kulturellen Bewertung und Hochschätzung sind. Und selbst bei Neuerfindungen sind es nicht die Vorstellungen des Erfinders, an denen sich ihre Bewertung orientiert; denn auch sie unterliegen einem allgemeineren Prozess der Konzeption und Erzeugung – eine Regel, die, wie uns das erste Kapitel der Schöpfungsgeschichte lehrt, für die Güter Gottes selbstverständlich keine Geltung hat, denn dort lesen wir: »Und Gott sah an alles, was er gemacht hatte; und siehe da, es war sehr gut« (1:31). Diese Bewertung bedarf der Zustimmung eines (möglicherweise zweifelnden) Menschengeschlechts oder einer Majorität von Männern und Frauen oder einer bestimmten Gruppe von Personen, die unter idealen Bedingungen zusammenkommen, nicht (wiewohl Adam und Eva im Paradies Gottes Einschätzung vermutlich bestätigt und bekräftigt hätten). Andere Ausnahmen von der konstatierten Regel kann ich mir allerdings nicht vorstellen. Der Grund, weshalb Güter auf Erden eine gemeinschaftliche Bedeutung haben, liegt darin, dass ihre Konzeption und Erzeugung soziale Prozesse sind. Diese Tatsache erklärt auch, warum Güter in unterschiedlichen Gesellschaften unterschiedliche Bedeutungen haben. So erfährt das gleiche »Ding« seine Wertschätzung aus ganz unterschiedlichen Gründen, oder es wird an einem bestimmten Ort hoch und an einem anderen gering geachtet. John Stuart Mill hat einmal beklagt, dass die Menschen ihre Zu- und Abneigungen »en masse« fassten[4]; eine andere Art

4 John Stuart Mill, »On Liberty«, in: *The Philosophy of John Stuart Mill*, hg. v. M. Cohen, New York, 1961, S. 255; deutsch: *Über Freiheit*, Frankfurt/Wien 1969. Eine anthropologische Betrachtung über die Neigungen und Abneigungen gegen-

und Weise, an sozialen Gütern Gefallen zu finden oder eine Abneigung gegen sie zu entwickeln, ist mir indes nicht bekannt. Ein isoliert lebender Mensch dürfte weder die Bedeutung von solchen Gütern erkennen noch die Gründe verstehen können, weshalb sie im einen Fall als angenehm und im andern als unangenehm empfunden werden. Erst von dem Moment an, da Menschen sich an etwas »en masse« entzücken, wird es für den Einzelnen möglich, aus dieser Masse auszuscheren, auf latente oder subversive Bedeutungen hinzuweisen, nach alternativen Werten Ausschau zu halten – einschließlich solcher Werte wie Allbekanntheit und Absonderlichkeit. Eine mäßige Exzentrizität gehörte bisweilen durchaus zu den Spezialprivilegien des Adels, d. h., sie war ein soziales Gut, anderen sozialen Gütern vergleichbar.

2. Frauen und Männer gewinnen ihre je konkrete Identität aus der Art und Weise, in der sie soziale Güter erst ersinnen und erzeugen und hernach besitzen und benutzen. »Zwischen mir als Person und dem, was mir gehört, genau zu unterscheiden fällt mir äußerst schwer«, schrieb William James.[5] D.h., Verteilungsakte dürfen nicht als Handlungen von Personen missdeutet werden, in deren Köpfen oder Händen nicht bereits spezielle Güter existieren. In Wirklichkeit stehen diese Personen in einem festen Bezug zu einem ganz bestimmten Set von Gütern; sie haben eine gemeinsame Geschichte der geschäftlichen Trans- und Interaktionen, und zwar nicht nur je einzeln miteinander, sondern auch mit der moralischen und materiellen Welt, in der sie leben, als ganzer. Ohne diese Geschichte, die mit der Geburt beginnt, wären sie als agierende Personen, als einzelne Männer und Frauen, gar nicht kenntlich und hätten sie keinerlei Ahnung davon, wie das Geschäft des Gebens, Verteilens und Tauschens von Gütern zu betreiben ist.

3. Die Vorstellung, es könne ein einziges, sozusagen ein singuläres Set von Primär- oder Grundgütern für alle moralischen und materiellen Welten geben, geht nicht nur an der Realität vorbei, es müsste auch so abstrakt konzipiert sein, dass sich über die Art der Verteilung der Güter auf seiner Basis kaum etwas aussagen ließe. Noch der Bereich der Lebens- und Grundbedürfnisse ist, wenn wir die moralischen und die physischen Erfordernisse gleicherma-

über sozialen Gütern stellen Mary Douglas und Baron Isherwood an in *The World of Goods*, New York, 1979.

5 William James, zitiert in C.R. Snyder und Howard Fromkin, *Uniqueness: The Human Pursuit of Difference*, New York, 1980, S. 108.

ßen in Rechnung stellen, sehr groß, wobei die Rangskalen der Bedürfnisse immer wieder anders aussehen. Dem einzelnen Bedarfsgut haften, auch wenn es – wie z. B. im Falle der Nahrung – allüberall erforderlich ist, an unterschiedlichen Orten dennoch höchst unterschiedliche Bedeutungen an. So ist das Brot nicht nur das Grundnahrungsmittel der Menschen, es ist auch der Leib Christi, das Symbol des Sabbat, das Medium der Gastlichkeit und vieles andere mehr. Theoretisch ist ein enger Sinn des Wortes Brot denkbar, in dem die erstgenannte Bedeutung tatsächlich primär ist, sodass, wenn es nur zwanzig Personen auf der Welt und gerade genug Brot gäbe, um diese zwanzig zu ernähren, der Primat von Brot als Grundnahrungsmittel ein taugliches Verteilungsprinzip abgeben würde. Aber dies ist die einzige Konstellation, in der dem so wäre, und selbst in diesem hypothetischen Fall können wir nicht absolut sicher sein, dass es so geschähe. Denn wenn der religiöse Gebrauch von Brot mit seiner ernährungstechnischen Verwendung konfligieren würde – wenn die Götter verlangten, dass das Brot gebacken und danach verbrannt würde, statt gegessen zu werden –, dann steht keineswegs fest, welche Verwendung die primäre wäre. Als was, d. h. in welcher Funktion, soll dann aber das Brot in die Universalliste aufgenommen werden? Die Frage zu beantworten wird immer schwerer, bzw. die konventionellen Antworten darauf werden immer unbefriedigender, je weiter wir von den Notwendigkeiten zu den Möglichkeiten, Fähigkeiten, Reputationen usw. voranschreiten. Diese lassen sich nur dann in die Liste aufnehmen, wenn sie jeder spezifischen Bedeutung entkleidet, d. h. völlig abstrakt – und damit für jeden praktischen Zweck bedeutungslos – sind.

4. Und doch ist es die Bedeutung der Güter, die Art und Richtung ihrer Bewegung bestimmt. Distributionskriterien und -arrangements stecken nicht im Gut selbst bzw. im Gut an sich, sondern im sozialen, d. h. im gesellschaftlichen Gut. Wenn wir wissen, was dieses soziale Gut ist, was es für jene bedeutet, die ein Gut in ihm sehen, dann wissen wir auch, von wem es aus welchen Gründen wie verteilt werden sollte. Alle Verteilungen sind gerecht oder ungerecht immer in Relation zur gesellschaftlichen Bedeutung der zur Verteilung gelangenden Güter. Das Prinzip, um das es hier geht, ist in vielerlei Hinsicht ganz gewiss ein Legitimationsprinzip, aber dennoch nicht in jeder, denn es ist auch ein kritisches Prinzip.[6]

6 Sind die sozialen Bedeutungen denn nicht, wie Marx gesagt hat, nichts als »die Gedanken der herrschenden Klasse«, nichts als »die als Gedanken gefaßten herr-

Als zum Beispiel eine Vielzahl von Christen im Mittelalter die Sünde der Simonie anprangerten, taten sie dies mit der Feststellung, die Bedeutung eines speziellen sozialen Gutes, wie ein geistliches Amt es sei, schließe dessen Kauf und Verkauf aus. Gehe man vom christlichen Amtsverständnis aus, so folge – ich bin geneigt zu sagen zwingend – daraus, dass Amtsinhaber ihres Wissens und ihrer Frömmigkeit und nicht ihres Reichtums wegen auszuwählen und zu berufen seien. Es gebe gewiss Dinge, die man mit Geld kaufen könne, ein Kirchenamt gehöre jedoch keinesfalls dazu. Dem Begriff der *Simonie* vergleichbar sind die Begriffe der *Prostitution* und der *Bestechung*; auch sie beschreiben den Kauf und Verkauf von Gütern, die ihrer sozialen Bedeutung nach niemals zum Kauf angeboten oder gekauft werden dürften.

5. Soziale Bedeutungen tragen historischen Charakter, und so wandeln sich die Verteilungspraktiken, die gerechten wie die ungerechten, im Lauf der Zeit. Dennoch gibt es Schlüsselgüter, deren, man könnte fast sagen, charakteristische, normative Verteilungsstrukturen sich über die Grenzen (wenn auch nicht über sämtliche) von Zeit und Raum hinweg immer wieder durchgesetzt haben. Ihre Reiteration ist es, die den britischen Philosophen Bernard Williams zu der Feststellung veranlasst hat, Güter sollten immer nach »Zweckdienlichkeitskriterien« verteilt werden – wobei die Zweckdienlichkeit sich eher an essentielle als an soziale Bedeutungen zu knüpfen scheint.[7] Die Überlegung, Ämter z. B. seien an

schenden materiellen Verhältnisse«? (Karl Marx, »Die deutsche Ideologie«, in: *Marx Engels Werke*, Berlin 1962, Bd. 3, S. 46.) Ich glaube zwar nicht, dass sie jemals nur und ausschließlich das sind, wiewohl die Mitglieder der herrschenden Klasse und die von ihnen begünstigten Intellektuellen durchaus in einer Position sein können, die es ihnen ermöglicht, die sozialen Bedeutungen für ihre persönlichen Zwecke zu nutzen und sie in ihrem Sinne zu verdrehen. Wenn sie aber tatsächlich so verfahren, dann stoßen sie alsbald auf Widerstand, einen Widerstand, der (intellektuell) in genau denselben Bedeutungen wurzelt. Die Kultur eines Volkes ist immer ein Gemeinschaftsprodukt, selbst wenn keine umfassende Kooperation praktiziert wird, und sie ist immer ein komplexes Produkt. Das gemeinsame Verständnis von bestimmten Gütern schließt Prinzipien, Verfahren und Handlungskonzepte ein, für die sich die Herrschenden gewiss nicht entscheiden würden, wenn sie *in der je konkreten Situation* wählen könnten – ein Umstand, der die Sozialkritik sozusagen vorprogrammiert und ihr die Munition frei Haus liefert. Der Zugang zu dem, was ich als die »inneren« Prinzipien zur Abwehr der Übergriffe mächtiger Männer und Frauen bezeichnen möchte, stellt sozusagen die Normalform des kritischen Diskurses dar.

7 Bernard Williams, *Problems of the Self: Philosophical Papers, 1956-1972*, Cambridge, England, 1973, S. 230-249 (»The Idea of Equality«); deutsch: *Probleme des*

Kandidaten zu vergeben, die die Eignung dafür besäßen, findet – wenn auch nicht als einziges Kriterium für die Vergabe von Ämtern – einen sichtbaren Niederschlag in höchst unterschiedlichen Gesellschaften, Gesellschaften, die allerdings insofern eine Gemeinsamkeit aufweisen, als sie allesamt Simonie und Nepotismus, oder wie diese Tatbestände in ihren Sprachen heißen, für sündig oder ungerecht erachten. (Wobei die Ansichten darüber, welche Arten von Positionen und Stellungen füglich als »Ämter« zu bezeichnen seien, sehr weit auseinander gehen.) Auch hier wieder gilt die Strafe generell als ein negatives Gut, das jenen Menschen zuteil werden müsse, denen sie, die Strafe, aufgrund eines Urteilsspruches, nicht jedoch einer politischen Entscheidung zukomme. (Aber was konstituiert ein Urteil? Wer spricht es aus? Oder anders und kurz gesagt, wie sorgt man dafür, dass einem Beschuldigten Gerechtigkeit widerfährt? Die Unstimmigkeit in all diesen Fragen ist beträchtlich.) Die konkreten Beispiele laden zur empirischen Untersuchung ein. Es gibt kein rein intuitives oder spekulatives Verfahren zur Auffindung von Zweckdienlichkeitskriterien.

6. Wenn aber die Bedeutungen der Güter distinkt im Sinne von eigenständig sind, dann erheischt ihre Verteilung Autonomie. Das je einzelne soziale Gut oder Set von Gütern konstituiert gewissermaßen seine eigene Distributionssphäre, innerhalb deren sich nur ganz bestimmte Kriterien und Arrangements als angemessen und dienlich erweisen. So gehört Geld nicht in die Sphäre des Kirchenamtes, es ist dort etwas Ungehöriges, ein Störenfried, der aus einer anderen Sphäre hereindringt. Frömmigkeit wiederum sollte auf dem Marktplatz, nimmt man ihn in der ihm generell zugedachten Funktion, keinen Vorteil bringen. Was immer rechtmäßig zum Verkauf angeboten wird, sollte an gottlose, ketzerische und sündige Männer und Frauen genauso verkauft werden wie an gottesfürchtige (anders wären nennenswerte Geschäfte auch gar nicht zu machen). Der Markt steht allen offen, die zu ihm kommen, die Kirche nicht. Es gibt indessen keine Gesellschaft, in der die verschiedenen sozialen Bedeutungen jeweils völlig eigenständig wären. Was in der einen Distributionssphäre passiert, hat Einfluss

Selbst, Stuttgart, 1978, S. 363-397 (»Der Gleichheitsgedanke«). Dieser Aufsatz ist einer der Ausgangspunkte meiner eigenen Reflexion über den Gegenstand der distributiven Gerechtigkeit. Siehe ebenso die Kritik an Williams' Argumentation (und an einem älteren Text von mir) in Amy Gutmann, *Liberal Equality*, Cambridge, England, 1980, Kap. 4.

darauf, was in der anderen geschieht; wonach wir deshalb allenfalls Ausschau halten können, ist eine relative Eigenständigkeit. Aber diese relative Autonomie ist, nicht anders als die soziale Bedeutung, ein kritisches Prinzip – ja sie ist [...] ein radikales Prinzip. Sie ist radikal, auch wenn sie keinen singulären Maßstab impliziert, an dem alle Verteilungen gemessen werden müssten. Einen solchen singulären Maßstab gibt es nicht. Was es hingegen gibt, sind (wenn auch umstrittene, so doch in etwa erkennbare) Maßstäbe für das je einzelne soziale Gut und die je einzelne Distributionssphäre in der je einzelnen Gesellschaft; und diese Maßstäbe werden häufig dadurch verletzt, dass mächtige Männer und Frauen willkürlich Güter für sich usurpieren und in Sphären eindringen, in denen sie nichts zu suchen haben.

Herrschaft und Monopol

Bei genauem Hinsehen erweisen sich diese Verletzungen durchaus als gezielte, planvolle Verletzungen. Wiewohl ein Resultat sozialer Sinngebung und gemeinsamer Wertvorstellungen, befördert und begünstigt die Autonomie doch eher die gelegentliche Umgestaltung und Auflehnung als den alltäglichen Routinevollzug. Der großen Komplexität ihrer Verteilungssysteme wegen sind die meisten Gesellschaften auf der Basis dessen organisiert, was man als eine soziale Version des Goldstandards bezeichnen könnte: ein einzelnes Gut oder eine bestimmte Spezies von Gütern bestimmen den Wert in sämtlichen Distributionssphären. In der Regel werden diese Güter monopolisiert und wird ihr Wert stabil gehalten vermittels der Macht und des Zusammenhalts derer, die in ihrem Besitz sind. Ich bezeichne ein Gut dann als bestimmend oder dominant, wenn die Individuen, die über es verfügen, deshalb, weil sie darüber verfügen, zugleich auch über eine Vielzahl weiterer Güter gebieten können. Monopolisiert wird ein Gut dann, wenn eine Einzelperson, sozusagen ein Monarch in der Welt des Wertes, oder eine Gruppe von Personen in der Qualität von Oligarchen den Besitz dieses Gutes erfolgreich gegen alle auftretenden Rivalen wahren können. Dominanz bezeichnet eine Art der Verwendung und der Nutzung von sozialen Gütern, die über die Grenzen von deren intrinsischen Bedeutungen hinausgeht oder die diese Bedeutungen ihren Interessen und Vorstellungen gemäß selbst erzeugt.

Monopol steht für eine Art der Verfügung oder Kontrolle über soziale Güter, welche die Ausnutzung ihrer Dominanz zum Ziel hat. Sind Güter knapp und zugleich allgemein nachgefragt, wie etwa Wasser in der Wüste, so wird ihr Monopol sie direkten Weges zu dominanten Gütern machen. Meist ist die Dominanz jedoch ein sehr viel kunstvolleres und komplizierteres Produkt, ein Werk vieler Hände, in dem Realität und Symbolik miteinander verschmelzen. Körperliche Stärke, ein guter Name, ein geistliches oder politisches Amt, Grundbesitz, Kapital oder technisches Wissen, sie alle haben, wenn auch in unterschiedlichen historischen Epochen, nicht nur den Status von dominanten Gütern erlangt, sondern sind jeweils auch von ganz bestimmten Personengruppen monopolisiert worden. Und wenn dem erst einmal so ist, dann fließen alle guten Dinge denen zu, die über die eine beste Sache verfügen – nach der Devise: Wer da hat, dem wird gegeben. Oder, um die Metapher zu wechseln, ein dominantes Gut verwandelt sich in ein anderes Gut, genauer, in viele andere Güter, in einem Prozess, der häufig wie ein natürlicher Prozess aussieht, in Wirklichkeit aber ein magischer ist, eine Art von sozialer Alchimie.

Indes, das soziale Gut, das jemals die gesamte Gütervielfalt gänzlich dominiert hätte, gibt es ebenso wenig wie das perfekte Monopol. Was ich hier beschreibe, sind nur Tendenzen, wenn auch entscheidend wichtige Tendenzen. Denn es sind ganze Gesellschaften, die wir auf der Basis der in ihnen etablierten Umwandlungsmuster charakterisieren können. Einige dieser Charakterisierungen lesen sich äußerst einfach: In einer kapitalistischen Gesellschaft ist das Kapital bestimmend und lässt sich leicht umwandeln in Ansehen und Macht; in einer Technokratie ist es das technische Wissen, dem die gleiche Rolle zufällt. Doch dürfte es nicht allzu schwer sein, sich vorzustellen oder herauszufinden, dass es auch kompliziertere soziale Arrangements gibt. Tatsächlich sind Kapitalismus und Technokratie sehr viel komplexer, als ihre Bezeichnungen dies implizieren, selbst wenn die genannten Begriffe eine durchaus konkrete Information über die wichtigsten Formen von Beteiligung, Aufteilung und Tausch vermitteln. Die monopolistische Kontrolle über ein dominantes Gut produziert eine herrschende Klasse, deren Mitglieder an der Spitze eines Distributivsystems stehen – so wie die Philosophen es gerne täten, wenn sie behaupten, die Weisheit zu besitzen, die sie so sehr lieben. Da aber die Dominanz immer mangelhaft und das Monopol immer unvollkommen bleiben, ist die Herrschaft der herrschenden Klasse immer eine instabile Herrschaft. Sie, diese Klasse, sieht sich ständig herausgefordert durch andere Gruppen, die im Namen alternativer Umwandlungsmuster gegen sie antreten.

Die Distribution ist es, um die der gesamte soziale Konflikt sich dreht, sie bildet seinen Inhalt. Marxens nachdrückliche Herausstellung des Produktionsprozesses sollte uns nicht daran hindern, die einfache Wahrheit zur Kenntnis zu nehmen, dass der Kampf um die Kontrolle über die Produktionsmittel ein Verteilungskampf, ein Kampf um die Distribution ist. Worum es geht, sind Boden und Kapital, und das sind Güter, die gemeinsam besessen, aufgeteilt, getauscht und endlos konvertiert werden können. Aber Boden und Kapital sind nicht die einzigen dominanten Güter; es ist möglich (und in der Vergangenheit möglich gewesen), in ihren Besitz zu gelangen vermittels anderer Güter – militärischer oder politischer Macht, eines geistlichen Amtes oder durch Charisma usw. Die Geschichte offenbart keine dominanten Einzelgüter und auch kein von Natur aus dominantes Gut, sondern nur unterschiedliche Arten von magischen Kräften und von miteinander konkurrierenden Gruppen von Magiern.

Der Monopolanspruch auf ein dominantes Gut – wenn er zu öffentlichen Zwecken formuliert wird – stellt eine Ideologie dar. In seiner Standardform verknüpft er rechtmäßigen Besitz mit einer Reihe von persönlichen Qualitäten im Medium eines philosophischen Prinzips. So ist die Aristokratie oder die Herrschaft der Besten das bevorzugte Prinzip derer, die Anspruch auf eine vornehme Herkunft und auf Intelligenz erheben: Sie sind gemeinhin die Monopolisten des Grundbesitzes und der familialen Reputation. Geistliche Oberhoheit gilt denen als Leitlinie, die für sich reklamieren, das Wort Gottes zu kennen: sie sind die Monopolisten der Gnade und des Amtes. Die Meritokratie oder die den Begabten offenstehende Karriere wird von denen zum Leitprinzip erhoben, die von sich behaupten, begabt zu sein: Sie halten zumeist das Monopol auf Bildung. Und der freie Tausch als Prinzip wird vor allem von denen verfochten, die bereit sind bzw. die sagen, dass sie bereit seien, ihr Geld zu riskieren: Sie sind die Monopolisten des beweglichen Besitzes! Alle diese Gruppen – wie auch andere, die ihrerseits ebenfalls durch ihre Prinzipien und Besitztümer definiert sind – konkurrieren miteinander im Kampf um die Vorherrschaft. Bisweilen ist es eine einzelne Gruppe, die den Sieg davonträgt, um später von einer anderen Gruppe aus dieser Position wieder verdrängt zu werden, bisweilen bilden sich Koalitionen aus Gruppen, die sich gezwungenermaßen in die Oberhoheit teilen. Einen endgültigen Sieg gibt es nicht und sollte es auch nicht geben, was jedoch keineswegs bedeutet, dass die Ansprüche der verschiedenen Gruppen notwendig falsch oder die Prinzipien, auf die sie sich berufen, als Distributionskriterien generell untauglich wären. Im Gegenteil, die Prinzipien sind innerhalb der Grenzen einer speziellen Sphäre in vielen Fällen genau die richtigen. Ideologien lassen sich leicht verfälschen, doch ist ihre Verfälschung nicht das Interessanteste an ihnen.

Es ist die Untersuchung dieser Kämpfe um die Vormachtstellung, die mir den Leitfaden für meine eigene Argumentation und Beweisführung liefern soll, denn diese Kämpfe haben, wie ich meine, eine paradigmatische Form: Eine Gruppe von Männern und Frauen – eine Klasse, eine Kaste, eine Schicht, ein Stand, ein Bündnis oder eine soziale Formation – gelangt in den Genuss eines Monopols oder Fast-Monopols auf ein dominantes Gut; es kann auch ein Zusammenschluss, eine Koalition von mehreren Gruppen sein, die sich dieses Monopols erfreuen usw. Das dominante Gut wird mehr oder weniger planvoll in alle möglichen anderen Dinge umgewandelt – nicht zuletzt in Möglichkeiten, Befugnisse und Reputationen. Dabei geschieht es häufig, dass sich die Mächtigen in den Besitz von Reichtum und Vermögen bringen, während die aus vornehmen Familien Stammenden nach Ehre und Ansehen und die Gebildeten nach Ämtern trachten. Kann sein, dass die Ideologie, welche die Inbesitznahme dieser Güter rechtfertigt, einer Vielzahl von Menschen als Wahrheit gilt. Doch sind Groll und Widerstand (fast) ebenso verbreitet wie Vertrauen und gläubige Zustimmung. Es gibt immer Menschen, deren Zahl im Zeitverlauf in der Regel zumeist stetig zunimmt, die in dieser Inbesitznahme keine Rechtmäßigkeit, sondern eine widerrechtliche Aneignung erblicken. Die herrschende Klasse besitzt die Qualitäten, die sie für sich reklamiert, wenn überhaupt, ganz gewiss nicht allein. Der Umwandlungsprozess tritt in Gegensatz zum allgemein herrschenden Verständnis von den zur Debatte stehenden Gütern. Dass der sich daraus ergebende soziale Konflikt ein intermittierender oder endemischer Konflikt ist, zeigt, dass an irgendeinem Punkt Gegenforderungen artikuliert werden. Wiewohl diese Gegenforderungen von unterschiedlichster Art sein können, lassen sich doch drei

Generalformen ausmachen, denen ein besonderes Gewicht zukommt:

Gegenforderung I: Das dominante Gut, was immer es sei, ist so umzuverteilen, dass alle Mitglieder der Gemeinschaft oder zumindest eine breite Allgemeinheit in seinen Besitz gelangen – Implikation: das Monopol ist ungerecht.

Gegenforderung II: Es muss dafür gesorgt werden, dass alle Sozialgüter eine autonome Verteilung erfahren – Implikation: die Dominanz eines einzelnen Gutes ist ungerecht.

Gegenforderung III: Das gegenwärtig dominante Gut muss durch ein anderes, von einer anderen Gruppe monopolisiertes Gut substituiert werden – Implikation: die bestehende Herrschafts- und Monopolstruktur ist ungerecht.

Die dritte Forderung ist nach Marx' Ansicht das Modell für jede revolutionäre Ideologie – mit Ausnahme vielleicht der proletarischen, nach der keine andere mehr folgt. So figuriert die Französische Revolution in der marxistischen Theorie als das Ende der Dominanz von adliger Geburt, vornehmem Geblüt und feudalem Grundbesitz und der Beginn bürgerlichen Reichtums. Die ursprüngliche Situation wiederholt sich mit anderen Subjekten und Objekten (was keineswegs unwichtig ist) mit dem Ergebnis eines alsbaldigen Neubeginns des Klassenkampfes. Es liegt nicht in meiner Absicht, an dieser Stelle der Marxschen Interpretation zuzustimmen oder sie zu kritisieren. Ich selbst vermute, dass realiter etwas von allen drei Forderungen in jeder revolutionären Ideologie steckt. Aber auch das ist keine Position, die ich hier zu verfechten gedenke. Wie groß die soziologische Relevanz der dritten Forderung auch immer sein mag, von philosophischem Interesse ist sie nicht – es sei denn, man glaubt an ein von Natur aus dominantes Gut, welches denjenigen, die es besitzen, einen Rechtstitel auf die Herrschaft über den Rest der Menschheit verleiht. In einem gewissen Sinne war es genau das, was Marx glaubte. Die Produktionsmittel sind die gesamte Geschichte hindurch das dominante Gut, und der Marxismus ist insofern eine historizistische Lehre, als er behauptet, dass, wer die maßgeblichen Mittel kontrolliere, rechtmäßig herrsche.[8] Nach der kommunistischen Revolution werden wir alle gemeinsam die Produktionsmittel kontrollieren – der Punkt, an dem die dritte Forderung in der ersten aufgeht. Bis dahin

8 Siehe Alan W. Wood, »The Marxian Critique of Justice«, in: *Philosophy and Public Affairs* 1 (1972), S. 244-282.

ist das Marxsche Modell ein Programm für den im Gange befindlichen Verteilungskampf. Es wird natürlich von Bedeutung sein, wer in diesem oder jenem Moment, sozusagen punktuell, obsiegt; und doch werden wir gar nicht erkennen können, warum oder inwiefern es von Bedeutung ist, wenn wir den Blick einzig und allein auf die sukzessiven Geltendmachungen von Dominanz- und Monopolansprüchen gerichtet halten.

Einfache Gleichheit

Es sind die ersten beiden Forderungen, mit denen ich mich befassen werde, genau genommen eigentlich nur die zweite, denn sie scheint mir die Pluralität von sozialen Bedeutungen und die massive Komplexität von Verteilungssystemen am besten zu erfassen. Da aber die erste Forderung die unter Philosophen häufiger diskutierte ist – sicher nicht zuletzt deshalb, weil sie dem eigenen Streben dieser Profession nach Einzigartigkeit und Singularität entgegenkommt –, werde ich die Schwierigkeiten, die ihr anhaften, dennoch in einiger Ausführlichkeit erörtern müssen.

Diejenigen, die die erste Forderung erheben, greifen zwar sehr wohl die Monopolstellung, nicht aber die Dominanz eines speziellen sozialen Gutes an. Ein Angriff, der allerdings nicht nur einen Angriff auf den spezifischen Einzelfall darstellt, sondern auf das Monopol im allgemeinen; denn wenn z. B. Geld dominant und allgemein verbreitet ist, dann dürfte es kaum möglich sein, dass daneben ein anderes Gut eine Monopolstellung erringt. Stellen wir uns eine Gesellschaft vor, in der alles käuflich ist und in der alle Bürger gleich viel Geld besitzen – ein Gefüge, das in meiner Terminologie als »System der einfachen Gleichheit« figurieren wird. Die hier gegebene Gleichheit wird im stattfindenden Umwandlungsprozess so lange vervielfacht, bis sie das gesamte Spektrum der sozialen Güter erfasst hat. Dabei lässt sich das System der einfachen Gleichheit insofern nicht lange bewahren, als der Fortgang der Umwandlung in Gestalt des freien Tausches auf dem Markt mit Sicherheit Ungleichheiten mit sich bringt. Um einfache Gleichheit über lange Zeit hinweg aufrechterhalten zu können, bedürfte es eines »Geldgesetzes«, vergleichbar den Agrargesetzen aus alter Zeit oder den hebräischen Sabbatbestimmungen, die für eine periodische Rückkehr in den Ausgangszustand sorgten. Nur ein zentralistischer und aktivistischer Staat wäre stark genug, um eine solche Rückkehr zu erzwingen; und es ist eine durchaus offene Frage, ob Staatsbeamte tatsächlich willens oder in der Lage wären, im Falle von Geld als dominantem Gut entsprechend zu agieren. In jedem Fall ist der Ausgangszustand aber noch aus einem anderen Grunde instabil. Nicht nur bildet sich alsbald ein neues Monopol heraus, es schwindet auch die Dominanz des alten.

In der Praxis ist es so, dass mit dem Zerbrechen des Geldmonopols die Dominanz des Geldes aufgehoben wird. Andere Güter kommen ins Spiel, die Ungleichheit nimmt neue Formen an. Halten wir uns noch einmal das System der einfachen Gleichheit vor Augen. Alles steht zum Verkauf, und alle haben gleich viel Geld. D. h., alle sind gleichermaßen in der Lage, ihren Kindern eine Ausbildung zu kaufen. Einige tun es, andere nicht. Die Ausbildung erweist sich als eine gute Investition, denn andere soziale Güter werden zunehmend nur solchen Personen zum Kauf angeboten, die ihre Bildung mittels Zeugnis und Zertifikat belegen können. Und so investiert alsbald jeder in die Erziehung; oder – was wahrscheinlicher ist – der Kauf von Bildung wird via Steuersystem universalisiert. Doch nun verwandelt sich die Schule in eine Welt der Konkurrenz, in welcher das Geld nicht länger bestimmend ist. Es sind natürliche Gaben, die Sozialisation innerhalb der Familie oder ein gewisses Geschick im Ablegen von Prüfungen, die stattdessen dominieren, und es ist eine neue Gruppe, die den Bildungserfolg und seine Beglaubigung monopolisiert. Nennen wir sie (ihrer Selbstbenamsung folgend) die »Gruppe der Begabten«. Was die ihr Angehörenden letztlich fordern, wenn sie Ämter, Titel, Privilegien, aber auch Wohlhabenheit als einen ihnen zukommenden Besitz reklamieren, ist die Dominanz des von ihnen kontrollierten Gutes auch außerhalb der Schule. Es ist die den Begabten offen stehende Karriere mitsamt Chancengleichheit und anderen Dingen mehr. Die Fairness, so ihr Desiderat, gebiete es, so zu verfahren; das Talent wolle ans Licht; aber das sei noch längst nicht alles, hinzu komme, dass begabte Männer und Frauen die Ressourcen, die auch jedermann sonst zur Verfügung stünden, ihrerseits kräftig mehrten. Dies ist die Geburtsstunde von Michael Youngs Meritokratie und allen sie begleitenden Ungleichheiten.[9]

Was ist in dieser Situation zu tun? Man kann den neuen Um-

9 Michael Young, *The Rise of the Meritocracy, 1870-2033* (Harmondsworth, England, 1961) – ein Meisterwerk sozialer Science-fiction-Literatur.

wandlungsmustern Grenzen setzen, indem man die Monopolmacht der Begabten zwar anerkennt, sie aber sogleich eingrenzt und eindämmt. Dies scheint mir die Intention des von John Rawls entwickelten Differenzprinzips zu sein, dem zufolge Ungleichheiten nur dann gerechtfertigt sind, wenn sie der am wenigsten begünstigten bzw. der am meisten benachteiligten sozialen Klasse den größtmöglichen Nutzen bringen sollen oder tatsächlich bringen.[10] Genauer gesagt, das Unterschiedsprinzip ist eine Beschränkung, die begabten Männern und Frauen in dem Augenblick auferlegt wird, in dem das Monopol des Geldes gebrochen ist. Es funktioniert folgendermaßen: Stellen wir uns einen Chirurgen vor, der mehr als den ihm zukommenden gleichen Anteil am allgemeinen Reichtum verlangt unter Verweis auf seine speziellen Fähigkeiten und seine (im harten Konkurrenzkampf am College und an der medizinischen Fakultät von ihm erworbenen) Zeugnisse. Wir werden auf seine Forderungen dann, und nur dann, eingehen, wenn ihre Erfüllung den ausbedungenen Nutzeffekt zeitigt. Gleichzeitig werden wir den Verkauf operativer Eingriffe – d.h. die direkte Umwandlung von chirurgischem Können in Geld – begrenzen und reglementieren.

Diese Reglementierung wird zwangsläufig eine Obliegenheit des Staates sein, genauso wie die Schaffung und Gewährleistung der Einhaltung von Geld- und Agrargesetzen Obliegenheiten sind, denen der Staat nachzukommen hat. Einfache Gleichheit würde eine kontinuierliche Staatsintervention erfordern mit dem stets gleichen Ziel, neu sich herausbildende Monopole aufzubrechen oder einzuschränken und neue Formen der Dominanz nicht aufkommen zu lassen. Eine solche Praxis lässt jedoch die Staatsmacht selbst zum zentralen Objekt von Konkurrenzkämpfen werden. Einzelne Gruppen werden versuchen, den Staat zu monopolisieren und ihn zur Festigung ihrer Herrschaft und Kontrolle über andere Sozialgüter zu benutzen. Oder der Staat wird auf der Basis des ehernen Gesetzes der Oligarchie von seinen eigenen Vertretern monopolisiert. Politik ist immer der direkteste Weg zur Herrschaft, und politische Macht ist (sehr viel eher als die Produktionsmittel) vermutlich das wichtigste und ganz sicherlich das gefährlichste Gut in der menschlichen Geschichte.[11] Daher die Notwendigkeit, die Ver-

10 Rawls, *Eine Theorie der Gerechtigkeit* [1], S. 95 ff.

11 Ich sollte an dieser Stelle auf eine Tatsache hinweisen, die im Lauf meiner weiteren Ausführungen hoffentlich immer deutlicher sichtbar wird, die Tatsache näm-

treter von Zwang und Beschränkung ihrerseits einzuschränken und konstitutionelle Kontrollen und Gegenkontrollen einzurichten. Sie setzen dem politischen Monopol Grenzen und erweisen sich in dem Moment als umso wichtiger, in dem die diversen sozialen und ökonomischen Monopole aufgebrochen werden.

Eine Möglichkeit der Begrenzung von politischer Macht liegt in ihrer breiten Verteilung. Dass dies kein absolut sicherer Weg ist, kann angesichts der viel diskutierten Gefahren der Mehrheitstyrannei nicht verwundern; dennoch sind diese Gefahren vermutlich zumeist weniger groß als befürchtet. Die größere Gefahr der demokratischen Staatsführung liegt darin, dass sie sich im Umgang mit neu oder erneut sich herausbildenden Monopolen in der Gesellschaft im Ganzen wie auch mit der sozialen Macht von Plutokraten, Bürokraten, Technokraten, Meritokraten usw. als zu schwach erweist, diesen nicht gewachsen ist. Theoretisch gesprochen ist die politische Macht in einer Demokratie das dominante und in jeder von ihren Bürgern gewünschten Weise konvertible Gut. Praktisch gilt auch hier die Tatsache, dass der Zerfall des Machtmonopols zugleich die Dominanz der Macht neutralisiert, sie aufhebt. Die politische Macht kann nicht breit verteilt sein, ohne in den Sog all der anderen Güter zu geraten, welche die Bürger bereits besitzen oder zu besitzen hoffen. Demokratie ist deshalb, wie Marx erkannte, im Wesentlichen ein Reflexsystem, das die herrschende und die neu sich herausbildende Verteilung von Sozi-

lich, dass politische Macht ein höchst spezielles Gut ist, ein Gut, das einen Doppelcharakter trägt. Zum einen gleicht es allen anderen Gütern, welche Menschen erzeugen, hochschätzen, tauschen und miteinander teilen, indem es bisweilen dominant ist und bisweilen nicht, indem es sich bisweilen im Besitz von vielen, bisweilen von nur ganz wenigen befindet. Zum andern unterscheidet es sich aber auch von allen anderen Gütern, indem politische Macht, ganz gleich, wer sie in welcher Form besitzt, die Regulationsinstanz für soziale Güter im Allgemeinen ist. Politische Macht wird dazu benutzt, die Grenzen aller Distributionssphären (ihre eigenen eingeschlossen) zu sichern und zu verteidigen und das gemeinsame Verständnis davon durchzusetzen, was ein Gut bedeutet und wozu es da ist. (Sie kann jedoch, wie allseits zu sehen, auch dazu benutzt werden, in die verschiedenen Sphären einzudringen und das vorhandene gemeinsame Verständnis zunichte zu machen.) In diesem zweiten Sinne ist politische Macht sozusagen immer dominant – sie ist es jedoch nur *an* den Grenzen und nicht *innerhalb* derselben. Das zentrale Problem der Politik besteht deshalb darin, den fundamental wichtigen Unterschied zwischen »an« und »in« zu wahren und zu garantieren. Aber das ist ein Problem, das auf dem Hintergrund der Imperative von einfacher Gleichheit nicht lösbar ist.

algütern widerspiegelt.[12] Demokratische Entscheidungen sind geprägt von den kulturellen Konzepten, die die neuen Monopole entweder selbst inaugurieren oder deren Existenz sie zumindest gutheißen. Um sich gegen diese Monopole behaupten zu können oder gar über sie zu obsiegen, muss die politische Macht zentralisiert, wenn nicht sogar ihrerseits monopolisiert werden. Wiederum gilt: Der Staat muss sehr mächtig sein, wenn er die Funktionen erfüllen soll, die ihm durch das Unterschiedsprinzip oder einen ähnlich interventionistischen Herrschaftsmodus zugeschrieben werden.

Dennoch könnte das System der einfachen Gleichheit funktionieren. Vorstellbar ist eine mehr oder weniger stabile Spannung zwischen neu sich herauskristallisierenden Monopolen und politischen Beschränkungen, zwischen dem von den Begabten erhobenen Anspruch auf Privilegien und der Durchsetzung des Unterschiedsprinzips sowie zwischen den Durchsetzungsorganen und der demokratischen Verfassung. Und trotzdem vermute ich, dass die Schwierigkeiten immer wieder auftreten werden und dass an vielen Punkten der Geschichte nur ein einziges Heilmittel gegen persönliche Privilegien zur Verfügung steht: die staatliche Zentralgewalt, so wie es umgekehrt nur den einen Ausweg aus dem Dirigismus gibt: das persönliche Privileg. Wir werden Macht mobilisieren, um das Monopol in Schach zu halten, und danach nach einer Möglichkeit suchen, die Macht, die wir mobilisiert haben, einzudämmen. Es gibt aber keine solche Möglichkeit, die nicht zugleich strategisch gut postierten Männern und Frauen Gelegenheit dazu böte, wichtige soziale Güter an sich zu raffen und sie zu ihrem höchstpersönlichen Wohl zu nutzen.

Mit diesen Fragen und Problemen bekommt man es zu tun, wenn man das Monopol und nicht die Dominanz als Kernproblem der distributiven Gerechtigkeit ansieht. Es ist natürlich leicht nachvollziehbar, warum Philosophen (und auch politische Aktivisten) bevorzugt das Monopol ins Zentrum stellen. Die Verteilungskämpfe der Moderne beginnen mit einem Kampf gegen den alleinigen Zugriff des Adels auf Land, Ämter und Würden. Dieser

12 Siehe Marx' Feststellung in seiner »Kritik des Gothaer Programms«, wo er sagt, dass die demokratische Republik die »Staatsform« sei, in der der Klassenkampf »definitiv auszufechten ist«, in der er sich unmittelbar und ohne Verzerrung im politischen Leben widerspiegele, in: *Marx Engels Werke*, Berlin 1962, Bd. 19, S. 29.

alleinige Zugriff scheint deshalb ein besonders unheilvolles Monopol darzustellen, weil er sich auf Geburt und Geblüt stützt, für welche der Einzelne nichts kann, und nicht etwa auf Reichtum, Macht oder Bildung, die allesamt, zumindest dem Prinzip nach, verdient sein oder werden können. Wenn nun jeder Mann und jede Frau sozusagen zu »Kleingrundbesitzern« in der Sphäre von Geburt und Geblüt werden, dann ist tatsächlich ein großer und wichtiger Sieg errungen. Das Geburtsrecht hört auf, ein dominantes Gut zu sein; fortan gibt es dafür nicht mehr viel zu kaufen; Reichtum, Macht und Bildung treten in den Vordergrund. Auf der Basis der letztgenannten Güter lässt sich einfache Gleichheit allerdings nicht aufrechterhalten oder doch zumindest nur insoweit, als die soeben von mir beschriebenen Wechselfälle und Unbeständigkeiten es zulassen. Innerhalb ihrer jeweiligen Sphäre – verstanden im heutigen Sinne – tendieren diese drei Güter dazu, natürliche Monopole auszubilden, die sich nur dann ausschalten lassen, wenn die Staatsmacht selbst dominant ist und von Amtsträgern monopolisiert wird, die ihrerseits an dieser Ausschaltung interessiert sind. Doch es gibt, wie ich meine, noch einen anderen Weg, der zu einer anderen Art von Gleichheit führt.

Tyrannei und komplexe Gleichheit

Meiner Meinung nach sollten wir uns auf die Reduzierung der Dominanz konzentrieren und nicht, oder zumindest nicht vornehmlich, auf die Zerschlagung oder die Eindämmung des Monopols. Wir sollten überlegen, was geschieht, wenn man den Rahmen, in dem spezielle Güter konvertierbar sind, einengt und die Autonomie der Distributionssphären auf den Schild hebt. Allerdings hat dieses Argumentationsmuster, wiewohl historisch-politisch gesehen gar nicht ungebräuchlich, im philosophischen Schrifttum keinen allzu großen Widerhall gefunden. Die Philosophen haben fast immer dazu tendiert, die bestehenden oder sich herausbildenden Monopole von Reichtum, Macht und Bildung zu kritisieren (oder zu rechtfertigen). Oder sie haben spezielle Umwandlungen kritisiert bzw. gerechtfertigt – wie etwa die von Reichtum in Bildung oder die von Ämtern in Reichtum. Und dies alles zumeist im Namen eines radikal vereinfachten Verteilungssystems. Anders die Kritik an der Dominanz, sie vermag einen Weg zu weisen, auf dem zunächst eine Umgestaltung der konkreten Verteilungskomplexität erreicht und danach ein sinnvoller Umgang mit ihr praktiziert werden kann.

Stellen wir uns dazu eine Gesellschaft vor, in der sich diverse Sozialgüter in Monopolbesitz befinden – wie es der Fall ist und immer der Fall sein wird, wenn man auf fortgesetzte Staatsinterventionen verzichtet –, in der es aber kein einzelnes Spezialgut gibt, das generell konvertierbar wäre. Ich werde in meinen weiteren Darlegungen versuchen, die Grenzen der Konvertierbarkeit exakt zu bestimmen, im Moment muss eine vage Allgemeinbeschreibung genügen. Die von uns ins Auge gefasste Gesellschaft ist eine komplexe, egalitäre Gesellschaft. Wiewohl es zahllose kleine Ungleichheiten in ihr gibt, vervielfacht sich die Ungleichheit in toto im Umwandlungsprozess jedoch nicht. Auch addiert sie sich quer über die verschiedenen Güter hinweg nicht zu einer Gesamtsumme auf, denn die Autonomie der Distributionsvorgänge führt dazu, dass eine Vielzahl von Lokalmonopolen entsteht, die sich im Besitz differenter Personengruppen befinden. Ich will damit nicht behaupten, dass komplexe Gleichheit per se stabiler sei als einfache Gleichheit, neige aber zu der Annahme, dass sie sowohl diffusere als auch spezifiziertere Formen des sozialen Konflikts zulässt, wobei der Widerstand gegen die Konvertierbarkeit weitgehend von Normalbürgern geübt werden dürfte, und zwar innerhalb ihrer je eigenen Kompetenz- und Kontrollsphären und ohne ausgreifende staatliche Interventionen.

Das von mir skizzierte Bild ist, wie ich meine, ein recht attraktives Bild. Warum es attraktiv ist, habe ich allerdings bislang noch nicht gesagt. Die Argumentation zugunsten von komplexer Gleichheit hat ihren Ausgangspunkt in unserem Verständnis – und damit meine ich unser aktuelles, konkretes, positives und spezielles Verständnis – von den verschiedenen Sozialgütern. Von hier aus schreitet sie fort zu einer Erklärung der Art und Weise, in der wir uns vermittels dieser Güter aufeinander beziehen. Einfache Gleichheit impliziert einfache Distributionsverhältnisse, soll heißen, wenn ich meinerseits 14 Hüte besitze und Sie Ihrerseits ebenfalls 14 Hüte besitzen, dann sind wir beide, Sie und ich, gleich. Wenn die Hüte dazuhin dominant sind, hängt auch alles Weitere an ihnen als dominantem Gut, weil sich in diesem Fall unsere Gleichheit auf alle Sphären des sozialen Lebens erstreckt. Aus der Sicht, die ich hier zu vertreten gedenke, besitzen wir allerdings nur die gleiche Anzahl von Hüten, und es ist wenig wahrscheinlich, dass Hüte sich über einen längeren Zeitraum hinweg als dominantes Gut halten werden. Gleichheit ist eine komplexe Relation zwischen Menschen, vermittelt durch die Güter, die sie erzeugen, miteinander gemein haben und unter sich verteilen; eine Identität der Besitztümer erfordert sie nicht. Und so ist es denn nur natürlich, dass die Diversität der Distributionskriterien groß ist, ebenso groß wie die sich in ihnen widerspiegelnde Vielfalt der sozialen Güter.

Die Argumentation zugunsten der komplexen Gleichheit ist von Pascal in einer seiner Pensées in bestechender Weise formuliert worden.

Die Tyrannei besteht in dem Verlangen, überall und auch außerhalb seines eigenen Bereichs zu herrschen.

Verschiedene Gruppen: Starke, Schöne, Kluge, Fromme, jede herrscht bei sich zu Haus und nicht anderswo. Und mitunter treffen sie aufeinander, und der Starke und der Schöne schlagen sich völlig töricht darum, wer Herr des andern sein solle, denn ihre Herrschaft ist unterschiedlicher Art. Sie können sich nicht verständigen, und ihr Fehler ist, überall herrschen zu wollen. Nichts kann das, nicht einmal die Macht, sie hat nichts in dem Königreich der Gelehrten zu bestellen; ...

Tyrannei. Also sind solche Reden falsch und tyrannisch: Ich bin schön, also muß man mich fürchten – ich bin stark, also muß man mich lieben – ich bin ...

Tyrannei ist: auf eine Weise haben zu wollen, was man nur auf andere haben kann. Verschiedenes fordern die verschiedenen Vorzüge: Das Gefallende verpflichtet zur Liebe, die Macht verpflichtet zur Furcht, das Wissen verpflichtet zu glauben.[13]

Marx stellt in seinen Frühschriften eine ähnliche Überlegung an; vielleicht war es der zitierte Gedanke Pascals, der ihn dazu veranlasste:

Setze den *Menschen* als *Menschen* und sein Verhältnis zur Welt als ein menschliches voraus, so kannst du Liebe nur gegen Liebe austauschen, Vertrauen nur gegen Vertrauen etc. Wenn du die Kunst genießen willst, mußt du ein künstlerisch gebildeter Mensch sein; wenn du Einfluß auf andere Menschen ausüben willst, mußt du ein wirklich anregend und fördernd auf andere Menschen wirkender Mensch sein ... Wenn du liebst, ohne Gegenliebe hervorzurufen, d. h., wenn dein Lieben als Lieben nicht die Gegenliebe produziert, wenn du durch deine *Lebensäußerung* als liebender Mensch

13 Blaise Pascal, »Pensées«, in: *Pascal*, Frankfurt/Hamburg, 1954, Nr. 332, S. 184-185.

dich nicht zum *geliebten Menschen* machst, so ist deine Liebe ohnmächtig, ein Unglück.[14]

Dies sind keine einfachen, leicht eingängigen Gedanken [...]. Wie kann man sie in die Begriffe, die ich bislang bereits benutzt habe, übersetzen?

Der erste und wichtigste Punkt in der von Pascal wie auch von Marx geführten Argumentation besteht in der Feststellung, persönliche Qualitäten und soziale Güter hätten ihre je eigenen Operationssphären, in denen sie ihre Wirkung frei, spontan und rechtmäßig entfalteten. Es gebe impulsive oder natürliche Umwandlungen, die sich sozusagen logisch aus der sozialen Bedeutung spezieller Güter ergäben und damit jedermann intuitiv einleuchteten. So gesehen appellieren die Überlegungen der beiden Denker an unser ganz normales Alltagsverständnis; doch ist dies nicht alles, denn sie richten sich auch gegen unsere allgemeine Ergebung in unrechtmäßige Umwandlungsmuster. D.h., sie sind auch ein Appell, aus unserer Ergebung doch Unmut und Groll werden zu lassen. Es stimmt etwas nicht, so macht Pascal deutlich, mit der Umwandlung von Macht in Glauben. Politisch gesprochen bedeutet er uns, dass kein Herrscher, nur weil er mächtig ist, auch das Recht hat, über unsere Ansichten zu bestimmen. Noch kann er, wie Marx hinzufügt, einen berechtigten Anspruch darauf erheben, uns in dem zu beeinflussen, was wir tun und lassen. Wenn ein Herrscher dies wolle, dann müsse er überzeugend, ideenreich, begeisternd usw. sein. Diese Gedanken bedürfen, um wirksam werden zu können, eines gemeinsamen Verständnisses von Wissen, Einfluss und Macht. Soziale Güter haben soziale Bedeutungen; ihre, der Bedeutungen, Erklärung ist es, die uns den Weg weist zur distributiven Gerechtigkeit. Forschen wir also nach den internen Prinzipien der je einzelnen Distributionssphäre.

Die zweite Überlegung der beiden Denker besagt, dass die Missachtung dieser internen Prinzipien nichts anderes sei als Tyrannei. Ein Gut in ein anderes umzuwandeln, wenn es zwischen beiden keine innere Verbindung gebe, heiße, in eine Sphäre einzudringen,

14 Karl Marx, »Ökonomisch-philosophische Manuskripte«, in: *Marx Engels Werke* (Berlin, 1968). Erg.Bd. 1. T., S. 567. Es ist an dieser Stelle interessant, dass Pascals Überlegungen bereits vor Marx ein Echo gefunden haben, und zwar in Adam Smiths *Theory of Moral Sentiments* (Edinburgh, 1813), Bd. I, S. 378-379; Smith scheint jedoch der Auffassung gewesen zu sein, dass die Verteilungsmodi in seiner Gesellschaft dieser Angemessenheitsvorstellung entsprachen – ein Irrtum, dem weder Pascal noch Marx jemals unterlagen.

in der eine andere Gruppe von Personen zu bestimmen habe. Innerhalb der je einzelnen Sphären sei das Monopol nämlich durchaus nicht ungehörig. So spreche beispielsweise nichts dagegen, dass überzeugende, ideenreiche Männer und Frauen (Politiker) nach politischer Macht strebten. Hingegen sei der Gebrauch von politischer Macht zum Zwecke der Erlangung von anderen Gütern ein tyrannischer Gebrauch. Hier wird eine alte Definition von Tyrannei verallgemeinert: Fürsten, so heißt es in zahlreichen mittelalterlichen Texten, werden dann zu Tyrannen, wenn sie das Eigentum ihrer Untertanen an sich raffen oder in deren Familienleben eindringen.[15] Anders gesagt, im politischen Leben – aber auch jenseits davon – begünstigt die Herrschaft über Güter die Herrschaft über Menschen.

Das System der komplexen Gleichheit ist das Gegenteil von Tyrannei. Es erzeugt ein Netz von Beziehungen, das Dominanz und Vorherrschaft verhindert. Formal gesprochen bedeutet komplexe Gleichheit, dass die Position eines Bürgers in einer bestimmten Sphäre oder hinsichtlich eines bestimmten sozialen Guts nicht unterhöhlt werden kann durch seine Stellung in einer anderen Sphäre oder hinsichtlich eines anderen sozialen Guts. So kann Bürger X Bürger Y bei der Besetzung eines politischen Amtes vorgezogen werden mit dem Effekt, dass die beiden in der Sphäre der Politik nicht gleich sind. Doch werden sie generell so lange nicht ungleich sein, wie das Amt von X diesem keine Vorteile über Y in anderen Bereichen verschafft, also etwa eine bessere medizinische Versorgung, Zugang zu besseren Schulen für seine Kinder, größere unternehmerische Chancen usw. Solange das Amt kein dominantes Gut ist, ist es nicht allgemein konvertierbar; die es innehaben, stehen – zumindest potenziell – in einem Verhältnis der Gleichheit zu den von ihnen regierten oder verwalteten Männern und Frauen.

Doch was, wenn die Dominanz entfällt, die Autonomie der Sphären gesichert ist und es die gleichen Leute sind, die erst in der einen und dann nacheinander in allen Sphären erfolgreich sind, die in jeder Gruppe triumphieren und Güter aufhäufen können, ohne dabei unrechtmäßige Umwandlungen vornehmen zu müssen? Eine Situation, die ganz gewiss eine nichtegalitäre Gesellschaft begünstigen, die aber zugleich auch auf die eindringlichste Weise

15 Siehe die zusammenfassende Darstellung in Jean Bodin, *Six Books of a Commonweale*, hg. v. Kenneth Douglas McRae, Cambridge, Mass., 1962, S. 210-218; deutsch: *Sechs Bücher über den Staat*, München, 1981, Bd. I-III, S. 351-360.

zeigen würde, dass eine Gesellschaft von Gleichen keine allzu realistische Vorstellung ist. Ich bezweifle, dass es eine egalitäre Argumentation gibt, die, konfrontiert mit folgender Geschichte, nicht ins Schleudern geriete: Der von mir in freier Wahl und ungeachtet seines familiären Hintergrundes oder seiner persönlichen Finanzkraft in sein Abgeordnetenamt gewählte Volksvertreter ist zugleich ein kühner und ideenreicher Unternehmer. In seiner Jugend hat er Naturwissenschaften studiert, in allen Examina überdurchschnittlich gute Ergebnisse erzielt und etliche wichtige Entdeckungen gemacht. Im Krieg war er außergewöhnlich tapfer und hat die höchsten Auszeichnungen errungen. Seinerseits ein freundlicher und überaus gewinnender Mann, wird er von jedem, der ihn kennt, gemocht. Aber gibt es solche Menschen tatsächlich? Möglicherweise; und dennoch hege ich so meine Zweifel daran. Wir erzählen gerne Geschichten wie die, die ich soeben kolportiert habe, aber diese Geschichten sind Fiktionen, sie handeln von der Umwandlung von Macht, Geld oder akademischen Fähigkeiten in legendären Ruhm. Eins ist jedenfalls gewiss: Es gibt nicht genug solcher Menschen, als dass sie eine herrschende Klasse konstituieren und über den Rest von uns gebieten könnten. Auch können sie allein schon deshalb nicht in jeder Distributionssphäre erfolgreich sein, weil es Sphären gibt, an denen die Erfolgsidee schlicht vorbeizielt. Und was ihre Kinder betrifft, so dürfte unter Bedingungen der komplexen Gleichheit ihr Erfolg sich kaum umstandslos auf diese vererben. Im Großen und Ganzen werden die besten Politiker, Unternehmer, Wissenschaftler, Soldaten und Liebhaber verschiedene Menschen sein; und solange die Güter, die sie besitzen, ihnen keine weiteren Güter eintragen, gibt es keinen Grund, ihre Fähigkeiten und Leistungen zu fürchten.

Die Kritik an Dominanz und Herrschaft weist uns den Weg zu einem offenen Distributionsprinzip: *Kein soziales Gut X sollte ungeachtet seiner Bedeutung an Männer und Frauen, die im Besitz eines anderen Gutes Y sind, einzig und allein deshalb verteilt werden, weil sie dieses Y besitzen.* Dieses Prinzip dürfte für jedes Y, das jemals dominant war, irgendwann einmal geltend gemacht worden sein. Aber es ist nur selten als allgemeines Prinzip formuliert worden. Pascal und Marx haben seine Anwendung gegen alle möglichen Ys angeraten, und ich werde versuchen, diese Anwendung zu spezifizieren. Dabei werde ich meinen Blick aber nicht auf die Mitglieder der Pascalschen Gruppen richten – die Starken oder die

Schwachen, die Schönen oder die Unscheinbaren –, sondern vielmehr auf die Güter, die sie miteinander teilen und untereinander verteilen. Der Zweck des Prinzips ist es, unsere Aufmerksamkeit auf das zu konzentrieren, was wir verteilen; über die Größe der Anteile oder die Art der Verteilung sagt es nichts aus. Stattdessen zwingt es uns, die Bedeutung von sozialen Gütern zu ergründen und die verschiedenen Distributionssphären in ihrem Innern zu erforschen.

Drei Distributionsprinzipien

Die aus meinem Vorhaben resultierende Theorie dürfte kaum besonders elegant ausfallen. Keine Interpretation der Bedeutung eines sozialen Guts oder der Grenzen des Bereichs, in dem es rechtmäßig seine Wirkung entfaltet, wird unstrittig sein. Auch ist kein ordentliches Verfahren zur Hand, mit dem die unterschiedlichen Interpretationen entwickelt oder überprüft werden könnten. Die vorgelegten Argumente und Belege werden bestenfalls grob sein, indem sie den vielfältigen und konfliktreichen Charakter des sozialen Lebens widerspiegeln, das zu verstehen und zu regeln wir gleichzeitig bestrebt sind, wobei dem Regeln das Verstehen in jedem Fall vorauszugehen hat. Ich werde alle Überlegungen, die auf ein singuläres Distributionskriterium abzielen, beiseite lassen, denn es gibt kein Einzelkriterium, das als solches der Vielgestaltigkeit der sozialen Güter gerecht würde. Hingegen gibt es drei Kriterien, die mir die Erfordernisse des offenen Prinzips in etwa zu erfüllen scheinen und die des öfteren als das A und O der distributiven Gerechtigkeit verfochten worden sind. Auf sie werde ich deshalb etwas näher und je einzeln eingehen. Gemeint sind der freie Austausch, das Verdienst und das Bedürfnis. Alle drei Kriterien haben ihre reale Geltungskraft, aber keines von ihnen hat diese Kraft quer über alle Distributionsbereiche hinweg. Sie sind Teil der zu erzählenden Geschichte, aber sie sind nicht die ganze Geschichte.

Der freie Austausch kennt offensichtlich keine Grenzen, d.h., er garantiert kein spezielles Verteilungsergebnis. An keinem Punkt eines Austauschprozesses, der füglich als »frei« bezeichnet werden kann, wird es möglich sein, die spezielle Verteilung von Sozialgütern vorauszusagen, die sich zu einem späteren Zeitpunkt ergeben wird.[16] (Die generelle Struktur der Verteilung indes lässt sich möglicherweise trotzdem prognostizieren.) In der Theorie zumindest erzeugt der freie Austausch einen Markt, auf dem alle Güter über das neutrale Medium des Geldes wechselseitig konvertierbar sind. Es gibt keine dominanten Güter und keine Monopole. Die sukzessive sich ergebenden Verteilungen werden die sozialen Bedeutungen der Güter, die zur Verteilung gelangen, direkt und unmittelbar widerspiegeln. Denn jedes Geschäft, jeder Handel, jeder Verkauf und jeder Kauf hat die freiwillige Zustimmung von Männern und Frauen zur Voraussetzung, die diese Bedeutungen kennen, ja sie de facto selbst geschaffen haben. Jeder Austausch ist die Manifestation einer sozialen Bedeutung; sie, die soziale Bedeutung des getauschten Gutes, offenbart sich im Tausch. Und so wird per definitionem kein X ungeachtet seiner Bedeutung für andere Mitglieder der Gesellschaft in die Hände einer Person, die Y besitzt, einzig und allein deshalb gelangen, weil sie dieses Y besitzt. Der Markt ist radikal pluralistisch in seinen Operationen wie in seinen Resultaten, unendlich sensibel für die Bedeutungen, die die Einzelnen den verschiedenen Gütern beilegen. Welche möglichen Einschränkungen lassen sich dem freien Austausch im Namen des Pluralismus aber dann überhaupt auferlegen?

Nun, der Alltag des Marktes bzw. die konkrete Erfahrung des freien Austauschs sind von dem, was die Theorie vorsieht, äußerst verschieden. Das Geld, jenes in der Theorie angeblich neutrale Medium, ist in der Praxis ein dominantes Gut, das sehr schnell von denjenigen monopolisiert wird, die über eine besondere Begabung fürs Geschäftemachen und Handeln verfügen – das in der bürgerlichen Gesellschaft einträglichste Talent. Gegen diesen Gang der Dinge melden sich andere Personen und Personengruppen zu Wort, die eine Umverteilung des Geldes und die Errichtung des Systems der einfachen Gleichheit fordern; der Punkt, an dem die

16 Vgl. Nozick über »patterning«, in: *Anarchy, State, and Utopia* [2], S. 155 ff.

Suche nach einem Weg beginnt, eben dieses System fürderhin sicherzustellen. Aber selbst dann, wenn wir uns auf den ersten, noch ungetrübten Anfang von einfacher Gleichheit konzentrieren – freier Austausch auf der Basis von gleichen Anteilen –, müssen wir Grenzen setzen, die anzeigen, was wofür getauscht werden darf. Denn der freie Austausch überlässt die Verteilung gänzlich den Individuen, und die sozialen Bedeutungen unterliegen nun einmal nicht, oder wenigstens nicht immer, den interpretativen Entscheidungen von einzelnen Männern und Frauen.

Nehmen wir ein einfaches Beispiel, nehmen wir die politische Macht. Politische Macht lässt sich bestimmen als ein Sortiment von Gütern unterschiedlichen Werts, bestehend aus Wahlstimmen, Einfluss, Ämtern usw. Alle diese Güter können auf dem Markt gehandelt und von Individuen, die bereit sind, andere Güter dafür zu opfern, akkumuliert werden. Was dabei herauskommt, selbst wenn die Opfer real sind, ist, daran ist nicht zu rütteln, eine gewisse Form von Tyrannei – und sei's, angesichts der Bedingungen von einfacher Gleichheit, auch nur eine Kleintyrannei. Weil ich bereit bin, ohne meinen Hut auszukommen, werde ich zweimal abstimmen; und Sie, die Sie Ihre Stimme weniger hoch schätzen als meinen Hut, Sie werden überhaupt nicht abstimmen. Ich fürchte, das Resultat ist ein tyrannisches, auch und selbst im Hinblick auf uns beide, die wir immerhin eine freie Übereinkunft getroffen haben. Daran, dass es mit Blick auf alle anderen Bürger tyrannisch ist, kann kein Zweifel bestehen, denn sie müssen sich meinem disproportionalen Machtanteil beugen. Tatsächlich ist es nicht so, dass um Stimmen nicht geschachert und gefeilscht werden könnte; ja es gibt eine spezielle Demokratieinterpretation, die in demokratischer Politik nur diesen Schacher zu erkennen vermag. So weiß man sehr wohl von demokratischen Politikern, die Stimmen kauften oder zu kaufen suchten, indem sie Staatsausgaben versprachen, die speziellen Wählergruppen zugute kommen sollten. Aber dies geschieht in Öffentlichkeit, mit öffentlichen Geldern, und es unterliegt der allgemeinen Zustimmung. Privatgeschäfte sind aufgrund dessen, was Politik oder demokratische Politik ist, unzulässig – d. h. aufgrund dessen, was wir mit der Schaffung der politischen Gemeinschaft gewollt und intendiert haben.

Der freie Austausch ist gewiss kein allgemeines Kriterium; dennoch können wir die Grenzen seines Geltungsbereichs nur vermittels einer sorgfältigen Analyse spezieller sozialer Güter bestimmen.

Und was wir nach Abschluss dieser Analyse vorzuweisen haben, sind bestenfalls philosophisch maßgebende Grenzstrukturen und nicht unbedingt die Struktur, die politisch maßgebend sein sollte. Denn das Geld überwindet alle Grenzen, indem es durch sie hindurchsickert – dies ist die primäre Form von illegaler Immigration; und der genaue Punkt, an dem man versuchen sollte, dieses Eindringen zu stoppen, ist sowohl eine Frage der Dringlichkeit als auch eine des Prinzips. Das Versäumnis, dieser Immigration an einem angemessenen Punkt Einhalt zu gebieten, hat Konsequenzen für das gesamte Verteilungsspektrum [...].

Das Verdienst

Wie der freie Austausch, so scheint auch das Verdienst uneingeschränkt pluralistisch zu sein. Man könnte sich mithin eine neutrale Spezialinstanz vorstellen, die, ihrerseits unendlich sensibel für alle Arten von individuellem Verdienst, Gratifikationen und Sanktionen, Lohn und Strafe vergäbe bzw. verhängte. Auf diese Weise würde der Distributionsprozess zentralisiert, während die Ergebnisse weiterhin unvorhersagbar und vielfältig blieben. Ein dominantes Gut würde es nicht geben. Kein X würde ungeachtet seiner sozialen Bedeutung verteilt; denn ohne Kenntnis dieser Bedeutung wäre es theoretisch gesehen unmöglich, zu dem Schluss zu gelangen, es, dieses X, sei verdient. All die verschiedenen Gruppen von Männern und Frauen würden ihren gerechten Lohn erhalten. Wie dies allerdings in der Praxis aussähe, ist schwer vorstellbar. So kann es einen Sinn machen, von diesem oder jenem charmanten Mann zu sagen, er verdiene es, geliebt zu werden. Was aber ganz gewiss keinen Sinn macht, ist die Feststellung, er verdiene es, von einer bestimmten Frau geliebt zu werden. Wenn er sie liebt und sein (sehr wohl vorhandener) Charme auf sie nicht wirkt, dann ist das sein Pech. Ich glaube nicht, dass wir uns eine äußere Instanz wünschten, welche die Situation korrigieren würde. Die Liebe von Männern und Frauen kann nach unserem Verständnis nur von diesen selbst vergeben werden, und nur selten lassen die Menschen sich in diesen Dingen von Verdienstlichkeitserwägungen leiten.

Was den Einfluss anlangt, so gilt dasselbe. Stellen wir uns in diesem Fall eine Frau vor, die allgemein als gewinnend und mitreißend gilt. Vielleicht verdient sie es, ein einflussreiches Mitglied unserer

Gemeinschaft zu sein. Sie hat jedoch keinen Anspruch darauf, dass ich mich von ihr beeinflussen lasse oder sie mir zum Vorbild nehme und ihr nachfolge. Auch wäre uns gewiss nicht daran gelegen, dass ihr meine Gefolgschaft durch irgendeine Instanz, die im Stande wäre, solche Anweisungen zu erteilen, zudiktiert würde. Sie kann sich darum bemühen, mich zu gewinnen und zu begeistern, und sie kann zu diesem Zweck eine Menge Dinge tun, die ihr bei anderen Erfolg eintragen mögen. Aber wenn ich mich (perverserweise) einfach weigere, mich von ihr gewinnen und begeistern zu lassen, dann verweigere ich ihr nichts, was sie verdient hätte. Diese Erkenntnis lässt sich ausweiten auf den Politiker ebenso wie auf den einfachen Bürger. Bürger können ihre Stimme nicht für Hüte verhökern; sie können nicht individuell beschließen, die Grenze zu überschreiten, die die Sphäre der Politik vom Marktplatz trennt. Aber innerhalb der Sphäre der Politik treffen sie individuelle Entscheidungen; und auch hier lassen sie sich dabei nur selten von Verdienstlichkeitserwägungen leiten. Ob Ämter verdient werden können, ist schwer zu sagen [...]; aber selbst wenn es so wäre, würde es unser Verständnis von demokratischer Politik verletzen, wenn es schlechterdings eine Zentralinstanz wäre, die diese Ämter an verdienstvolle Männer und Frauen verteilte.

Desgleichen spielt das Verdienst, ganz gleich, wo wir die Grenzen der Sphäre ziehen, in der der freie Austausch stattfindet, innerhalb dieser Grenzen keine Rolle. Nehmen wir an, ich erweise mich als ein geschickter und gewiegter Händler und es gelingt mir, eine stattliche Anzahl wunderschöner Gemälde in meinen Besitz zu bringen. Wenn wir davon ausgehen, so wie Maler dies meist tun, dass Bilder auf dem Markt ihren gerechten Preis erzielen, dann gibt es an meinem Besitz der Bilder nichts zu deuteln. Mein Rechtstitel ist legitim. Kurios wäre hingegen die Feststellung, ich verdiente den Besitz der Bilder einfach meiner Geschäftstüchtigkeit wegen. Das Verdienst scheint eine besonders enge Beziehung zwischen bestimmten Gütern und bestimmten Personen zu erfordern, während Gerechtigkeit einen solchen Zusammenhang nur bisweilen voraussetzt. Wir könnten indes darauf insistieren, dass nur kunstverständige, kultivierte Menschen, die es verdienten, Bilder zu besitzen, diese auch tatsächlich bekommen sollten. Sich einen entsprechenden Verteilungsmechanismus vorzustellen ist nicht schwer. Der Staat könnte alle Bilder erwerben, die zum Kauf angeboten werden (allerdings müssten die Künstler lizenziert, d.h.

amtlich als Anbieter zugelassen werden, damit die Zahl der Bilder nicht ins Endlose anwüchse), danach würde er sie bewerten, um sie schließlich an kultivierte, kunstverständige Personen zu verteilen nach dem Prinzip: die jeweils besseren Bilder an die jeweils kultivierteren Interessenten. Der Staat tut bisweilen so etwas, und zwar bei Dingen, welche die Menschen dringend brauchen – z. B. eine medizinische Versorgung –, er tut es jedoch nicht dort, wo es um Verdienste geht. Zwar ergäben sich an diesem Punkt sicherlich auch praktische Schwierigkeiten, ich vermute jedoch, dass die hier zu Tage tretende Differenz einen tieferen Grund hat. Weder haftet dem Verdienst die Dringlichkeit des Bedürfnisses an, noch impliziert es die gleiche Qualität des Habens (im Sinne von Besitzen und Konsumieren). Und so ist es denn so, dass wir entweder bereit sind, die Scheidung in Bilderbesitzer hier und kunstverständige, kultivierte Menschen dort zu akzeptieren, oder dass wir nicht bereit sind, diejenigen Eingriffe in den Markt zu fordern bzw. mit zu tragen, die nötig wären, um diese Scheidung aufzuheben. Natürlich gibt es immer die Möglichkeit der öffentlichen Versorgung jenseits des Marktes, sodass eine kluge Argumentation lauten könnte, kunstverständige, kultivierte Menschen verdienten zwar keine Bilder, wohl aber Museen. Vielleicht ist es so, vielleicht verdienen sie das Museum; worauf sie jedoch keinen Anspruch haben, ist, dass der Rest von uns sein privates Geld oder entsprechende öffentliche Mittel für den Kauf von Bildern und die Errichtung von Gebäuden beisteuert. Vielmehr werden die Kunstkenner uns ihrerseits davon überzeugen müssen, dass die Kunst das Geld wert ist, das sie kostet; sie werden unsere eigene künstlerische Kultivierung anregen und fördern müssen. Gelingt ihnen das nicht, dann kann ihre Liebe zur Kunst sich durchaus als »ohnmächtig, (als) ein Unglück« erweisen.

Aber selbst wenn wir die Verteilung von Liebe, Einfluss, Ämtern, Kunstwerken usw. irgendwelchen allmächtigen Richtern über Verdienstlichkeiten überlassen würden, nach welchen Kriterien sollten wir diese Schiedsherren auswählen? Womit könnte jemand eine solche Position verdienen? Nur Gott, der weiß, welche Geheimnisse in den Herzen der Menschen wohnen, wäre in der Lage, die notwendigen Verteilungen vorzunehmen. Wären es menschliche Wesen, die diese Aufgabe zu erfüllen hätten, dann befände sich der Verteilungsapparat sehr bald in den Händen einer Schar von Aristokraten (so würden sie sich selber nennen), die genau »wüssten«, was unter gut, besser, am besten und unter besonders verdienstvoll zu verstehen sei, und die für die mannigfaltigen Vorzüge und Verdienste des Rests ihrer Mitbürger blind wären. Das Verdienst würde aufhören, ein pluralistisches Kriterium zu sein, und wir sähen uns einem neuen Tyrannensystem (alter Machart) gegenüber. Gewiss, wir wählen Personen aus, die wir als Richter über Verdienstlichkeiten einsetzen, indem wir sie z. B. in einen Sachverständigenausschuss berufen oder in ein Preisrichterkollegium [...], wo sie allerdings in einem engen Rahmen agieren. Das Verdienst ist ein hoher Anspruch, aber es erfordert schwierige Urteilsfindungen; und nur unter ganz speziellen Bedingungen zeitigt es seinerseits spezifische Verteilungen.

Das Bedürfnis

Als Letztes nun das Kriterium des Bedürfnisses. »Jedem nach seinen Bedürfnissen«, diese Formulierung gilt generell als die distributive zweite Hälfte der berühmten Marx'schen Maxime über die Verteilung des Reichtums der Gemeinschaft, die an den Bedürfnissen ihrer Mitglieder auszurichten sei.[17] Ein ebenso einleuchtendes wie unvollkommenes Konzept. Tatsächlich ist auch die erste Hälfte der Maxime ein Verteilungsplan, allerdings einer, der sich dem in der zweiten Hälfte genannten Grundsatz nicht fügt. »Jeder nach seinen Fähigkeiten«, diese Formulierung suggeriert, Posten seien zu vergeben (oder Männer und Frauen seien zur Arbeit heranzuziehen) auf der Basis von individuellen Qualifikationen. Aber die Einzelnen bedürfen der Posten, für die sie qualifiziert sind, nicht in einer allseits augenfälligen Weise. Vielleicht sind die erstrebten Arbeitsplätze ein knappes Gut und es gibt eine große Zahl von qualifizierten Bewerbern dafür. Welche Kandidaten sind es, die ihrer am dringendsten bedürfen? Vielleicht ist die Befriedigung ihrer materiellen Bedürfnisse bereits anderweitig gesichert, und sie brauchen überhaupt nicht zu arbeiten? Oder was ist, wenn es alle Bewerber in einem nichtmateriellen Sinne nach Arbeit verlangt, d. h., wenn sie ein Bedürfnis anmelden, das sie nicht voneinander unterscheidet, zumindest nicht in einer für das bloße Auge erkennbaren Form. Auf alle Fälle wäre es jedoch kurios, einen Bewer-

17 Marx, »Gothaer Programm« [11], Bd. 19, S. 21.

bungsausschuss aufzufordern, bei der Auswahl des gesuchten Klinikchefs nicht etwa die Bedürfnisse des Krankenhauspersonals und der Patienten ins Zentrum zu stellen, sondern die der Bewerber. Wobei zu sagen ist, dass die Bedürfnisse von Pflegepersonal und Patienten auch jenseits aller politischen Differenzen niemals eine einheitliche distributive Entscheidung zur Folge haben werden.

Dasselbe gilt für viele andere Güter, für deren Verteilung das Bedürfniskriterium sich als untauglich erweist. Die Marx'sche Maxime bringt für die Verteilung von politischer Macht, Ehre und Ruhm, von Segelbooten, seltenen Büchern und schönen Gegenständen aller Art rein gar nichts. Dies alles sind Dinge, die streng genommen niemand braucht. Selbst wenn wir in einer großzügigen Auslegung das Wort *brauchen* so verstehen, wie Kinder es tun, nämlich als den stärksten Ausdruck für *wollen*, selbst dann verfügen wir noch immer nicht über ein taugliches Verteilungskriterium. Die von mir aufgelisteten Dinge können zudem schon allein deshalb nicht gleichmäßig unter denen verteilt werden, die sie sich gleichermaßen wünschen, weil manche dieser Güter generell oder auch zwangsläufig knappe Güter darstellen, während andere den Status von Besitzgütern erst und nur dann annehmen, wenn Menschen sich bereit finden, sie anderen Menschen zu eigen zu geben.

Das Bedürfnis erzeugt eine spezielle Distributionssphäre, innerhalb deren es selbst das angemessene Distributionsprinzip ist. In einer armen Gesellschaft wird ein großer Teil des sozialen Vermögens in diese Sphäre hineinfließen. Und dennoch werden, bedenkt man die große Vielfalt von Gütern, die aus jeder Art von gemeinschaftlichem Leben erwachsen, und sei dessen materieller Standard noch so niedrig, immer auch andere Verteilungskriterien neben dem des Bedürfnisses wirksam werden, mit dem Resultat, dass die Grenzen zwischen ihnen zu verschwimmen drohen und ständig neu reklamiert werden müssen. Innerhalb seiner Sphäre erfüllt das Bedürfnis ganz ohne Zweifel die bezüglich X und Y geltende allgemeine Distributionsregel. Dringend gebrauchte und an bedürftige Menschen gemäß ihrer Bedürftigkeit verteilte Güter werden erkennbar nicht von anderen Gütern dominiert. Relevant ist nicht das Haben von Y, sondern das Fehlen von X. Was aber an dieser Stelle meines Erachtens deutlich sichtbar wird, ist, dass jedes Kriterium, sofern ihm überhaupt eine gewisse Geltungskraft zukommt, die allgemeine Regel nur innerhalb seiner eigenen Sphäre und nirgendwo sonst erfüllt. Der Effekt dieser Regel lässt sich wie folgt beschreiben: unterschiedliche Güter für unterschiedliche Personengruppen aus unterschiedlichen Gründen auf der Basis unterschiedlicher Verfahren. Dies alles, und sei's nur annähernd, korrekt zu erfassen und wiederzugeben heißt, die gesamte soziale Welt gleichsam kartographisch aufzunehmen und abzubilden.

Hierarchien und Kastengesellschaften

Was da kartographiert und abgebildet wird, ist allerdings nicht die soziale Welt im Allgemeinen, sondern eine spezielle und konkrete gesellschaftliche Welt. Denn die Analyse, die ich im Sinn habe, ist ihrem Charakter nach konkretistisch und phänomenologisch. Ihr Resultat kann deshalb auch keine Idealkarte, kein Generalplan sein, sondern höchstens eine Lageskizze, die von denjenigen Menschen handelt, für die sie gezeichnet ist und deren gemeinschaftliches Leben sie widerspiegelt. Ziel hierbei ist ein Abbild von besonderer Art; ein Abbild nämlich, welches auch jene tieferen Bedeutungen von sozialen Gütern erfasst, die sich in der Alltagspraxis von Dominanz und Monopol nicht unbedingt widerspiegeln. Aber was, wenn solche tieferen Bedeutungen gar nicht existieren. Ich bin bislang konsequent davon ausgegangen, dass soziale Bedeutungen die Autonomie – oder zumindest die relative Autonomie – der Distributionssphären zur Voraussetzung haben; und so ist es über weite Strecken der Geschichte auch gewesen. Und dennoch ist eine Gesellschaft, in welcher Dominanz und Monopol keine Verletzungen, sondern Implementationen von sozialen Bedeutungen und Wertvorstellungen darstellen und in welcher soziale Güter hierarchisch konzipiert sind, keineswegs undenkbar. Im feudalen Europa z. B. war die Kleidung nicht (wie heute) ein Handelsartikel, sondern ein Standessymbol, ein Kennzeichen für den gesellschaftlichen Rang ihres Trägers. Der Rang bestimmte die Kleidung. Die Bedeutung der Kleidung entsprach der feudalen Gesellschaftsordnung. Einen Staat oder Putz anzulegen, den anzulegen man kein Recht hatte, kam einer Lüge gleich; denn man behauptete fälschlich zu sein, was man nicht war. Wenn ein König oder ein Premierminister in die Kleidung eines Commoner, eines Mitglieds des britischen Unterhauses, schlüpfte, um herauszufinden, wie und was seine Untertanen dachten, dann war dies eine bewusste politische Irreführung. Auf der andern Seite zeigen die Schwierigkeiten der Durchsetzung der Kleiderordnung (die sogenannten Aufwandsgesetze), dass es immer auch eine alternative Vorstellung davon gab, was Kleidung bedeutete. Zumindest lassen sich ab einem bestimmten Punkt in der Geschichte die Grenzen einer fest umrissenen Sphäre ausmachen, innerhalb deren die Menschen sich in der Wahl ihrer Kleidung daran orientieren, was sie dafür ausgeben können oder ausgeben wollen und wie sie sich selbst gerne sehen möchten. Aufwandsgesetze und Kleiderordnung mögen danach zwar weiterhin Geltung haben, doch kann man nun – wie einfache Bürger, Männer und Frauen, dies faktisch tun – egalitäre Argumente gegen sie ins Feld führen.

Ist eine Gesellschaft vorstellbar, in der alle Güter hierarchisch konzipiert sind? Vielleicht war das Kastensystem im alten Indien von dieser Art (wiewohl dies eine sehr pauschale These ist, an deren Wahrheitsgehalt man klüglich zweifeln sollte, denn ausgerechnet die politische Macht scheint von den Gesetzen der Kaste niemals erfasst worden zu sein, oder es gelang ihr stets aufs Neue, sich ihnen zu entwinden). Wir stellen uns Kasten als streng segregierte Gruppen und das Kastensystem als eine »plurale Gesellschaft« vor, als eine Welt voller Grenzen.[18] Aber gerade dieses System basiert auf einer hochgradigen Integration gesellschaftlicher Bedeutungen und Wertvorstellungen. Ansehen, Reichtum, Wissen, Amt, Beruf, Ernährung, Kleidung, selbst das soziale Gut der Konversation, sie unterliegen allesamt sowohl der geistigen als auch der körperlichen Disziplin der Hierarchie, während die Hierarchie ihrerseits von einem einzigen Wert bestimmt ist, dem Wert der rituellen Reinheit. Eine gewisse kollektive Mobilität ist dennoch möglich, denn Kasten oder Unterkasten können die äußeren Kennzeichen von Reinheit entwickeln und damit (innerhalb enger Grenzen) ihre Position in der Sozialskala verbessern. Das System als Ganzes beruht auf einer religiösen Doktrin, einer Lehre, die Chancengleichheit verspricht, wenn auch nicht in diesem einen jetzigen Leben, so doch im Lauf der verschiedenen Leben, die der je einzelnen Seele zuteil

18 J. H. Hutton, *Caste in India: Its Nature, Function, and Origins*, Bombay, 1963, S. 127-128. Des Weiteren stütze ich mich auf Célestin Bouglé, *Essays on the Caste System*, Cambridge, England, 1971, insb. Teil III, Kap. 3 u. 4, sowie auf Louis Dumont, *Homo Hierarchicus: The Caste System and Its Implications* (rev. engl. Ausgabe, Chicago 1980).

werden. Der Status des Menschen im Hier und Jetzt »ist das Resultat seines Verhaltens während seiner letzten Inkarnation … Er kann, falls er den jetzigen Status als unbefriedigend empfindet, ihn durch den Erwerb von Verdiensten im gegenwärtigen Leben insofern verbessern, als diese Verdienste ihm im nächsten Leben einen höheren Status garantieren.«[19] Anzunehmen, die in der Kastengesellschaft beheimateten Menschen seien bereit, mit einer immerwährenden radikalen Ungleichheit vorlieb zu nehmen, wäre gewiss falsch. Und dennoch sind die hic et nunc vorfindlichen Verteilungsstrukturen ein wesentlicher Bestandteil jenes weitgehend unangefochtenen, singulären Systems, in dem Reinheit über andere Güter dominiert, während sie ihrerseits von Geburt und Geblüt dominiert wird. Mit anderen Worten, die verschiedenen Bedeutungen überschneiden, überlagern und verbinden sich.

Je vollkommener diese Kohäsion, umso schwieriger wird es, an komplexe Gleichheit auch nur zu denken. Alle Güter sind wie Kronen und Throne in einer Erbmonarchie. Es gibt weder Raum noch Kriterien für autonome Verteilungsverfahren. Doch sind in der Realität selbst Erbmonarchien nur selten so simpel konstruiert. So impliziert das soziale Verständnis von königlicher Macht gemeinhin irgendeine Vorstellung von erhabener Größe und Würde, von magischer Kraft oder auch von menschlicher Erleuchtung; und diese Kriterien für eine Amtsträgerschaft sind potenziell unabhängig von Geburt und Geblüt. Gleiches gilt für die meisten Sozialgüter: nur unvollkommen integriert in allgemeinere Großsysteme, entspricht das Verständnis, das die Menschen von ihnen haben, in vielen Fällen durchaus ihren jeweiligen Eigenbedeutungen. Die Theorie der Güter erklärt diese Bedeutungen (sofern sie existieren) im Einzelnen besser. Die Theorie der komplexen Gleichheit macht sie sich zunutze, sie beutet sie quasi für sich aus. So gilt es uns beispielsweise als despotisch, wenn ein Mann ohne Würde, ohne Talent und ohne Verstand auf dem Thron sitzt. Aber dies ist nur der offensichtlichste Fall von Despotismus. Es lassen sich noch sehr viele weitere Fälle aufzeigen.

Wie immer ein solcher Despotismus geartet sein mag, als eine spezifische Form der Grenzüberschreitung im Sinne der Verletzung von sozialen Bedeutungen wirkt er sich stets konkret aus, ist er immer konkret nachweisbar. D. h., wer komplexe Gleichheit

19 Hutton, *Caste in India* [18], S. 125.

will, muss gegen diese Grenzverletzungen angehen, die Grenzen zwischen den Gütern verteidigen. Komplexe Gleichheit funktioniert nur, wenn zwischen Gütern so unterschieden, so zwischen ihnen differenziert wird, wie man in hierarchischen Systemen zwischen Menschen unterscheidet. Von einem *System* der komplexen Gleichheit kann allerdings erst dann die Rede sein, wenn es viele solcher Grenzen zu verteidigen gibt; wie viele genau es sein müssen, lässt sich indes nicht sagen. Eine feste oder »richtige« Zahl gibt es nicht. Da macht die einfache Gleichheit es uns entschieden leichter: ein einziges dominantes Gut, dessen Verbreitung allgemein ist, konstituiert eine egalitäre Gesellschaft. Nicht so die Komplexität, sie gibt uns die folgende Frage auf: Wie viele Güter müssen autonom konzipiert sein, ehe die Beziehungen, die sie herstellen und deren Mittler sie sind, zu Beziehungen zwischen Gleichen werden können? Es gibt keine eindeutige und klare Antwort und damit auch kein ideales System. Aber sobald wir anfangen, Bedeutungen voneinander zu unterscheiden und Distributionssphären voneinander abzugrenzen, starten wir ein egalitäres Unternehmen.

Der Argumentationsrahmen

Es ist die politische Gemeinschaft, die den richtigen Rahmen für dieses Unternehmen abgibt, wobei zu beachten ist, dass sie keine in sich geschlossene, unabhängige Distributionswelt darstellt. Eine solche in sich geschlossene, selbstständige Distributionswelt ist einzig und allein die Erde in ihrer Gesamtheit, und die Sciencefictionliteratur lädt ein zu Spekulationen über eine Zukunft, in der selbst das nicht mehr wahr sein könnte. Soziale Güter werden über politische Grenzen hinweg gemeinsam besessen, verteilt und ausgetauscht. Monopol und Dominanz entfalten ihre Wirkung jenseits dieser Grenzen fast genauso mühelos wie innerhalb derselben. Dinge werden bewegt, und Menschen bewegen sich hin und her über diese Linien. Und dennoch dürfte es die politische Gemeinschaft sein, mit der wir einer Welt der gemeinsamen Bedeutungen am nächsten kommen. Sprache, Geschichte und Kultur verbinden sich in ihr – so eng wie nirgendwo sonst –, um ein kollektives Bewusstsein zu erzeugen. Und wenn der Nationalcharakter als fester und dauerhafter geistiger Rahmen auch offensichtlich ein Mythos ist, so sind die gemeinsamen Sensibilitäten und Intuitionen der

Mitglieder einer historischen Gemeinschaft doch zweifelsfrei eine Lebenstatsache. Bisweilen ist es so, dass politische und historische Gemeinschaften nicht kongruent sind; auch dürfte es heute eine wachsende Zahl von Staaten geben, in denen Sensibilitäten und Intuitionen nicht ohne weiteres allgemein geteilt werden, die Gemeinsamkeit mithin in kleineren Einheiten stattfindet. In diesem Falle sollten wir vielleicht nach einer Möglichkeit suchen, die Distributionsentscheidungen den Erfordernissen dieser kleineren Einheiten anzupassen. Doch muss diese Anpassung selbst wiederum auf politischem Wege erfolgen, was bedeutet, dass ihr Charakter davon abhängt, welches Verständnis die Bürger vom Wert kultureller Diversität, lokaler Autonomie usw. haben. Es ist dieses Verständnis, an das wir appellieren, auf das wir uns beziehen müssen mit unseren Argumenten, und zwar gilt dies für jeden von uns, nicht nur für die Philosophen; denn in Fragen der Moral ist jede Argumentation nichts anderes als ein Appell an allgemein gültige Bedeutungen, an ein gemeinschaftliches Verständnis von den Dingen.

Hinzu kommt, dass die Politik ihre höchsteigenen Gemeinschaftsbande produziert. Anders gesagt, in einer Welt voller unabhängiger Staaten stellt die politische Macht so etwas wie ein Lokalmonopol dar. Die darüber verfügen, gestalten, gleich welchen Zwängen sie dabei unterliegen, ihr eigenes Schicksal selbst, oder sie kämpfen zumindest nach Kräften darum, es selbst gestalten zu können. Und wenn ihr Geschick auch nur zum Teil in ihren eigenen Händen liegt, so gilt dies doch nicht für die in diesem Kampf von ihnen verfolgte Strategie, sie ist nicht nur partiell, sondern gänzlich ihre Sache. Sie sind es, die darüber entscheiden, ob die geltenden Distributionskriterien verschärft oder abgemildert, die Verteilungsverfahren zentralisiert oder dezentralisiert werden; sie bestimmen, ob in diese oder jene Distributionssphäre eingegriffen wird oder nicht. Vermutlich sind es irgendwelche Führungsgruppen, die die konkreten Entscheidungen treffen, doch sollte es den Bürgern generell möglich sein, diese Führer als die ihrigen zu begreifen. Sind sie, diese Führer, grausam oder dumm oder maßlos bestechlich, wie es häufig der Fall ist, dann werden die Bürger oder zumindest einige von ihnen versuchen, sie aus ihren Positionen zu verdrängen, indem sie für eine Neuverteilung der politischen Macht kämpfen. Der dabei stattfindende Kampf wird durch die institutionellen Strukturen der Gemeinschaft geprägt sein – d.h.

durch die Ergebnisse früherer Kämpfe. Die Politik der Gegenwart ist die Frucht der Politik der Vergangenheit. Sie, die Vergangenheit, gibt den Rahmen vor, in dem über distributive Gerechtigkeit nachgedacht wird.

Es gibt aber noch einen weiteren und zugleich entscheidenden Grund, die Sichtweise von der politischen Gemeinschaft als Bezugsrahmen in Sachen Gerechtigkeit zu übernehmen [...]: die Gemeinschaft ist ihrerseits selbst ein Gut – vermutlich das wichtigste –, das es zu verteilen gibt. Seine Verteilung ist allerdings an eine Bedingung geknüpft; diejenigen, an die es gelangen soll, müssen in die Gemeinschaft eingehen, ihr in einem emphatischen Sinne angehören. Anders gesagt, sie müssen physisch und politisch darin Aufnahme finden. Das aber bedeutet, dass Mitgliedschaft in einer Gemeinschaft nicht durch externe Instanzen vergeben werden kann; Wert und Preis der Zugehörigkeit ergeben sich eindeutig aus internen Entscheidungen. Gäbe es keine Gemeinschaften mit solchen Entscheidungskompetenzen, dann gäbe es in diesem Falle auch kein Gut, das es wert wäre, verteilt zu werden.

Die einzig plausible Alternative zur politischen Gemeinschaft ist die Menschheit als ganze, die Gesellschaft der Völker, der Erdball als Gesamtheit. Aber nähmen wir den gesamten Erdball als unseren Rahmen, dann müssten wir etwas imaginieren, was bislang nicht existiert: eine Gemeinschaft, die alle Menschen allüberall einschließt. Wir müssten ein System von allgemein gültigen Bedeutungen für diese Menschen ersinnen und dabei, wenn möglich, die Stipulierung unserer eigenen Werte vermeiden. Und wir müssten die Mitglieder dieser hypothetischen Gemeinschaft (oder ihre hypothetischen Repräsentanten) auffordern, zu einer Übereinkunft darüber zu gelangen, welche Verteilungsarrangements und Umwandlungsmuster als gerecht anzusehen seien. Die idealistische Vertragstheorie im Sinne einer nichtverzerrten Kommunikation, die einen – wenn auch nicht meinen – Ansatz zur Realisierung von Gerechtigkeit in den einzelnen Gemeinschaften darstellt, dürfte wohl der einzige Ansatz sein, der auf den Erdball als Gesamtheit anwendbar wäre.[20] Aber wie immer die hypothetische Übereinkunft aussähe, zu ihrer Verwirklichung müssten zwei Bedingungen erfüllt sein: die politischen Monopole der bestehenden Staaten

20 Siehe Charles Beitz, *Political Theory and International Relations* (Princeton, 1979), Teil III; er unternimmt den Versuch, den Rawls'schen Kontraktualismus auf die internationale Gesellschaft anzuwenden.

müssten gebrochen und die Macht auf globaler Ebene zentralisiert werden. Das Resultat der Übereinkunft (bzw. ihrer Verwirklichung) wäre, falls Macht als dominantes und weithin geteiltes Gut figurierte, keine komplexe, sondern einfache Gleichheit oder aber, falls die Macht, wie es wahrscheinlich geschähe, von einer Gruppe von internationalen Bürokraten usurpiert würde, schiere Tyrannei. Im ersten Falle müsste die Weltbevölkerung mit den bereits von mir beschriebenen Widrigkeiten leben, dem beständigen Wiederaufleben lokaler Privilegien und dem immer neu zu Tage tretenden Hang zu einem globalen Dirigismus. Im zweiten Falle wären die Widrigkeiten, mit denen sie zu leben hätte, erheblich unangenehmer. [...] Diese Widrigkeiten liefern mir genug Gründe, mich in meinen Erörterungen zunächst auf Städte, Länder und Staaten zu beschränken, die über lange Zeiträume hinweg ihr inneres Leben selbst gestaltet haben.

Was Mitgliedschaft und Zugehörigkeit selbst angeht, so kommt es zwischen und auch innerhalb von solchen Gemeinschaften zu Fragen und Problemen von großem Gewicht. [...] Bis zu einem gewissen Grad lässt die Theorie der komplexen Gleichheit sich übrigens über den Rahmen der je besonderen Einzelgemeinschaft hinaus ausweiten auf die Vielvölkergesellschaft – eine Ausweitung, deren besonderer Vorteil darin besteht, dass es sich bei der erweiterten Theorie um eine Konzeption handelt, die über lokale Bedeutungen und Entscheidungen nicht achtlos hinweggeht. Wenn sich aufgrund eben dieses Vorteils mit ihr auch kein auf dem gesamten Erdball anwendbares einheitliches Verteilungssystem entwickeln lässt, so ermöglicht sie doch ein erstes Angehen der Probleme, die sich aus der in vielen Teilen der Welt herrschenden Massenarmut ergeben. Ich halte diesen ersten Anfang für nicht unwichtig, weiß jedoch, dass ich darüber nicht hinausgelangen werde. Ein Weiterkommen würde eine andere Theorie erfordern, eine Theorie, deren Zentralgegenstand nicht das gemeinschaftliche Leben von Bürgern wäre, sondern die etwas distanzierteren Beziehungen von Staaten: eine andere Theorie, entfaltet in einem anderen Text zu einer anderen Zeit.

Aus dem Amerikanischen von Hanne Herkommer

Auswahlbibliographie

Arneson, Richard, »Equality and Equal Opportunity for Welfare«, in: *Philosophical Studies* 56 (1989), S. 77-93. Deutsch in: *Pathologien des Sozialen*, hg. v. Axel Honneth, Frankfurt: Fischer Verlag 1994, S. 330-350.

–, »Against ›Complex‹ Equality«, in: *Pluralism, Justice, and Equality*, hg. v. David Miller und Michael Walzer, Oxford: Oxford University Press 1995, S. 226-252.

Barry, Brian, »Chance, Choice, and Justice«, in: Brian Barry, *Liberty and Justice*, Oxford: Clarendon Press 1991, S. 142-159.

Bedau, Hugo, »Egalitarianism and the Idea of Equality«, in: *Equality*, hg. v. Ronald Pennock und John Chapman, New York: Atherton 1967, S. 3-27.

Benn, Stanley/R. S. Peters, *The Principles of Political Thought*, New York: Free Press 1959.

Benn, Stanley, »Egalitarianism and the Equal Consideration of Interests«, in: *Equality*, hg. v. Roland Pennock und John Chapman, New York: Atherton 1967, S. 61-78.

Berlin, Isaiah, »Equality as an Ideal«, in: *Justice and Social Policy*, hg. v. Frederick Olafson, Englewood Cliffs, New Jersey: Prentice Hall 1961, S. 128-150.

Blasche, Siegfried, »Gerechtigkeit, Mindestsicherung und Eigenverantwortung«, in: *Sozialpolitik und Gerechtigkeit*, hg. v. Siegfried Blasche und Diether Döring, Frankfurt: Campus Verlag 1998, S. 117-171.

Braybrooke, David, *Meeting Needs*, Princeton: Princeton University Press 1987.

Browne, Derek, »The Presumption of Equality«, in: *Australasian Journal of Philosophy* 53, 1 (1975), S. 46-53.

–, »Nonegalitarian Justice«, in: *Australasian Journal of Philosophy* 56, 1 (1978), S. 48-60.

Card, Claudia, »Evils and Inequalities«, in: *Journal of Contemporary Legal Issues* 9 (1998), S. 87-101.

Carr, Craig, »The Concept of Formal Justice«, in: *Philosophical Studies* 39, 3 (1981), S. 211-226.

Chwaszcza, Christine, »Vorpolitische Gleichheit? Ronald Dworkins autonomieethische Begründung einer wertneutralen Theorie distributiver Gleichheit«, in: *Politische Philosophie des Sozialstaats*, hg. v. Wolfgang Kersting, Weilerwist: Velbrück Verlag 2000, S. 159-201.

Cohen, Gerald, »On the Currency of Egalitarian Justice«, in: *Ethics* 99 (1989), S. 906-944.

–, »Incentives, Inequality, and Community«, in: *The Tanner Lectures on Human Values* 13, hg. v. Grethe Peterson, Salt Lake City: University of Utah Press 1992, S. 263-329.

–, »Equality of What? On Welfare, Goods, and Capabilities«, in: *The Qual-*

ity of Life, hg. v. Martha Nussbaum und Amartya Sen, Oxford: Clarendon Press 1993, S. 9-29.
–, »Back to Socialist Basics«, in: *Equality*, hg. v. Jane Franklin, London: Institute for Public Policy Research 1997, S. 29-48.
Del Vecchio, Giorgio, *Justice: A Historical and Philosophical Essay*, Edinburgh: Edinburgh University Press 1950.
Dworkin, Ronald, »What Is Equality? Part 2: Equality of Resources«, in: *Philosophy and Public Affairs* 10 (1981), S. 283-345.
–, »Why Liberals Should Care about Equality«, in: Ronald Dworkin, *A Matter of Principle*, Cambridge, Mass.: Harvard University Press 1983, S. 204-213.
–, »What is Equality? Part 3: The Place of Liberty«, in: *Iowa Law Journal* 73 (1987a), S. 1-54.
–, »What Is Equality? Part 4: Political Equality«, in: *San Francisco Law Review* 22 (1987b), S. 1-30.
Elster, Jon, *Local Justice: How Institutions Allocate Scarce Goods and Necessary Burdens*, Cambridge: Cambridge University Press 1992.
Estlund, David, »The Survival of Egalitarian Justice in John Rawls' ›Political Liberalism‹«, in: *Journal of Political Philosophy* 4 (1996), S. 68-78.
Feinberg, Joel, »Justice and Personal Desert«, in: *Justice*, hg. v. Friedrich und John Chapman, New York: Atherton 1963, S. 69-97.
–, »Social Justice«, in: Joel Feinberg, *Social Philosophy*, Englewood Cliffs, New Jersey: Prentice Hall 1973, S. 98-119.
–, »Noncomparative Justice«, in: *Philosophical Review* 83, 3 (1974), S. 297-338.
Finnis, John, *Natural Law and Natural Rights*, Oxford: Clarendon Press 1980.
Flew, Anthony, *The Politics of Procrustes: Contradictions of Enforced Equality*, Buffalo, New York: Prometheus Books 1981.
–, »The Procrustean Ideal: Libertarians vs. Egalitarians«, in: *Against Equality*, hg. v. William Letwin, London: Macmillan 1983, S. 148-163.
Frankena, William, »The Concept of Social Justice«, in: *Social Justice*, hg. v. Richard Brandt, Englewood Cliffs, New Jersey: Prentice Hall 1962, S. 1-29.
Frankfurt, Harry, »Equality as a Moral Ideal«, in: *Ethics* 98 (1987), S. 21-42.
Franklin, Jane (Hg.), *Equality*, London: Institute for Public Policy Research 1997.
Fraser, Nancy, »From Redistribution to Recognition?«, in: Nancy Fraser, *Justice Interruptus*, New York: Routledge and Kegan Paul 1997, S. 11-39. Deutsch in: Nancy Fraser, *Die halbierte Gerechtigkeit*, Frankfurt: Suhrkamp Verlag, in Vrb.
Fraser, Nancy/Honneth, Axel, *Umverteilung oder Anerkennung?*, Frankfurt: Suhrkamp Verlag 2000.
Galston, William, *Justice and the Human Good*, Chicago: Chicago University Press 1980.

Goodin, Robert, *Reasons for Welfare. The Political Theory of the Welfare State*, Princeton: Princeton University Press 1988.
Gosepath, Stefan, »Zu Begründungen sozialer Menschenrechte«, in: *Philosophie der Menschenrechte*, hg. v. Stefan Gosepath und Georg Lohmann, Frankfurt: Suhrkamp Verlag 1998, S. 146-187.
–, »Gleichheit/Ungleichheit«, in: *Enzyklopädie Philosophie* 1, hg. v. Jörg Sandkühler, Hamburg: Felix Meiner Verlag 1999, S. 501-506.
Greenawalt, Kent, »How Empty Is the Idea of Equality?«, in: *Columbia Law Review* 83 (1983), S. 1167-1185.
Gutmann, Amy, *Liberal Equality*, Cambridge: Cambridge University Press 1980.
Hare, Richard, *Freedom and Reason*, Oxford: Clarendon Press 1963. Deutsch: *Freiheit und Vernunft*, Düsseldorf: Patmos Verlag 1973.
Harsanyi, John, »Can the Maximin Principle Serve as a Basis for Morality?«, in: *American Political Science Review* 69 (1975), S. 594-606.
Hart, H.L.A., *The Concept of Law*, Oxford: Clarendon Press 1961, Kap. 8, S. 151-180.
Hayek, Friedrich, *The Constitution of Liberty*, London: Routledge and Kegan Paul 1960, Kap. 6, S. 85-102. Deutsch: *Die Verfassung der Freiheit*, Tübingen: Verlag Mohr 1991.
Hinsch, Wilfried, »Rawls' Differenzprinzip und seine sozialpolitischen Implikationen«, in: *Gerechtigkeit und Sozialpolitik*, hg. v. Siegfried Blasche und Diether Döring, Frankfurt: Campus Verlag 1998, S. 17-74.
Honoré, A. M., »Social Justice«, in: *McGill Law Journal* 8, 2 (1962), S. 77-105.
Hurley, Susan, »Justice without Constitutive Luck«, in: *Ethics. Royal Institute of Philosophy Supplement* 35 (1993), S. 179-212.
Kagan, Shelley, »Equality and Desert«, in: *What Do We Deserve? A Reader on Justice and Desert*, hg. v. Louis Pojman und Owen McLeod, Oxford: Oxford University Press 1999, S. 298-314.
Kane, John, »Justice, Impartiality, and Equality. Why the Concept of Justice Does Not Presume Equality«, in: *Political Theory* 24, 3 (1996), S. 375-393.
Katzner, Louis, »Presumptivist and Nonpresumptivist Principles of Formal Justice«, in: *Ethics* 81, 3 (1971), S. 253-258.
Kaus, Mickey, *The End of Equality*, New York: Basic Books 1992.
Kekes, John, *Facing Evil*, Princeton: Princeton University Press 1990, Kap. 6, S. 106-123.
Kersting, Wolfgang (Hg.), *Politische Philosophie des Sozialstaats*, Weilerswist: Velbrück Verlag 2000.
–, »Politische Solidarität statt Verteilungsgerechtigkeit. Eine Kritik egalitaristischer Sozialstaatsbegründung«, in: *Politische Philosophie des Sozialstaats*, hg. v. Wolfgang Kersting, Weilerswist: Velbrück Verlag 2000a, S. 202-256.
–, *Theorien der sozialen Gerechtigkeit*, Stuttgart: Metzler Verlag 2000b.
Koller, Peter, »Soziale Güter und soziale Gerechtigkeit«, in: *Theorien der*

Gerechtigkeit, hg. v. Hans-Joachim Koch, Michael Köhler und Kurt Seelmann, ARSP Beiheft 56, Stuttgart: Franz Steiner Verlag 1994, S. 79-104.
Kolm, Serge-Christophe, *Equal Liberty*, Paris: CGPC 1993.
–, *Modern Theories of Justice*, Cambridge, Mass.: The MIT Press 1996.
Krebs, Angelika, »Würde statt Gleichheit. Zu Avishai Margalits ›Politik der Würde‹«, in: *Deutsche Zeitschrift für Philosophie* 47, 2 (1999), S. 291-312.
Kymlicka, Will, *Contemporary Political Philosophy*, Oxford: Clarendon Press 1990. Deutsch: *Politische Philosophie heute*. Frankfurt: Campus Verlag 1996.
Letwin, William (Hg.), *Against Equality*, London: Macmillan 1983.
–, »The Case against Equality«, in: *Against Equality*, hg. v. William Letwin, London: Macmillan 1983, S. 1-70.
Lucas, John, »Against Equality«, in: *Philosophy* 40 (1965), S. 296-307. Zitiert nach dem Wiederabdruck in: *Equality*, hg. v. Pojman/Westmoreland 1997, S. 104-112.
–, *On Justice*, Oxford: Clarendon Press 1980.
–, »Against Equality Again«, in: *Against Equality*, hg. v. William Letwin, London: Macmillan 1983, S. 73-105.
Margalit, Avishai, *The Decent Society*, Cambridge, Mass.: Harvard University Press 1996. Deutsch: *Politik der Würde*, Berlin: Alexander Fest Verlag 1997, Frankfurt: Fischer Verlag 1999.
Mason, Andrew (Hg.), *Ideals of Equality*, Oxford: Basil Blackwell 1998.
MacLeod, Colin, *Liberalism, Justice, and Markets*, Oxford: Clarendon Press 1998.
McKerlie, Dennis, »Equality«, in: *Ethics* 106 (1996), S. 274-296.
Miller, David, *Social Justice*, Oxford: Clarendon Press 1976.
–, »Equality after Raz«, in: *Joseph Raz's Political Philosophy*, hg. v. S. Caney und A. Williams (Manuskript von 1993, noch nicht erschienen).
Miller, David/Walzer, Michael (Hg.), *Pluralism, Justice, and Equality*, Oxford: Oxford University Press 1995.
Miller, David, »Complex Equality«, in: *Pluralism, Justice, and Equality*, hg. v. David Miller und Michael Walzer, Oxford: Oxford University Press 1995, S. 197-225.
–, »What Kind of Equality Should the Left Pursue?«, in: *Equality*, hg. v. Jane Franklin, London: Institute for Public Policy Research 1997, S. 83-100.
–, »Equality and Justice«, in: *Ideals of Equality*, hg. v. Andrew Mason, Oxford: Basil Blackwell 1998, S. 21-36.
–, *Principles of Social Justice*, Cambridge, Mass.: Harvard University Press 1999.
Nagel, Thomas, »Equality«, in: Thomas Nagel, *Mortal Questions*, Cambridge: Cambridge University Press 1979, S. 106-127. Deutsch: »Gleichheit«, in: Thomas Nagel, *Über das Leben, die Seele und den Tod*, Königstein, Taunus: Anton Hain Verlag 1984, S. 122-145.

–, *Equality and Partiality*, Oxford: Oxford University Press 1991. Deutsch: *Gleichheit und Parteilichkeit*, Paderborn: Ferdinand Schöningh Verlag 1994.
–, »Justice and Nature«, in: *Oxford Journal of Legal Studies* 17, 2 (1997), S. 303-321.
Narveson, Jan, »Egalitarianism: Partial, Counterproductive, and Baseless«, in: *Ideals of Equality*, hg. v. Andrew Mason, Oxford: Basil Blackwell 1998, S. 79-94.
Nielsen, Kai, »Radical Welfare Egalitarianism«, in: *Equality. Selected Readings*, hg. v. Louis Pojman und Robert Westmoreland, Oxford: Oxford University Press 1997, S. 204-217.
Norman, Richard, »The Social Basis of Equality«, in: *Ideals of Equality*, hg. v. Andrew Mason, Oxford: Basil Blackwell 1998, S. 37-51.
Nozick, Robert, *Anarchy, State, and Utopia*, Oxford: Basil Blackwell 1974. Deutsch: *Anarchie, Staat, Utopia*, München: Moderne Verlags-GmbH 1976.
Nussbaum, Martha, »Human Functioning and Social Justice«, in: *Political Theory* 20, 2 (1992), S. 202-246. Deutsch: »Menschliches Tun und soziale Gerechtigkeit«, in: *Gemeinschaft und Gerechtigkeit*, hg. v. Micha Brumlik und Hauke Brunkhorst, Frankfurt: Fischer Verlag 1993, S. 323-361.
Parfit, Derek, *Equality or Priority?*, The Lindley Lecture, University of Kansas 1995.
Perelman, Chaim, *The Idea of Justice and the Problem of Argument*, London: Routledge and Kegan Paul 1963, Kap. 1, S. 1-60.
Pogge, Thomas, »Utilitarianism and Equality«, in: *Midwest Studies in Philosophy* XX (1995), S. 332-339.
Pojman, Louis/Westmoreland, Robert (Hg.), *Equality. Selected Readings*, Oxford: Oxford University Press 1997.
Pojman, Louis, »On Equal Human Worth: A Critique of Contemporary Egalitarianism«, in: *Equality. Selected Readings*, hg. v. Louis Pojman und Robert Westmoreland, Oxford: Oxford University Press 1997, S. 282-299.
Pojman, Louis/Owen McLeod (Hg.), *What Do We Deserve? A Reader on Justice and Desert*, Oxford: Oxford University Press 1999.
Rae, Douglas u. a., *Equalities*, Cambridge, Mass.: Harvard University Press 1981.
Raphael, Daiches, »Equality and Equity«, in: *Philosophy* 21 (1946), S. 118-132.
Rakowski, Eric, *Equal Justice*, Oxford: Oxford University Press 1991.
Rawls, John, *A Theory of Justice*, Cambridge, Mass.: Harvard University Press 1971. Deutsch: *Eine Theorie der Gerechtigkeit*, Frankfurt: Suhrkamp Verlag 1975.
–, *Political Liberalism*, New York: Columbia University Press 1993. Deutsch: *Politischer Liberalismus*, Frankfurt: Suhrkamp Verlag 1998.

Rescher, Nicholas, *Distributive Justice. A Constructive Critique of the Utilitarian Theory of Distribution*, Indianapolis: The Bobbs-Merrill Company 1966.
Roemer, John, *Theories of Distributive Justice*, Cambridge, Mass.: Harvard University Press 1996.
–, *Equality of Opportunity*, Cambridge, Mass.: Harvard University Press 1998.
Sandel, Michael, *Liberalism and the Limits of Justice*, Cambridge: Cambridge University Press 1982.
Scanlon, Thomas, »Preference and Urgency«, in: *Journal of Philosophy* 72 (1975), S. 655-669.
–, »Nozick on Rights, Liberty, and Property«, in: *Reading Nozick. Essays on Anarchy, State, and Utopia*, hg. v. Jeffrey Paul, Oxford: Basil Blackwell 1981, S. 107-129.
–, *The Diversity of Objections to Inequality*, The Lindley Lecture, University of Kansas 1997.
Schramme, Thomas, »Verteilungsgerechtigkeit ohne Verteilungsgleichheit«, in: *Analyse und Kritik* 21, 2 (1999), S. 171-191.
Sen, Amartya, »Equality of What?«, in: *The Tanner Lectures on Human Values* 1, hg. v. Sterling McMurrin, Salt Lake City: The University of Utah Press 1980, S. 195-220.
–, »Well-being, Agency, and Freedom. The Dewey Lectures 1984«, in: *Journal of Philosophy* 82 (1985), S. 169-224.
–, *Inequality Reexamined*, Oxford: Clarendon Press 1992.
Shklar, Judith, »The Liberalism of Fear«, in: *Liberalism and the Moral Life*, hg. v. Nancy Rosenblum, Cambridge, Mass.: Harvard University Press 1989, S. 21-38.
Simons, Kenneth, »Equality as a Comparative Right«, in: *Boston University Law Review* 65, 3 (1985), S. 387-482.
Taylor, Charles, »The Nature and Scope of Distributive Justice«, in: Charles Taylor, *Philosophy and the Human Sciences*, Cambridge: Cambridge University Press 1985, S. 289-317. Deutsch: »Wesen und Reichweite distributiver Gerechtigkeit«, in: Charles Taylor, *Negative Freiheit*, Frankfurt: Suhrkamp Verlag 1988, S. 145-187.
Temkin, Larry, »Inequality«, in: *Philosophy and Public Affairs* 15 (1986), S. 99-121.
–, *Inequality*, Oxford: Oxford University Press 1993.
Thomson, Garrett, *Needs*, London: Routledge and Kegan Paul 1987.
Tugendhat, Ernst, *Dialog in Leticia*, Dritter Dialog, Frankfurt: Suhrkamp Verlag 1997a, S. 58-82.
–, »Gleichheit und Universalität in der Moral«, in: *Ernst Tugendhat: Moralbegründung und Gerechtigkeit*, hg. v. Marcus Willaschek, Münster: LIT Verlag 1997b, S. 3-28.
Van Parijs, Philippe, *Real Freedom for All*, Oxford: Clarendon Press 1995.

Vlastos, Gregory, »Justice and Equality«, in: *Social Justice*, hg. v. Richard Brandt, Englewood Cliffs, New Jersey: Prentice Hall 1962, S. 31-72.
Vonnegut, Kurt, »Harrison Bergeron«, in: *Equality. Selected Readings*, hg. v. Louis Pojman und Robert Westmoreland, Oxford: Oxford University Press 1997, S. 315-318.
Walzer, Michael, *Spheres of Justice: A Defence of Pluralism and Equality*, Oxford: Basil Blackwell 1983. Deutsch: *Sphären der Gerechtigkeit: Ein Plädoyer für Pluralität und Gleichheit*, Frankfurt: Campus Verlag 1992.
–, »Exclusion, Injustice, and the Democratic State«, in: *Dissent* 40 (1993), S. 55-64.
–, *Thick and Thin. Moral Argument at Home and Abroad*, Notre Dame: University of Notre Dame Press 1994. Deutsch in: Michael Walzer, *Lokale Kritik – globale Standards*, Hamburg: Rotbuch Verlag 1996, S. 9-135.
–, »Response«, in: *Pluralism, Justice, and Equality*, hg. v. David Miller und Michael Walzer, Oxford: Oxford University Press 1995, S. 281-297.
Weikard, Hans-Peter, *Wahlfreiheit für zukünftige Generationen*, Marburg: Metropolis Verlag 1999, Kap. 5, S. 63-86.
Westen, Peter, »The Empty Idea of Equality«, in: *Harvard Law Review* 95 (1982), S. 537-596.
–, *Speaking of Equality*, Princeton, New Jersey: Princeton Univ. Press 1990.
Wiggins, David, »Claims of Need«, in: David Wiggins, *Needs, Values, Truth*, Oxford: Basil Blackwell 1987, S. 1-57.
Wildt, Andreas, »Gleichheit, Gerechtigkeit und Optimierung für jeden. Zur Begründung von Rawls' Differenzprinzip«, in: *Politik und Ethik*, hg. v. Kurt Bayertz, Stuttgart: Reclam Verlag 1996, S. 249-276.
Willaschek, Marcus (Hg.), *Ernst Tugendhat: Moralbegründung und Gerechtigkeit*, Münster: LIT Verlag 1997.
White, Stuart, »What Do Egalitarians Want?«, in: *Equality*, hg. v. Jane Franklin, London: Institute for Public Policy Research 1997, S. 59-82.
Williams, Bernard, »The Idea of Equality«, in: Bernard Williams, *Problems of the Self*, Cambridge: Cambridge University Press 1973, S. 230-250. Deutsch: »Der Gleichheitsgedanke«, in: Bernard Williams, *Probleme des Selbst*, Stuttgart: Reclam Verlag 1978, S. 363-379.
–, »Forward to Basics«, in: *Equality*, hg. v. Jane Franklin, London: Institute for Public Policy Research 1997, S. 49-58.
Wolgast, Elizabeth, *Equality and the Rights of Women*, Ithaca, New York: Cornell University Press 1980.
Young, Iris Marion, *Justice and the Politics of Difference*, Princeton: Princeton University Press 1990.

Textnachweise

Harry Frankfurt, »Gleichheit und Achtung«, in: *Deutsche Zeitschrift für Philosophie* 47, 1 (1999), S. 3-11. Englisches Original: »Equality and Respect«, in: *Social Research* 64, 1 (1997), S. 3-15.
Joseph Raz, »Equality«, in: Joseph Raz, *The Morality of Freedom*, Oxford: Clarendon Press 1986, Kap. 9, S. 217-244 (mit Genehmigung des Autors leicht veränderte Fassung).
Derek Parfit, »Equality and Priority«, in: *Ideals of Equality*, hg. v. Andrew Mason, Oxford: Basil Blackwell 1998, S. 1-20.
Avishai Margalit, »Decent Equality and Freedom: A Postscript«, in: *Social Research* 64, 1 (1997), S. 147-160 (mit Genehmigung des Autors stark gekürzte Fassung).
Elizabeth Anderson, »What Is the Point of Equality?«, in: *Ethics* 109 (1999), S. 287-337 (von der Autorin stark gekürzte Fassung).
Michael Walzer, »Komplexe Gleichheit«, in: Michael Walzer, *Sphären der Gerechtigkeit. Ein Plädoyer für Pluralität und Gleichheit*, Frankfurt: Campus Verlag 1992, Kap. 1, S. 26-64. Englisches Original: *Spheres of Justice. A Defence of Pluralism and Equality*, Oxford: Basil Blackwell 1983, S. 3-30.

Hinweise zu den Autorinnen und Autoren

Elizabeth Anderson, geb. 1959, promovierte 1987 an der Harvard University und ist gegenwärtig Professorin für Philosophie und Women's Studies an der University of Michigan in Ann Arbor, 2215 Angell Hall, 435 South State Street, Ann Arbor, Michigan 48109-1003, U.S.A.
Veröffentlichungen u.a.: *Value in Ethics and Economics* (1993).

Harry Frankfurt, geb. 1929, promovierte 1954 an der Johns Hopkins University und ist gegenwärtig Professor für Philosophie an der Princeton University, 1879 Hall, Princeton, New Jersey 08544-1006, U.S.A.
Veröffentlichungen u.a.: *Demons, Dreamers, and Madmen: The Defense of Reason in Descartes's Meditations* (1970); *The Importance of What We Care about* (1988); *Necessity, Volition, and Love* (1999); *Freiheit und Selbstbestimmung* (2000).

Avishai Margalit, geb. 1939, ist Professor für Philosophie an der Hebrew University in Jerusalem, Feldman Building, Givat Ram, 91904 Jerusalem, Israel; er schreibt regelmäßig für die *New York Review of Books*.
Veröffentlichungen u.a.: *Idolatry* (zus. mit Moshe Halbertal, 1992); *The Decent Society* (1996, deutsch 1997).

Derek Parfit, geb. 1942, studierte Philosophie in Oxford und ist gegenwärtig Senior Research Fellow am All Souls College in Oxford, OX1 4AL, G.B.; außerdem ist er Fellow der British Academy sowie der American Academy of Arts and Sciences.
Veröffentlichungen u.a.: *Reasons and Persons* (1984).

Joseph Raz, geb. 1939, studierte Jura an der Hebrew University in Jerusalem und promovierte 1967 in Philosophie an der Oxford University; seit 1972 unterrichtet er am Balliol College in Oxford, OX1 3BJ, G.B.; gegenwärtig ist er Professor für Rechtsphilosophie an der Oxford University sowie seit 1995 Visiting Professor an der Columbia Law School in New York; er ist Fellow der British Academy und der American Academy of Arts and Sciences.
Veröffentlichungen u.a.: *The Concept of a Legal System* (1970); *The Morality of Freedom* (1986); *Ethics in the Public Domain* (1994); *Engaging Reason* (1999).

Michael Walzer, geb. 1937, promovierte 1961 an der Harvard University und ist seit 1980 Professor für Sozialwissenschaften am Institute for Advanced Study in Princeton, New Jersey 08540, U.S.A.; er gibt die Zeitschrift *Dissent* heraus.

Veröffentlichungen u. a.: *Just and Unjust Wars* (1977, deutsch 1982); *Spheres of Justice* (1983, deutsch 1992); *Interpretation and Social Criticism* (1987, deutsch 1990); *On Toleration* (1997, deutsch 1998).